사이버범죄수사

CYBERCRIMINAL INVESTIGATION

| 이건수 지음 |

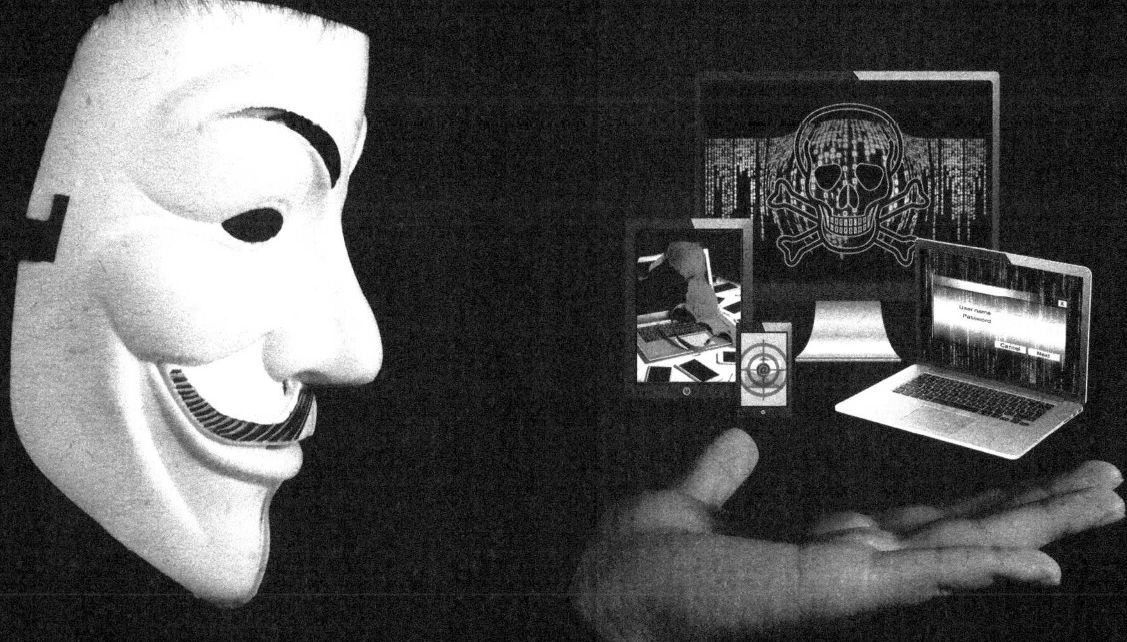

도서출판 그린

머리말

작은 단서를 통해 사건을 해결하는 현장 과학수사의 중요성은 사라지지 않고 있습니다. 현장 주변 수색과 가족 등 주변인물 조사, 목격자 조사, 인터넷 접속기록의 확인 및 수사, 휴대폰 통화명세서 조사, 신용카드 사용명세서 조사 등 아주 세밀한 분석과 접근도 이어가야 합니다. 또한 수사는 많은 정성과 땀을 필요로 합니다. 하나의 단서발견을 위해 직접 동명이인들에게 일일이 편지를 씁니다. 이렇게 보내는 편지만 해도 일주일에 평균 600통 이상이 됩니다. 흔한 이름일 때는 한 사람 찾으려고 1,000통 쓰는 일은 기본이었습니다. 지금까지 제가 쓴 편지는 거의 11만 여 통이 넘을 것입니다. 이제 주인공은 여러분입니다. 앞으로 있을 여러분의 작은 몸짓, 노력은 결코 헛되지 않을 것입니다.

각종 사건 해결을 위해 퇴근 시간과 주말이 없고, 오늘도 열심히 뛰어 다니고 있을 수사관들을 응원합니다. 발걸음 하나에 피해자 가족들의 눈물과 아픔 한 자락이 덜어진다는 생각을 하면 멈출 수 없을 것입니다.

'사이버 범죄 수사' 책은 공무원 시험에 필요로 하는 사이버범죄 수사, 형법, 특별법, 형소법 등 다양한 부분을 소개하였습니다.

2019년 저자 올림

차 례

제1편 사이버범죄 / 9

제1장 사이버범죄 내용 9

제1절 사이버범죄의 정의 및 내용 9
제2절 사이버 범죄 특징 및 최근 사이버 범죄 12
제3절 FBI의 컴퓨터 범죄에 대한 분류수법 13
제4절 사이버기구 및 용어정리 14

제2편 정보통신망 침해범죄 / 33

제1장 해 킹 33

제1절 해킹 개요 33
제2절 해킹에 대한 형사법적 접근 35

제2장 서비스거부 공격 41

제1절 서비스거부 공격개요 41
제2절 서비스거부 관련 용어정리 41
제3절 DDOS 관련 처벌 법률 46

제3장 악성프로그램 48

제1절 악성코드 48
제2절 악성코드의 피해 사례 및 예방 방법 52

제4장 컴퓨터 웜 ···· 54
제1절 컴퓨터 웜의 피해 사례 ···· 55
제2절 예방 및 치료 방법 ···· 57

제5장 스팸메일과 봇넷 ···· 61
제1절 스팸메일 ···· 61
제2절 봇 넷 ···· 63
제3절 사이버 범죄 용어 ···· 66
제4절 악성코드 및 스팸메일에 대한 형사법적 접근 ···· 69

제3편 정보통신망이용재산형 범죄 / 73

제1장 인터넷 사기 ···· 73
제1절 인터넷 사기 ···· 73
제2절 인터넷범죄에 따른 형사법적 접근 ···· 76

제2장 사이버금융범죄 ···· 79
제1절 사이버금융범죄 ···· 79
제2절 인터넷범죄에 따른 형사법적 접근 ···· 81

제3장 개인위치정보침해 ···· 84
제1절 개인정보 ···· 84
제2절 행정정보 공개제도 ···· 86
제3절 개인정보보호제도 ···· 92
제4절 인터넷범죄에 따른 형사법적 접근 ···· 94

제4장 사이버저작권침해 ···· 96
제1절 지적재산권 ···· 96
제2절 인터넷범죄에 따른 형사법적 접근 ···· 103

제4편 불법콘텐츠 범죄 / 107

제1장 사이버 음란물 107
제1절 인터넷 성매매 109
제2절 사이버성희롱 112

제2장 사이버도박 118
제1절 사이버도박 118
제2절 형법상 사이버 도박죄 처벌 120

제3장 사이버 명예훼손·모욕 등 폭력범죄 122
제1절 사이버 명예훼손·모욕 122
제2절 외국사례 및 대응방안 127

제4장 사이버 스토킹 129
제1절 사이버 스토킹 129
제2절 사이버 스토킹 외국사례 및 우리나라 처벌법 130
제3절 사이버폭력 범죄에 따른 형사법적 접근 131

제5편 수사기법 및 압수·수색 / 133

제1장 디지털 포렌식 133

제2장 컴퓨터통신관련 범죄 수사 기법 146
제1절 컴퓨터 통신관련 수사 146
제2절 탐문 등 관련 수사 147

제3장 디지털 증거의 압수 · 수색 ········ 150
디지털 증거 압수·수색 핵심 ········ 150
채증자료 증거능력 제고를 위한 「유관기능 협업」 강화 ········ 151

전자정보 압수 · 수색 ········ 152
Ⅰ. 배경 ········ 152
Ⅱ. 대법원 결정('15.7.16. 2011모1839) ········ 152
Ⅲ. 영장 변경사항 ········ 154
Ⅵ. 압수·수색 유의사항 ········ 155

정보통신기반 보호법 ········ 172
전기통신금융사기 피해 방지 및 피해금 환급에 관한 특별법 ········ 183
정보통신망 이용촉진 및 정보보호 등에 관한 법률 ········ 195

INDEX ········ 278

제 1 편

사이버범죄

제1장 사이버범죄 내용

제1절 사이버범죄의 정의 및 내용

사이버 범죄란 정보 통신망으로 연결된 컴퓨터 시스템을 매개로 한 사이버 공간을 이용하여 공공복리를 저해하고, 건전한 사이버 문화에 해를 끼치는 행위를 말한다. 사이버 범죄 특징은 빠른 시간에 불특정 다수에게 피해를 주고, 정보 발신자의 특정이 어려우며, 전자 정보의 증거 인멸 및 수정이 간단하여 범죄 수사에 어려움이 많다.

사이버 범죄는 정보통신망 침해 범죄, 정보통신망 이용 범죄, 불법 컨텐츠 범죄 범행으로 구별된다. 목적에 따라 사이버 테러형 범죄와 일반 사이버 범죄로 나뉜다. 사이버 테러형 범죄는 해킹, 컴퓨터 바이러스와 같은 유형의 범죄이고, 일반 사이버 범죄는 사이버 명예 훼손과 전자상거래 사기, 개인 정보 침해, 불법 사이트 개설, 디지털 저작권 침해 등을 말한다.

- 정보통신망 침해 범죄는 컴퓨터 및 정보통신망 자체에 대한 공격행위를 수반하는 범죄이다. 해킹, 계정도용, 단순 침입, 자료유출, 자료훼손, 서비스거부공격(DDOS 등), 악성프로그램 등이 있다. 정보통신망 침해범죄는 정당한 접근 권한 없이 또는 허용된 접근 권한을 넘어 컴퓨터 또는 정보통신망(컴퓨터 시스템)에 침입하거나 시스템, 데이터 프로그램을 훼손. 멸실. 변경한 경우 및

정보통신망(컴퓨터 시스템)에 장애(성능 저하. 사용불능)를 발생하게 한 경우로 고도의 기술적인 요소가 포함된다.

- 정보통신망 이용 범죄는 인터넷 사용자간의 범죄이다. 인터넷 사기, 사이버금융범죄(피싱, 파밍, 스미싱, 메모리해킹, 몸캠피싱 등), 개인 및 위치정보 침해, 사이버 저작권 침해, 스팸메일 등이 있다. 컴퓨터 시스템을 범죄의 본질적 구성요건에 해당하는 행위를 행하는 주요 수단으로 이용하고 있다.
- 불법 컨텐츠 범죄는 사이버 음란물, 사이버 도박, 사이버 명예훼손, 사이버상 모욕, 사이버스토킹 등이 있다. 즉 법률에서 금지하는 재화. 서비스 또는 정보를 배포. 판매. 임대. 전시하는 경우를 말한다.

경찰청 통계를 보면

정보통신망이용범죄가 가장 많고 불법 컨텐츠, 정보통신망침해범죄 순으로 사건이 발생한다.

구분	총계			정보통신망침해범죄			정보통신망이용범죄			불법콘텐츠범죄		
	발생건수(건)	검거		발생건수(건)	검거		발생건수(건)	검거		발생건수(건)	검거	
		건수(건)	인원(명)		건수(건)	인원(명)		건수(건)	인원(명)		건수(건)	인원(명)
2014	110,109	71,950	59,220	2,291	846	1,171	89,519	56,461	38,579	18,299	14,643	19,470
2015	144,679	104,888	75,250	3,154	842	1,098	118,362	86,658	50,777	23,163	17,388	23,375
2016	153,075	127,758	75,400	2,770	1,047	1,261	121,867	103,172	42,871	28,438	23,539	31,268
2017	131,734	107,489	59,369	3,156	1,398	1,141	107,274	88,779	36,103	21,307	17,312	22,125

※ 처벌: 정통망법 제44조의7(불법정보의 유통금지 등) 제1항
제44조의7 제1항 제1호 사이버 음란물 ⇒ 벌칙조항 제74조 제1항 제2호
제44조의7 제1항 제2호 사이버 명예훼손 ⇒ 벌칙조항 제70조 제1항, 제2항
제44조의7 제1항 제3호 사이버 스토킹 ⇒ 벌칙조항 제74조 제1항 제3호
제44조의7 제1항 제5호 청소년유해매체물 ⇒ 정통망법에 처벌조항 없음 (청소년보호법에 처벌 조항)
제44조의7 제1항 제6호 사이버 도박 ⇒ 정통망법에 처벌조항 없음 (형법, 여러 특별법에 처벌 조항)

* EU 사이버범죄 협약의 사이버범죄 유형 중, Content-realted offences 항목에 '아동음란물' 포함
* UNODC의 보고서 중, Content-realted acts 항목에 "hate speech, 아동음란물 등"이 포함

○ 사이버 범죄 바이러스는 5단계의 과정을 거쳐 발전했는데,

첫 번째 단계를 제 1세대라고 하며 대표적으로 원시형 바이러스가 있다.

원시형 바이러스란 바이러스가 등장한 초기의 바이러스 형태로 단순한 자기 복제, 데이터 파괴 기능만을 보유한다.

두 번째 단계 제 2세대에는 대표적으로 암호형 바이러스가 있다.

암호형 바이러스는 말 그대로 암호화한 바이러스로 바이러스 코드를 쉽게 파악하지 못하고 제거할 수 없도록 만들어진 바이러스이다. 제 1세대 원시형 바이러스의 패턴으로 백신을 만들자 이를 피하기 위해 자체적으로 코드를 암호화하도록 만들어졌다.

세 번째 단계 제 3세대에는 대표적으로 은폐형 바이러스가 있다.

은폐형 바이러스는 바이러스에 감염된 파일들이 일정한 잠복 기간을 가지게 하는 바이러스이다.

네 번째 단계 제 4세대에는 대표적으로 다형성 바이러스가 있다.

바이러스 파일 안의 특정한 식별지를 갖고 바이러스 감염 여부를 판단하는 백신을 우회하기 위해 만들어진 바이러스로, 코드 조합을 다양하게 할 수 있는 조합 프로그램을 암호형 바이러스에 덧붙여서 감염시킵니다. 실행될 때마다 바이러스 코드 자체를 변경시키기 때문에 식별자가 구분하기 어렵다고 한다.

마지막으로 제 5세대에는 대표적으로 매크로 바이러스가 있다.

스크립트 형태의 실행 환경을 이용하여 전파되는 바이러스다. 주로 MS 오피스의 매크로 기능을 이용하여 감염되기에 MS워드, 엑셀 등에 감염되어 파일이 열릴 때 실행되며, 매크로 바이러스는 실행파일이 아닌 작성된 자료 파일에 감염되기 때문에 컴퓨터 사용자가 피해를 당할 가능성이 높다.

○ 컴퓨터 부정조작 즉, 파괴는 네 가지 종류가 있는데

- 투입조작 : 일부 은닉, 변경된 자료나 허구의 자료 등을 컴퓨터에 입력시켜 잘못된 산출을 초래케 하는 방법
- 프로그램조작 : 기존의 프로그램을 변경하거나 기존의 프로그래머가 전혀 다른 새로운 프로그램을 작성하고 투입하는 방법

- **콘솔 조작** : 콘솔이란 컴퓨터 체제의 시동, 정지 운영상태의 감시, 그리고 정보 처리내용과 방법의 변경 및 수정에 사용되는 것을 말하며, 콘솔조작은 이러한 콘솔을 부당하게 조작하여 프로그램의 지시나 처리될 기억정보를 변경시키는 방법
- **산출물 조작** : 정당하게 처리되고 산출된 산출물의 내용을 변경시키는 방법

제2절 사이버 범죄 특징 및 최근 사이버 범죄

사이버 범죄는 서로 얼굴을 마주하지 않는 비대면성, 스팸메일이 외국에 보내지고, 국내에 침입하는 등 개방성 및 국제성. 현실에 구속되지 않는 초현실적 공간성, 일정 전문적인 기술을 요하는 전문기술성, 자신의 피해사실을 인지하는 못하는 경우 등의 성질을 가지고 있다. 비대면성으로 인해 사이버범죄자 연령층은 나이 어린 10~20대가 전체 범죄 건 수의 60% 이상을 차지하고 있다. 아직 자의식이 형성되지 않은 어린이, 청소년들은 아직도 연예인, 유명인 등 특정 인물에 대한 무분별한 댓글, 인신공격 등을 범죄가 아닌 것으로 인식하고 있다.

최근 범죄 중에 워마드(Womad)는 여성우월주의를 주장하는 남성혐오 사이트이며, 메갈리아에서 파생되었다. Woman(여성)과 Nomad(유목민)을 합성한 말로 알려져 있으며 '모든 남성을 혐오한다.'는 것을 모토로 탄생했다. 그러나 일부 여론은 여성 혐오에 반대하는 사이트라고 주장하고 있다. 워마드 강령에 의하면, 워마드는 여성운동 단체가 아니고, 소수 인권은 챙기지 않고 오직 여성만 챙기며, 이를 위해 도덕은 버린다고 밝히고 있다. 2018년 8월 8일 대한민국 경찰이 워마드 대표 '관리자'를 비롯한 운영진들에 대해 음란물 유포 방조 혐의를 적용해 체포영장을 받고 추적에 착수하였다. 경찰은 문제의 사진과 글에 대해 전국 여러 관서에서 동시다발적으로 수사 중이며, 서버가 있는 미국 당국에 공조 수사를 요청했다. 범죄인 인도 청구나 인터폴 적색 수배 요청도 검토 중인 것으로 알려졌다.

신종 보이스피싱으로 레터피싱은 수사기관을 사칭한 가짜 출석 요구서를 우편으로 보낸 후 출석이 어려울 경우 전화로 조사를 받을 수 있다며 보이스피싱을 유도하는 수법이다. 출석 요구서에는 인터넷 도박 사이트를 수사하는 과정에서 개인정보 유출, 자금 세탁 등에 연루되었다는 허위 정보가 기재돼 있다. 또한 출

석 전 전화 문의를 통해 구비서류를 확인하게 하는데 적힌 번호로 전화할 경우 보이스피싱을 당하게 된다. 이와 같은 출석 요구서를 받았을 경우 발송자 이름, 주소, 전화번호를 꼼꼼히 확인한 후 해당 기관에 직접 사실 확인을 하여야 사기 피해를 방지할 수 있다. 정부기관 사칭형 보이스피싱, 유흥업소나 성매매 업소 방문을 미끼로 한 보이스 피싱, 대출사기형 보이스피싱 등이 있다.

현재 텀블러는 이메일만으로도 가입이 가능하며, 심지어 나이는 이용자가 임의로 입력할 수 있어 성인 인증 절차가 없다. 또한 포르노 영상을 제외하고는 따로 콘텐츠를 검열하지 않고 있는데, 때문에 폭력적이고 선정적인 콘텐츠가 올라오더라도 텀블러 측에서는 이용자에게 별도의 제재를 가하지 않는다. 그래서 선정적인 키워드는 물론이고 '미성년자', '커플'등의 키워드만 검색해도 성인물이 담긴 텀블러를 볼 수 있는 것은 일도 아니다. 심지어 성매매 모의까지 이뤄지고 있는 형국이다. 문제는 텀블러에서 행해지는 이러한 일련의 행위들이 명백한 불법이라는 점이다. 텀블러 이용자 A씨가 '자신의 친동생과 성관계를 하게 해주겠다.'며 미성년자로 추정되는 피해자의 알몸 사진과 개인 정보를 텀블러에 올린 것이다. 여기에 '좋아요'는 무려 9천 건을 넘겼으며, 일종의 공유 기능인 '리블로그'는 2천 건을 넘어섰다. 만개가 넘는 댓글 대다수는 피해자와의 성관계를 원한다는 내용이었다. 논란이 커지자 A씨는 해당 게시 글을 삭제했지만, 리블로그된 게시글은 무방비로 유포되고 있는 상황이다. 실제로 이 사건에 대해 수사가 이뤄지긴 했지만, 게시글 속 피해자와 일치하는 사람을 찾을 수 없다는 이유로 수사는 바로 종료됐다. 심지어 텀블러 이용자 B씨는 '걸레 백과사전'이라는 이름을 걸고 피해 여성들의 사진과 이름, 나이 등의 개인 정보를 무분별하게 퍼트리기 까지 했다. 진위 여부를 알 수 없을뿐더러, 성적 모욕까지 서슴지 않았다. 피해 여성은 약 40여명에 달하는 것으로 알려졌으며, 대부분이 미성년자다.

제3절 FBI의 컴퓨터 범죄에 대한 분류수법

FBI에서는 이러한 컴퓨터 범죄 수법을 대표적으로 네 가지로 분류한다.

- 트로이 목마 : 프로그램 목적을 실행하면서 일부에서 부정한 결과가 나오도록 프로그램 속에 범죄자만이 아는 명령문을 삽입시켜 이용하는 방법

- **슈퍼 재핑 :** 컴퓨터 작동이 정지된 상태를 복구나 재 작동 절차에 의하여 해결할 수 없을 때 사용하는 만능키와 같은 프로그램인데 이 프로그램의 강력한 힘을 이용하여 부정을 행하는 방법
- **트랩도아 :** 프로그램 개발과정에서 프로그램 검증을 위해 프로그램을 수정할 수 있는 명령을 끼워 넣게 되는데 이것을 삭제하지 않고 범행에 이용하는 방법
- **살라미 기법 :** 어떤 일을 정상적으로 수행하면서 관심 밖에 있는 조그마한 이익을 긁어모으는 수법으로써, 금융기관의 컴퓨터 체계에 이자계산 시 단수이하의 적은 금액을 특정계좌에 모이게 하는 방법

제4절 사이버기구 및 용어정리

1. 국제전기통신연합(International Telecommunication Union, ITU)

국제전기통신연합(ITU)은 국제연합 14개 전문기구 중의 하나로 전기통신관련 세계 최고 국제기구이며, 국제전기통신 및 국가별 통신정책의 조화와 관련하여 회원국 상호간 국제 협력·규제 및 표준화와 개발도상국에 대한 지원업무를 수행하고 있다. ITU는 주파수 스펙트럼 배분 및 주파수 할당 등록, 회원국 간 협력을 통한 적정요금의 통신서비스 제공 촉진, 개발도상국에 대한 기술 협력, 전기통신에 관한 연구, 제반 규칙 제정, 관련 정보의 수집 및 발표 등 역할을 담당했다. ITU 조직은 최고 의결기구인 전권위원회의·집행기구인 관리이사회·회원국의 전기통신주관청 대표와 공인된 민간 공중전기통신사업자로 구성된 주관청회의 외에 상설기구로서 사무총국·국제주파수등록위원회(IFRB)·국제전신전화자문위원회(CCITT)·국제무선통신자문위원회(CCIR)·전기통신개방국(BDT) 등으로 이루어져 있다. ITU는 1992년 12월 개최된 추가전권위원회의에서 각종 지역표준화 기구의 난립 및 수적 증가·급속한 기술 혁신·개도국의 요청사항 증대 등 급변하는 전기통신환경에 효율적으로 대처하기 위하여 회원국끼리 합의하여 니스헌장과 협약을 개정했다. 이에 따르면 CCITT 총회는 CCITT와 CCIR의 표준화 기능이 합병된 세계전기통신표준화회의(WST)로 변경되었고 CCIR 총회는 전파통신총회(RA)로, IFRB는 전파관리위원회(RRB)와, 세계무선주관청회의(WARC)

로 각각 변경되었으며, 세계전기통신개발회의(WTDC)가 신설되었다. 이 개편의 특징은, 첫째 기존 회의 및 상설기관을 그 기능에 따라 통폐합하여 크게 전기통신 표준화, 전파통신, 전기통신 개발의 3부문으로 재편하였고, 둘째 사무총장 산하에 세계전기통신자문위원회(WTAC)를 신설하고 각 부문에 자문반(위원회)을 신설 또는 강화함으로써 사무총장의 정책조정기능을 통해 각 부문을 조정하여 ITU의 업무 효율성을 확보하려는 것 등을 들 수 있다. 또한 ITU의 1년 단위 예산체계를 2년 단위의 예산체계로 개편하여 전략적인 계획 수립과 운용을 가능하게 했다. 2000년 3월 말 현재 ITU에는 189개 회원국과 600여 개의 부문회원(민간회원)이 가입되어 있다. ITU 운영에 필요한 제반 경비는 회원국과 부문회원이 자발적으로 납부하는 분담금으로 충당된다. 우리나라는 1952년 1월 31일자로 ITU에 가입하여 1989년 니스 전권위원회의에서 처음으로 이사국에 선출된 후, 1998년 미네아폴리스 전권위원회의에서 123개국의 지지를 얻어 이사국에 재선되어 지속적으로 ITU의 주요 정책 결정에 참여하고 있다. 부문회원으로는 한국통신이 표준화 · 전파통신 · 전기통신개발부문에, 삼성전자와 LG정보통신이 표준화 · 전파통신부문에, 데이콤과 온세통신 및 ETRI가 표준화부문에서 각각 활동 중이며, 2000년 4월 1일 하나로 통신이 표준화 및 전파통신부문에 가입했다. 우리나라는 1989년까지는 국가회원으로 1단위의 분담금을 부담했으나 1990년부터는 5단위를 부담하고 있다. 부문회원으로는 한국통신이 표준화, 전파통신 부문에 각 1단위 및 전기통신 개발부문에 1/2단위를, 데이콤이 표준화 부문에 1/2단위, 삼성전자가 표준화, 전파통신부문에 각 1/2단위, SK텔레콤이 전파통신부문에 1/2단위, 온세통신이 표준화부문에 1/2단위를 납부하고 있다. 우리나라는 1952년 가입 이후 전권위원회의와 주관청회의, 그리고 자문위원회의 각종 연구반 회의에 활발히 참여하고 있다.

2. 글로벌 사이버보안 협력 네트워크(CAMP)

개발도상국 34곳이 참여하는 정보보안 협력체로 2016년 7월11일 한국 주도로 출범했다. 글로벌 사이버보안 협력 네트워크(CAMP)는 고도화 · 지능화하는 사이버 위협에 국제사회가 공동 대응해 보다 안전한 사이버세상을 구현하기 위해 구성됐다. 7월11일 열린 출범식에는 서아프리카경제연합(ECOWAS), 중남미ICT교육센터(CEABAD)를 비롯해 브라질 베트남 세네갈 우즈베키스탄 등 35개국 47개 부처 · 기관이 참여했다. CAMP는 매년 총회를 열고 회원국 상호 간 사이버보안 역량 강화 방안 등을 논의, 국제 사이버 위협 정보를 공유, 정보보호 정책 및 기술 가이드라인을 마련, 웹페이지 악성코드 탐지 · 차단 기술, 사이버 침해사고 간 연관성 분석 기술 등 정보보호 기술을 개도국에 전수하고 있다.

3. 사물인터넷(Internet of Things)

사물인터넷(Internet of Things)은 세상에 존재하는 유형 혹은 무형의 객체들이 다양한 방식으로 서로 연결되어 개별 객체들이 제공하지 못했던 새로운 서비스를 제공하는 것을 말한다. 사물인터넷(Internet of Things)은 단어의 뜻 그대로 '사물들(things)'이 '서로 연결된(Internet)' 것 혹은 '사물들로 구성된 인터넷'을 말한다. 기존의 인터넷이 컴퓨터나 무선 인터넷이 가능했던 휴대전화들이 서로 연결되어 구성되었던 것과는 달리, 사물인터넷은 책상, 자동차, 가방, 나무, 애완견 등 세상에 존재하는 모든 사물이 연결되어 구성된 인터넷이라 할 수 있다. 사물인터넷에선 모든 물리적 센서 정보가 화젯거리다. 온도, 습도, 열, 가스, 조도, 초음파센서 부터 원격감지, SAR, 레이더, 위치, 모션, 영상센서 등 유형 사물과 주위 환경으로부터 정보를 바탕으로 사물 간 대화가 이뤄진다. 예를 들어 침대와 실내등이 연결되었다고 가정해 보자. 지금까지는 침대에서 일어나서 실내등을 켜거나 꺼야 했지만, 사물인터넷 시대에는 침대가 사람이 자고 있는지를 스스로 인지한 후 자동으로 실내등이 켜지거나 꺼지도록 할 수 있게 된다. 마치 사물들끼리 서로 대화를 함으로써 사람들을 위한 편리한 기능들을 수행하게 되는 것이다.

4. 사이버공간(Cyberspace)

사이버 공간이라고도 부르며, 인터넷, 컴퓨터 통신망이 만들어 내는 가상사회이자 인터넷 · 컴퓨터 통신망 그 자체를 가리키기도 한다. 가상(cyber)이라는 용어는 1984년 와이너(Winer)가 고안한 말로서 사이버네틱스(cybernetics)에서 유래하였다. 와이너는 가상공간을 그 어떤 것으로부터도 조정되거나 통제되지 않는 자유로운 항해자의 공간으로 규정하였다. 깁슨(Gibson)은 가상공간을 1984년 발표한 사이버 펑크 소설 『뉴로맨서(Neuromancer)』에서 처음 사용하였다. 그는 전 세계 컴퓨터를 연결한 네트워크에서 가상현실이 완벽하게 구현된 일종의 컴퓨터 매트릭스의 세계로 가상공간을 생각하였다. 깁슨의 개념을 사회과학적으로 변형시킨 베네딕트(Benedikt)는 가상공간을 전 세계에 걸쳐서 구성된 네트워크 속에서 컴퓨터에 의해 유지되고 접근되며 컴퓨터에 의해 만들어진 다차원적이고 인위적인 현실 또는 가상현실로 정의하였다. 가상공간의 특징은, 첫째, 가상공간의 체험은 물리적 감각이 배제되어 있다. 둘째, 가상공간의 활동은 개인의 현실적 배경과 무관하며 익명성이 보장된다. 셋째, 의사소통에서 갖는 신분이나 연령 등의 단서가 없는 가상공간은 사회적 지위에 상관없이 상호 대등한 관계가 형성된다. 넷째, 가상공간은 감정의 조절이나 억제가 풀어지는 탈 억제성이 나타난다.

5. 패킷(Packet)

본래는 소포를 뜻하는 용어로, 소화물을 뜻하는 패키지(package)와 덩어리를 뜻하는 버킷(bucket)의 합성어이다. 우체국에서는 화물을 적당한 덩어리로 나눠 행선지를 표시하는 꼬리표를 붙이는데, 이러한 방식을 데이터통신에 접목한 것이다. 즉, 데이터 전송에서 송신측과 수신측에 의하여 하나의 단위로 취급되어 전송되는 집합체를 의미한다. 전자우편이나 HTML · GIF 등 어떤 종류의 파일에도 적용할 수가 있다. 이때 분할된 각각의 패킷에는 별도의 번호가 붙여지고 목적지의 인터넷 주소가 기록되며, 에러 체크 데이터도 포함된다. 파일을 분할해서 전송하지만 수신하는 곳에서는 원래의 파일로 다시 재조립된다. 헤더와 데이터 · 테레일러로 이루어져 있는데, 헤더에는 데이터가 전달될 주소와 순서 등이 기록되고, 테레일러에는 에러 정보가 기록된다. 보통 2계층으로 내려가기 전까지 3 · 4계층의 데이터 단위는 패킷이라고 하고, 1 · 2 계층의 데이터 단위는 프레임이라고 한다. 일반적으로 128바이트가 표준이지만 32 · 64 · 256바이트와 옥텟 등 편의에 따라 크기를 바꿀 수 있다.

내부에 상대방의 주소를 갖고 있기 때문에 신뢰도가 높으며, 에러를 체크하는 등 고품질의 전송을 제공할 수 있는 장점이 있다. 또 통신망을 경제적으로 구성할 수 있고, 전송속도와 코드를 바꿀 수 있으므로 서로 다른 기종을 사용하는 사용자들끼리도 통신이 가능하다. 다양한 부가 서비스도 가능하며, 국제적으로 표준화된 프로토콜을 사용하여 인터넷 상에서 데이터를 전송할 때 매우 효율적이다. 패킷형 단말기와 교환기 사이의 인터페이스에 사용되는 권장 프로토콜은 X.25이며, 비표준 단말기와의 인터페이스에는 X.3과 X.28이다.

6. 하이퍼텍스트(Hypertext)

컴퓨터를 통하여 저장된 정보를 학습자가 자신의 필요와 관심 및 인지 스타일에 따라 자유롭게 검색하도록 도와주는 비순차적 텍스트의 전개원리이다. 하이퍼텍스트를 이해하기 위해서는 전통적인 텍스트와 비교해 볼 필요가 있다. 전통적인 텍스트는 책의 형태를 띠건 컴퓨터의 데이터베이스에 있건 모두 순차적으로 되어 있다. 즉, 텍스트가 읽히는 순서를 결정하는 단 한 개의 선형적 순차가 전제되어 있다. 첫째 페이지를 읽고, 둘째 페이지를 읽고…하는 식이다. 하이퍼텍스트는 비순차적이다. 텍스트가 읽히는 순서가 결정되어 있지 않다. 정보단위를 노드(node)라고 하고 점으로 서로 연결하고 있는 것처럼 보이는 연결점을 링크(link)라고 한다. 하이퍼텍스트는 노드와 링크를 단위로 하는 정보의 구조화 방식이라 할 수 있다. 하이퍼텍스트는 그 구조화의 종류에 따라 노드연결형 하이퍼텍스트, 구조화된 하이퍼텍스트, 위계적 하이퍼텍스트로 분류된다.

7. 비트코인(Bitcoin)

비트코인은 지폐나 동전과 달리 물리적인 형태가 없는 온라인 가상화폐(디지털 통화)다. 디지털 단위인 '비트(bit)'와 '동전(coin)'을 합친 용어다. 나카모토 사토시라는 가명의 프로그래머가 빠르게 진전되는 온라인 추세에 맞춰 갈수록 기능이 떨어지는 달러화, 엔화, 원화 등과 같은 기존의 법화(法貨 · legal tender)를 대신할 새로운 화폐를 만들겠다는 발상에서 2009년 비트코인을 처음 개발했다. 특히 2009년은 미국발(發) 금융위기가 한창이던 시기여서 미연방 준비제도(Fed)가 막대한 양의 달러를 찍어내 시장에 공급하는 양적완화가 시작된 해로,

달러화 가치 하락 우려가 겹치면서 비트코인이 대안 화폐로 주목받기 시작했다. 핵심은 정부나 중앙은행, 금융회사 등 어떤 중앙집중적 권력의 개입 없이 작동하는 새로운 화폐를 창출하는 데 있다. 그는 인터넷에 남긴 글에서 "국가 화폐의 역사는 (화폐의 가치를 떨어뜨리지 않을 것이란) 믿음을 저버리는 사례로 충만하다"고 비판했다.

비트코인은 은행을 거치지 않고 개인과 개인이 직접 돈을 주고받을 수 있도록 '분산화된 거래장부' 방식을 도입했다. 시스템 상에서 거래가 이뤄질 때마다 공개된 장부에는 새로운 기록이 추가된다. 이를 '블록체인'이라고 한다. 블록체인에 저장된 거래기록이 맞는지 확인해 거래를 승인하는 역할을 맡은 사람을 '채굴자'라고 한다. 컴퓨팅 파워와 전기를 소모해야 하는 채굴자의 참여를 독려하기 위해 비트코인 시스템은 채굴자에게 새로 만들어진 비트코인을 주는 것으로 보상한다. 채굴자는 비트코인을 팔아 이익을 남길 수 있지만, 채굴자 간 경쟁이 치열해지거나 비트코인 가격이 폭락하면 어려움에 처한다. 비트코인은 완전한 익명으로 거래된다. 컴퓨터와 인터넷만 되면 누구나 비트코인 계좌를 개설할 수 있다. 이 때문에 비트코인은 돈세탁이나 마약거래에 사용되는 문제점도 드러나고 있다. 또 다른 특징은 통화 공급량이 엄격히 제한된다는 점이다. 현재 10분마다 25개의 새 비트코인이 시스템에 추가되지만 21만개가 발행될 때마다 반감돼 앞으로 10분당 추가되는 비트코인은 12.5개, 6.25개로 줄다가 0으로 수렴한다. 비트코인의 총 발행량은 2100만개로 정해져 있다. 이는 중앙은행이 재량적으로 통화공급량을 조절하면 안 된다는 미국의 경제학자 밀턴 프리드먼 주장과 연결돼 있다. 다만 비트코인은 소수점 8자리까지 분할할 수 있어 필요에 따라 통화량을 늘릴 수 있는 여지를 남겨 놨다.

가상화폐 지갑회사 블록체인인포에 따르면 2017년 12월 7일까지 채굴된 비트코인은 1,671만 개 정도로 채굴한도 2,100만개의 80%가 채굴된 셈이다.

한편 비트코인은 엄청난 양의 에너지를 소비하는 방대한 데이터센터들에 있는 컴퓨터에 의해 채굴된다. 미국의 한 기상학자는 비트코인 채굴을 위해 매년 미국 340만 가구가 사용하는 전력량인 32테라와트가 소요되고 있는데, 2019년 중반에는 전력 사용량이 미국 전역에 공급되는 전력량으로 늘어나고 대부분의 채굴이 중국에서 이뤄질 것으로 전망했다. 실제 전 세계 대규모 비트코인 채굴업체들은 대부분 중국에 있는 것으로 알려져 있다. 값싼 컴퓨터를 손쉽게 구할 수 있고, 전기요금도 저렴하기 때문이다. 중국은 2017년 9월 기업들이 가상화폐 발행을 통해 자금을 조달하는 가상화폐공개(ICO)를 불법으로 규정했고, 중국 내 모든 가상화폐거래소를 폐쇄하는 등 가상화폐 시장 규제를 강화하고 있다. 사용자들은 인터넷에서 내려 받은 '지갑' 프로그램을 통해 인터넷뱅킹으로 계좌이체하듯 비트코인을 주고받을 수 있다. 인터넷 환전사이트에서 비트코인을 구매하거나 현금화할 수 있다. 비트코인은 소수점 여덟 자리까지 단위를 표시해 사고팔 수 있다. 비트코인 가격은 2016년 125% 급등하며 990달러 선까지 치솟은 뒤 2017년 1월초 거래 시작과 함께 1,000달러를 넘어섰다. 해킹 등 안전성에 대한 우려로 가격이 220달러까지 폭락했던 2015년 여름에 비해서는 1년4개월 만에 4배 이상 상승한 셈이다. 비트코인의 가격상승은 그 이후로도 계속 이어지고 있다. 2017년 11월 29일 비트코인 가격은 대형 거래소인 비트스탬프에서 사상처음으로 1만 달러를 상향 돌파했으며. 12월 17일에는 1만9천 달러를 넘어 2017년 한 해에만 수익률이 무려 18배, 1800%가 넘는다.

8. 인터폴(Interpol)

각국의 경찰이 상호 간에 주권을 존중하면서 국제범죄의 방지, 진압에 협력하기 위해 설립한 조직으로, 정식명칭은 '국제형사경찰기구(ICPO : International Criminal Police Organization)'로 '각국의 현행 법률 범위에서, 그리고 세계인권선언의 정신에 입각해 모든 형사경찰당국 간 최대한 협조를 보장·증진하는 것(헌장 제2조)'에 그 설립 목적을 두고 있다. 사무총국은 프랑스 리옹에 있고, 각 회원국은 사무총국 또는 회원국 간의 연락 및 협조요청에 주요한 창구가 되는 국가 중앙사무국을 설치·운영하고 있다. 1914년 모나코에서 열린 국제경찰회의가 효시이며, 1923년 유럽 24개국으로 국제형사경찰위원회(ICPC)가 발족, 1956년에 현재와 같이 개조되었다. 원래 비정부간기구로 출범한 인터폴은 1971년 유엔 경제사회이사회로부터 정부간 기구로 공인되었으며, 1996년 10월 유엔총회에서 유엔의 옵서버 자격을 인정받았다. 가입국은 2018년 현재 194개국이며, 우리나라는 1964년 제33차 베네수엘라 총회에서 가입한 바 있다. 인터폴 집행위원회는 인터폴 내 주요기구 중 하나로 주요 사업에 대한 결정 및 집행 등을 감독할 권한을 갖는다. 위원회는 총재 1명 · 부총재 3명 · 집행위원 9명 등 13명 위원으로 구성되며, 아시아 · 유럽 · 아메리카 · 아프리카 대륙별로 3명씩의 의석이 분배돼 있다. 위원직은 선출직으로 임기는 3년이다. 또 인터폴 총재는 집행위원회 대표로 총회와 집행위원회 회의 주재, 인터폴 주요 정책과 계획에 관한 의사 결정, 인터폴 재정 · 사업 심의 · 의결 등을 담당한다. 2012년 이탈리아 로마에서 열린 총회에서는 프랑스 경찰국장인 미레유 발레스트라지가 4년 임기의 사무총장으로 선출되면서, 인터폴 역사상 첫 여성 사무총장이 탄생한 바 있다.

9. 유로폴(Europol)

유럽 형사 경찰 기구(刑事警察機構, 영어: European Police Office) 또는 유로폴(영어: Europol)은 유럽 연합(EU)의 범죄 대책 기구이다. 1999년 7월 1일부터 실질적으로 활동했다. 본부는 네덜란드의 헤이그에 있다. 유로폴의 설립은 1992년의 마스트리흐트 조약에서 합의되었다. 기구는 1994년 1월 3일에 설립되었으며, 당시에는 Europol Drugs Unit(EDU)라고 하는 소규모의 조직이었다. 1998년, 유로폴의 헌장이 전체 가입국에게 비준되고, 실질적으로 활동하게 되었다. EU의 신규 가입국도 차례로 헌장에 비준하고 있다. 유로폴의 목적은 각 경찰 기관이 서로 정보를 공유해서 중대한 국제 범죄를 대처하는 것이다. 유로폴 자체에는 수사 권한이나 체포 권한 등의 큰 권한은 없고, 각 경찰 기관을 지원하는 것이 중심이다. 지원하는 방법으로는, 정보 교환이나 정보 분석, 전문 기술의 제공이나 훈련 지원등이 있다.

10. 부다페스트 협약(사이버범죄 조약,Convention on Cybercrime)

부다페스트 협약은 인터넷 상에서 발생되는 범죄행위에 대해 상세한 규정을 두고 이를 처벌하도록 한 최초의 국제조약이다. 그런데 부다페스트 협약이라는 이름은 일종의 별칭으로 정식 이름은 말 그대로 '사이버범죄 조약(Convention on Cybercrime)'이다. 부다페스트라는 지명이 붙은 별칭의 배경은 2001년 헝가리의 부다페스트에서 개최된 사이버범죄 국제회의에서 출발된 협약이기 때문이다. 여기에 가입이 되면 가입된 국가들끼리 각국에서 겪고 있는 사이버범죄에 대해 핫라인이 설치되어 공동으로 대처할 수 있게 된다. 해당 협약을 총괄담당하고 있는 곳은 유럽의 경제 및 사회적 발전 촉진을 위해 유럽 각국 정부간 협력을 도모하고 있는 기구인 유럽평의회(COE: Council of Europe)이다. 유럽 외 미국, 캐나다, 호주 등이 눈에 띄고 아시아 국가 중에는 일본이 유일하다. 우리나라는 2013년부터 협약 가입 여부를 논의해 왔는데, 관련 부처 간 견해가 다르고 실익적인 측면에서도 아직 검증이 필요해 검토가 진행 중인 단계에 있다.

사이버 범죄 요약정리 및 문제풀이

○ 요약정리

1. 사이버범죄

인터넷과 같이 컴퓨터를 서로 네트워크로 연결하여 형성되는 사이버 공간에서 발생하는 범죄이다.

2. 사이버범죄 범행행위

① 범행이 되풀이될 가능성이 높다.

② 컴퓨터 프로그램의 조작과 컴퓨터의 고정자료를 변경하여 발생하는 범죄는 별도의 조작이 없는 한 자동 반복 실행된다.

③ 통신망 연결로 인한 광역성(시간적 공간적 비한정성)

④ 사이버범죄는 다양한 경로를 통해 범행이 동시 다발·반복적으로 이루어진 경우 범죄자체를 특정하기 어렵다.

⑤ 단속기준이 시대상황이나 개인주관에 따라 달라 혼란과 혼동을 야기하는 경우가 많다.

3. 사이버테러형 범죄(정보통신망 자체를 공격대상)

- 해킹(보안망 무력), 컴퓨터 바이러스(시스템 오작동, 자료파괴 및 손상), DOS공격(컴퓨터에 큰 부하 발생)
- 정보통신망 자체를 공격대상으로 하는 불법행위로서 해킹, 바이러스 유포, 메일폭탄, DOS공격 등 전자기적 침해 장비를 이용한 컴퓨터시스템과 정보통신망 공격행위이다.

(1) 해킹

- 시스템의 관리자가 구축해 놓은 보안망을 어떤 목적으로 무력화시켰을 경우 이에 따른 모든 행동을 해킹이라고 한다.

- 일반적으로 컴퓨터의 취약점을 이용하여 불법적으로 접근한 후 시스템의 관리자의 권한을 불법적으로 획득하여 악용하거나 자료의 유출·위·변조 및 삭제·시스템 장애 및 마비를 유발시키는 장애행위를 말한다.

> ※ 해킹의 3단계 절차: 사용자 비밀번호 획득→ 관리자 권한의 획득→ Backdoor설치(다시 침입하기 위한 비밀문 설치)

(2) 컴퓨터 바이러스

- 컴퓨터에서 실행되는 프로그램의 일종으로 자기복제 기능을 가지고 전파되면서 시스템의 오작동을 일으키거나 컴퓨터에 저장된 자료의 파괴·손상 또는 시스템 자체에 악영향을 미치는 프로그램을 말한다.
- 부트바이러스, 파일바이러스, 부트/파일바이러스 등으로 구분된다.
- 원시형 바이러스 → 암호형 바이러스 → 은폐형 바이러스 → 갑옷형 바이러스 → 매크로 바이러스 단계로 발전했다. (암기: 원암는 갑매)

① 원시형 바이러스 (제1세대)
- 아마추어 프로그래머들에 의해 제작
- 돌 바이러스, 예루살렘 바이러스 등

② 암호화 바이러스 (제2세대)
- 어느 정도 실력을 갖춘 프로그래머에 의해 제작
- 바이러스 프로그램의 일부 또는 대부분을 암호화 시켜 저장
- 느림보 바이러스, 폭포 바이러스 등

③ 은폐형 바이러스 (제3세대)
- 사용자나 백신 프로그램의 진단과정을 방해하는 기법 사용
- 자신은폐,사용자나 백신 프로그램에게 거짓정보 존재하게 함
- 브레인 바이러스, 조쉬바이러스, 4096바이러스, 512바이러스

④ 갑옷형 바이러스 (제4세대)
- 백신 프로그램으로부터 여러 단계의 암호화와 고도의 자체 수정기법 등을 통해 백신프로그래머가 컴퓨터 바이러스를 분석하고 백신 프로그램을 만드는 것을 까다롭게 한다.(개발 시간 지연)
- 다형성 바이러스, 고래바이러스, FCL바이러스, 한국 변형 Cri-

Cri바이러스 등

⑤ 매크로 바이러스 (제5세대)

- 운영체제와 관계없이 동작하는 응용 프로그램 내부에서 동작하는 것이 큰특징이다.
- 아직까지 한글에서 활동하는 매크로 바이러스는 등장하지 않았다.

4. DOS공격(Denial of Service attack)

- 공격대상 컴퓨터에 큰 부하를 발생시켜 아무런 서비스를 하지 못하게 하는 것을 말한다.
- 버퍼 오버플로우 버그를 이용하거나 메일폭탄, 시스템·프로그램·서비스·프로토콜 등의 버그를 이용해 공격하는 방법 들이 있다.

5. 일반적인 사이버 범죄

사이버공간을 이용한 일반적인 불법행위로서 사이버도박, 사이버스토킹과 성폭력, 사이버명예훼손과 협박, 사이버선거사범, 전자상거래 사기, 인터넷 포르노 사이트의 운영 등이 있다.

> ※ 전사상거래 사기: 홈뱅킹사기, 상품대금 사기로부터 해킹 및 바이러스까지 컴퓨터와 관련된 모든 범죄가 사이버 거래를 대상으로 할 수 있다.

6. 구체적 침해 유형(컴퓨터 무단사용, 컴퓨터 부정조작, 컴퓨터 파괴, 컴퓨터 스파이)

(1) 컴퓨터 부정조작

① 행위자의 대부분은 당해 관련자료를 입력하는 내부인으로 부정조작행위 자체는 물론 그 행위자의 발견이 매우 어렵다. 피해액이 매우 큰 것이 특징이며, 금융기관에서 많이 발생하고 재산범죄의 성격을 띠고 있다.

② Console 조작: 컴퓨터 체계의 시동, 정지, 운영상태의 감시, 정보처리내용과 방법의 변경 및 수정에 사용되는 것을 말하며, console을 부당하게 조작하여 프로그램 지시나 처리될 기억정보를 변경시키는 방법이다.

③ 프로그램조작: 기존의 프로그램을 변경하거나 기존의 프로그램과 전혀 다른 새로운 프로그램을 작성, 투입하는 방법이다.

④ 투입조작: 일부 은닉 · 변경된 자료나 허구의 자료 등을 컴퓨터에 입력시켜 잘못된 산출을 초래케 하는 방법이다.

⑤ 산출물 조작: 정당하게 처리, 산출된 산출물의 내용을 변경시키는 방법

(2) 컴퓨터 파괴행위

① 프로그램 파괴 및 컴퓨터사용 불능행위를 말한다.

② 컴퓨터에 수록된 자료나 프로그램을 삭제하거나 변경시키는 행위, 주컴퓨터의 비밀번호를 바꾸거나 바이러스를 감염시키는 행위, 스팸메일에 의해 통신서비스를 마비시키는 행위, 자료접근의 방해행위 등이다.

(3) 컴퓨터 스파이

① 자료유출과 불법복제이다.

② 전산망에서 시스템 최고권리자 권능(이른바 루트권능)을 획득한 후 자료를 무단 열람하는 수법이다.

③ 스카벤징, 비동기침범, 부정접속 등이다.

7. FBI 컴퓨터범죄 분류수법

① 자료변조(Data Didding): 자료가 최종적으로 컴퓨터 체계에 입력되는 순간 자료를 절취, 삭제, 변경, 추가하는 방법이다.

② 트로이 목마(Trojan Horse): 프로그램속에 범죄자만이 아는 명령문을 삽입시켜 이용하는 방법이다.

③ 살라미 기법(Salami Techmiques): 어떤 일을 정상적으로 수행하면서 관심밖에 있는 조그마한 이익을 긁어모으는 수법으로 금융기관의 컴퓨터 체계에 이자 계산 시 단수이하의 적은 금액을 특정계좌에 모이게 하는 방법이다.

④ 트랩도아(Trap Door): 프로그램 개발과정에서 프로그램 검증을 위해 프로그램을 수정할 수 있는 명령을 끼워 넣게 되는데 이것을 삭제하지 않고 범행에 이용한다.

⑤ 슈퍼 재핑(Super Zapping): 슈퍼잽이란 컴퓨터 작동이 정지된 상태를 복

구나 재작동 절차에 의하여 해결할 수 없을 때 사용하는 만능키와 같은 프로그램인데 이 프로그램의 강력한 힘을 이용하여 부정을 행하는 방법이다.

⑥ 부정명령은닉: 프로그램에 어떤 조건을 넣어주고 그 조건이 충족될 때마다 자동으로 부정행위가 이루어지도록 하는 방법이다.

⑦ 스카벤징(Scavenging): 컴퓨터의 작업수행이 완료된 후에 그 주변에서 정보를 획득하는 방법이다.(쓰레기 주워 모으기)

⑧ 전송시 은닉과 위장: 부정하게 컴퓨터를 사용하거나 사용허가를 받지 않는 자가 유자격자를 가장하여 컴퓨터를 부정사용하는 방법(컴퓨터 무단사용에 해당)

⑨ 부정접속: 데이터 통신회사에 불법적으로 선로를 접속시켜 단말기 등을 연결, 조작하여 자료를 절취하거나 컴퓨터를 부정사용하는 방법

⑩ 시뮬레이션과 모델링: 컴퓨터를 정상적인 시험이나 시뮬레이션을 하는 것처럼 하면서 실제로 컴퓨터를 범행도구로 이용하여 부정행위를 자행하는 방법이다.

⑪ 비동기침범: 컴퓨터 운영체계의 비동기성을 이용하여 범죄를 저지르는 방법

8. 사이버 범죄 수사진행

① 범죄행위의 정보수집: 웹사이트를 드나들며 해킹 등 범죄행위의 정보를 수집한다.

② 피해증거 확보: 홈페이지, 이메일 등 피해발생의 증거를 수집한다.

③ 접속기록 확보: 정보통신업체 등과의 협력을 통해 피의자의 로그기록을 확인한다.

④ 접속자 확인: 접속자의 인적사항을 확인한 후 피의자 신병과 증거물을 확보한다.

문제풀이

1. 사이버범죄에 대한 설명으로 가장 적절하지 않은 것은?

① 일반적인 현실 세계의 범죄보다 고의의 입증이 용이하다.

② 개개인에 대한 피해가 경미하다는 이유로 발생 건에 비하여 신고되지 않는 경우가 많다.

③ 법적 근거나 적용할 죄명이 없어 피해가 방치되는 경우가 많고 동일 행위가 여러 법률에 중복되어 단속에 혼란을 빚을 수 있다.

④ 법적근거는 있으나 단속기준이 시대상황이나 개인주관에 따라 달라 혼란과 혼동을 야기하는 경우가 많다.

정답: 1번

2. 사이버범죄의 유형을 사이버테러형 범죄와 일반적인 사이버범죄로 구분할 경우 사이버테러형 범죄로 가장 적절한 것은?

① 사이버 도박

② 해킹

③ 전자상거래 사기

④ 개인정보 유출

정답: 2번

3. 사이버범죄의 유형을 사이버테러형 범죄로 구성된 것은?

① 바이러스 유포, DOS공격

② 바이러스 유포, 사이버 성폭력

③ 해킹, 개인정보 유출

④ 해킹, 전자상거래 사기

정답: 1번(해킹, 바이러스 유포, 메일폭탄, DOS공격)

4. 다음은 FBI의 컴퓨터 범죄 분류수법 중 무엇에 대한 설명인가?

"프로그램 목적을 실행하면서 일부에서 부정한 결과가 나오도록 프로그램 속에 범죄자만이 아는 명령문을 삽입시켜 이용하는 방법"

① 트랩도아

② 살라미 기법

③ 트로이 목마

④ 슈퍼재핑

정답: 3번

5. 다음은 FBI의 컴퓨터 범죄 분류수법을 설명한 것이다. 가장 적절한 것은?

"프로그램 개발과정에서 프로그램 검증을 위해 프로그램을 수정할 수 있는 명령을 끼워 넣게 되는데 이것을 삭제하지 않고 범행에 이용하는 방법"

① 트랩도아

② 살라미 기법

③ 트로이 목마

④ 슈퍼재핑

정답: 1번

(O · X 문제)

1. 컴퓨터에 수록된 자료나 프로그램을 삭제하거나 변경시키는 행위, 주컴퓨터의 비밀번호를 바꾸거나 바이러스를 감염시키는 행위, 스팸메일에 의해 통신서비스를 마비시키는 행위, 자료접근의 방해행위 등은 컴퓨터 자료에 대한 논리적 가해행위이다. (   )

2. 프로그램이나 자료를 권한 없이 획득, 사용, 누설하는 행위 등은 컴퓨터 스파이 관한 내용이다. (   )

3. 컴퓨터 바이러스 발전단계는 ① 원시형바이러스 ② 암호형바이러스 ③ 은폐형바이러스 ④ 갑옷형 바이러스 ⑤ 매크로 바이러스 순이다. (   )

4. 사이버범죄 수사는 범죄행위의 정보수집-피해증거 확보- 접속기록확보-접속자 확인 순으로 진행된다. (   )

5. 사이버테러형 범죄는 해킹, 바이러스 유포, 메일폭탄, DOS공격 등 정보통신망 자체를 공격대상으로 하는 불법행위로서 전자기적 침해장비를 이용한 컴퓨터시스템과 정보통신망 공격행위이다. (   )

6. 전자상거래 사기, 사이버스토킹, 개인정보유출, 스프트웨어 저작권침해, 사이버선거사범, 인터넷 포르노사이트의 운영 등은 일반적인 사이버 범죄이다. (   )

7. 컴퓨터에 수록된 자료나 프로그램을 삭제하거나 변경시키는 행위, 주 컴퓨터의 비밀번호를 바꾸거나 바이러스를 감염시키는 행위, 스팸메일에 의해 통신서비스를 마비시키는 행위, 자료접근의 방해행위 등은 컴퓨터 자료에 대한 논리적 가해행위이다. (　　)

8. 프로그램이나 자료를 권한 없이 획득, 사용, 누설하는 행위는 컴퓨터 스파이에 관한 내용이다. (　　)

9. 스카벤징(Scavenging)은 컴퓨터의 작업수행이 끝난 뒤 컴퓨터나 그 주위에서 정보를 획득하는 방법이다. 단순한 물리적 방법으로는 쓰레기통이나 주위에 버려진 명세서 또는 복사물 등을 찾아 습득하는 방법이 있으며, 보다 기술적이고 정교한 방법으로는 작업수행이 끝나고 난 컴퓨터의 기억장치에 남아있는 정보를 찾아 획득하는 방법이 있다. (　　)

10. 사이버범죄수사는 범죄행위의 정보수집(웹사이트를 드나들며 해킹 등 유행하는 범죄행위의 정보를 수집), 피해증거 확보(홈페이지, 이메일 등 피해발생의 증거수집), 접속기록확보(정보통신업체 등과의 협력을 통해 피의자의 로그기록을 확보), 접속자 확인(접속자의 인적사항을 확인한 후 피의자의 신병과 증거물을 확보) 순으로 진행한다. (　　)
※ 암기방법: 보증기자

정답: 1번~ 10번 정답: 모두 O

제2편

정보통신망 침해범죄

경찰청에 따르면 해킹, 악성프로그램, 서비스거부공격 형태의 순서로 범죄가 발생하고 있다.

■ 정보통신망 침해범죄

구분 (단위 : 건)		총계	해킹	서비스거부공격	악성프로그램	기 타
2014	발생	2,291	1,648	26	130	487
	검거	846	540	16	69	221
2015	발생	3,154	2,247	40	166	701
	검거	842	524	19	74	225
2016	발생	2,770	1,847	192	137	594
	검거	1,047	537	164	98	248
2017	발생	3,156	2,430	43	167	516
	검거	1,398	990	28	122	258

제1장 해 킹

제1절 해킹 개요

컴퓨터 네트워크의 보안 취약점을 찾아내어 그 문제를 해결하고 이를 악의적으로 이용하는 것을 방지하는 행위에서 시작되었다. 이 말은 1950년대 말 미국 매사추세츠공과대학(MIT) 동아리 모임에서 처음 사용되었던 '해크(hack)'에서 유래된다. 당시 해크는 '작업과정 그 자체에서 느껴지는 순수한 즐거움'이란 뜻이다.

그러나 순수하게 작업과정 자체의 즐거움에 탐닉하는 컴퓨터 전문가들의 행위로 시작된 해킹은 컴퓨터가 일반화되면서 점차 나쁜 의미로 변질되었다. 즉, 다른 사람의 컴퓨터에 침입하여 정보를 빼내서 이익을 취하거나 파일을 없애버리거나 전산망을 마비시키는 악의적 행위가 빈발하게 된 것이다. 이런 파괴적 행위를 하는 자들은 크래커(cracker)라고 하여 해커와 구별하기도 한다. 그러나 일반적으로 해커와 크래커는 구별되어 쓰이지 않고 범죄 행위를 하는 자의 의미로 쓰인다. 해킹에 대응하여 컴퓨터 보안기술도 발달하였는데, 방화벽을 쌓아 불법접근을 차단하는 방식 등을 사용한다. 스마트폰, 타블렛 PC와 같이 인터넷에 접속할 수 있는 스마트 기기가 발달하면서 해킹 피해의 위험은 더욱 커졌습니다. 스마트 기기는 PC와 비교하면 프로그램의 보안이 취약한 편이어서 이용하는 데 더욱 주의를 기울일 필요가 있다고 합니다. 대표적인 해킹 사례로는 1985년 3명의 구 서독 해커가 구 소련의 KGB 요원에게 포섭된 뒤 개인용 컴퓨터를 이용하여 미국 등 서방 선진국의 주요 군사기술 시스템에서 수천 개에 달하는 암호 등 극비정보를 빼내 건네준 사건을 들 수 있다.

한국에서 현행 '정보통신망 이용촉진 및 정보보호 등에 관한 법률'은 정당한 접근권한이 없거나 허용된 접근권한의 범위를 초과하여 정보통신망에 침입하는 행위를 금지한다(48조 1항). 이를 위반하면 3년 이하의 징역 또는 3,000만 원 이하의 벌금에 처한다(63조 1항 1호).

정보통신기반보호법에서도 주요 정보통신기반시설을 침해하여 교란·마비 또는 파괴한 자는 10년 이하의 징역 또는 1억 원 이하의 벌금에 처하도록 규정하고 있다(28조 1항). 또 형법에서도 컴퓨터 등 정보처리장치에 허위의 정보 또는 부정한 명령을 입력하거나 그 밖의 방법으로 정보처리에 장애를 발생하게 한 자는 업무방해죄로 5년 이하의 징역 또는 1,500만 원 이하의 벌금에 처하도록 규정하고 있다(314조 2항).

제2절 해킹에 대한 형사법적 접근

○ 업무방해죄

- 보호법익: 허위의 사실을 유포하거나 위력으로써 그 수단을 이용하여 사람의 업무를 방해 할 경우에 성립한다. 수단은 사람이 업무용으로 사용하는 컴퓨터 등 정보처리장치와 그 매개체인 데이터 등을 말한다.

○ 형법 제366조상 재물손괴등죄

- 전자기록 등 특수매개기록이란 전자적인 방식, 자기적인 방식, 레이저방식 등에 의하여 기록되어 있는 기록물을 말하며 컴퓨터 등 정보처리장치에 의하여 판독이 가능하거나 매개가 가능하여야 한다.
- 재물손괴에 대해 개별데이터상의 마그네틱 테입상, 신용카드 등에 부착되어 있는 마이크로 칩 등, CD상에 레이저 방식에 의하여 기록되어 있는 기록물과 개인용 컴퓨터의 데이터베이스에 저장되어 있는 전자기록 또는 컴퓨터 등 정보처리장치에 사용할 수 있는 프로그램 등 까지 포함한 개념이라 할 수 있다.

○ 정보통신망이용촉진 및 정보보호등에 관한 법률

- 제50조 (영리목적의 광고성 정보전송의 제한)
- 제48조 (정보통신망 침해행위 등의 금지): 접근권한을 초과하여 정보통신망에 침입해서는 아니된다.

○ 업무방해죄(제314조)

① 제313조(신용훼손)의 방법 또는 위력으로써 사람의 업무를 방해한 자는 5년 이하의 징역 또는 1천500만 원 이하의 벌금에 처한다.

1. 개념

- 업무란 사람이 사회생활상의 지위에 기하여 계속적으로 종사하는 사무를

말한다 (판례). 즉 사회성과 계속성을 갖춰야 하며, 위법한 사무도 업무로 인정된다. 공무원이 직무상 수행하는 공무를 방해하는 행위에 대해서는 업무방해죄로 의율할 수는 없다고 해석함이 상당하다.(대판 2009도4166)

- 업무방해의 행위형태는 허위사실유포, 위계, 위력이다. 위계는 거짓말로 업무자를 속이는 것이다. 다만 컴퓨터에 부정한 명령을 입력하더라도 이로 인하여 업무자를 속일 수 있다면 업부자에 대한 위계가 될 수 있다. 성립에 있어서 무방해의 결과가 실제로 발생함을 요하지 아니하며 업무방해의 결과를 초래할 위험이 발생하면 족하다. (추상적 위험범: 판례)

2. 관련 판례

- 한국소비자보호원을 비방할 목적으로 18회에 걸쳐서 공연히 허위의 사실을 적시·유포함으로써 한국소비자보호원의 명예를 훼손하고 업무를 방해하였다는 각죄는 상상적 경합의 관계에 있다.(대판 92도3035)
- 컴퓨터 등 정보처리장치에 정보를 입력하는 등의 행위가 그 입력된 정보 등을 바탕으로 업무를 담당하는 사람의 오인, 착각 또는 부지를 일으킬 목적으로 행해진 경우에는 그 행위가 업무를 담당하는 사람을 직접적인 대상으로 이루어진 것이 아니라고 하여 위계가 아니라고 할 수는 없다.(대판 2013도5117)

- 甲 주식회사 임원인 피고인이 자동차 판매수수료율과 관련하여 대리점 사업자들과 甲 회사 사이에 의견대립이 고조되자, 대리점 사업자 乙이 일정액의 사용료를 지급하고 판매정보 교환 등에 이용해 오던 甲 회사의 내부전산망 전체 및 고객관리시스템 중 자유게시판에 대한 접속권한을 차단한 경우, 피고인이 위력으로 乙의 업무를 방해한 경우에 해당한다. (대판 2009도4141)

○ 컴퓨터등 장애업무방해죄(제314조)

② 컴퓨터 등 정보처리장치 또는 전자기록 등 특수매체기록을 손괴하거나 정보처리장차에 허위의 정보 또는 부정한 명령을 입력하거나 기타 방법으로

정보처리에 장애를 발생하게 하여 사람의 업무를 방해한 자도 제1항의 형과 같다.

1. 개념

- 장애로 인하여 일반적으로 업무를 방해할 위험이 있으면 기수가 되고, 업무방해의 현실적 결과가 발생할 필요까지는 없다. (추상적 위험범)

2. 관련 판례

- 형법 제314조 제2항의 컴퓨터 등 장애 업무방해죄가 성립하기 위해서는 가해행위의 결과 정보처리장치가 그 사용목적에 부합하는 기능을 하지 못하거나 사용목적과 다른 기능을 하는 등 정보처리의 장애가 현실적으로 발생하였을 것을 요한다. (대판2009도12238)
- 대학의 정보지원 센터에서 관련 홈페이지를 관리하던 자가 교학처로 전보발령을 받은 후에 정보지원 센터의 컴퓨터로 관리자 계정에 접속하여 그 관리자의 아이디와 패스워드를 무단 변경하였다면 컴퓨터 등 장애 업무방해죄의 죄책을 진다.(대판 2006도6663)
- 포털사이트 운영회사의 통계집계시스템 서버에 허위의 클릭정보를 전송하여 실제로 통계에 반영됨으로써 정보처리에 장애가 현실적으로 발생하였다면, 그로 인하여 실제로 검색순위의 변동을 초래하지는 않았다 하더라도 컴퓨터 등 장애 업무방해죄가 성립한다. (대판 2008도11978)
- 甲 주식회사 대표이사인 피고인이, 악성프로그램이 설치된 피해 컴퓨터 사용자들이 실제로 인터넷 포털사이트 '네이버' 검색창에 해당 검색어로 검색하거나 검색 결과에서 해당 스폰서링크를 클릭하지 않았음에도 악성프로그램을 이용하여 그와 같이 검색하고 클릭한 것처럼 네이버의 관련 시스템 서버에 허위의 신호를 발송하는 방법으로 정보처리에 장애를 발생하게 한 경우, 컴퓨터 등 장애 업무방해죄에 해당한다. (대판 2010도14607)

○ 상상적 경합(제40조)

- 1개의 행위가 수개의 죄에 해당하는 경우에는 가장 중한 죄에 정한 형으로 처벌한다.

1. 개념

- 수개의 죄는 구성요건과 보호법익으로 평가하는데 동종일 수도 있고 이종일 수도 있다.
- 하나의 행위가 또 다른 행위의 수단이 되는 경우에는 전체적으로 하나의 행위로 평가한다(판례). 예를 들면 폭행을 수단으로 하는 강간, 폭행을 수단으로 하는 감금 등이다.

2. 관련 판례

- 허위사실을 유포한 1개의 행위가 형법 제314조 제1항의 허위사실 유포에 의한 업무방해죄 뿐 아니라 형법 제307조 제2항의 허위사실적시에 의한 명예훼손죄에도 해당하는 경우 그 두 개의 죄는 상상적 경합관계에 있다. (대판 2007도7140)
- 형법 제307조의 명예훼손죄와 공직선거부정방지법 제251조의 후보자 비방죄가 상상적 경합의 관계에 있다. (대판 97도2956)

(O · X 문제)

1. 장애로 인하여 일반적으로 업무를 방해할 위험이 있으면 기수가 되고, 업무방해의 현실적 결과가 발생할 필요까지는 없다. (　　)

2. 대학의 정보지원 센터에서 관련 홈페이지를 관리하던 자가 교학처로 전보 발령을 받은 후에 정보지원 센터의 컴퓨터로 관리자 계정에 접속하여 그 관리자의 아이디와 패스워드를 무단 변경하였다면 컴퓨터 등 장애 업무방해죄의 죄책을 진다. (　　)

3. 포털사이트 운영회사의 통계집계시스템 서버에 허위의 클릭정보를 전송하여 실제로 통계에 반영됨으로써 정보처리에 장애가 현실적으로 발생하였다면, 그로 인하여 실제로 검색순위의 변동을 초래하지는 않았다 하더라도 컴퓨터 등 장애 업무방해죄가 성립한다.(　　)

4. 甲 주식회사 대표이사인 피고인이, 악성프로그램이 설치된 피해 컴퓨터 사용자들이 실제로 인터넷 포털사이트 '네이버' 검색창에 해당 검색어로 검색하거나 검색 결과에서 해당 스폰서링크를 클릭하지 않았음에도 악성 프로그램을 이용하여 그와 같이 검색하고 클릭한 것처럼 네이버의 관련 시스템 서버에 허위의 신호를 발송하는 방법으로 정보처리에 장애를 발생하게 한 경우, 컴퓨터 등 장애 업무방해죄에 해당한다.(　　)

5. 한국소비자보호원을 비방할 목적으로 18회에 걸쳐서 공연히 허위의 사실을 적시·유포함으로써 한국소비자보호원의 명예를 훼손하고 업무를 방해하였다는 각죄는 상상적 경합의 관계에 있다.(　　)

6. 컴퓨터 등 정보처리장치에 정보를 입력하는 등의 행위가 그 입력된 정보 등을 바탕으로 업무를 담당하는 사람의 오인, 착각 또는 부지를 일으킬 목적으로 행해진 경우에는 그 행위가 업무를 담당하는 사람을 직접적인 대상으로 이루어진 것이 아니라고 하여 위계가 아니라고 할 수는 없다. (　　)

7. 甲 주식회사 임원인 피고인이 자동차 판매수수료율과 관련하여 대리점 사업자들과 甲 회사 사이에 의견대립이 고조되자, 대리점 사업자 乙이 일정액의 사용료를 지급하고 판매정보 교환 등에 이용해 오던 甲 회사의 내부 전산망 전체 및 고객관리시스템 중 자유게시판에 대한 접속권한을 차단한 경우, 피고인이 위력으로 乙의 업무를 방해한 경우에 해당한다. (　　)

제2장 서비스거부 공격

제1절 서비스거부 공격개요

서비스거부 공격은 관리자 권한 없이도 특정서버에 처리할 수 없을 정도로 대량의 접속 신호를 한꺼번에 보내 해당 서버가 마비되도록 하는 해킹 기법으로, 2003년 1월 25일 우리나라를 사상 초유의 인터넷 대란으로 내몰았다. 주 공격 대상은 시각적인 서비스를 하는 웹서버나 라우터, 네트워크 같은 기반시설이다. DoS는 한 사용자가 시스템의 리소스를 독점하거나 파괴함으로써 다른 사용자들이 이 시스템의 서비스를 올바르게 사용할 수 없도록 만드는 것을 말한다. 컴퓨터에 침투 흔적을 남기지 않으며 주로 시위의 목적으로 이용된다. 서비스 거부 공격은 라우터, 웹, 전자 우편, DNS 서버 등 모든 네트워크 장비를 대상으로 이루어질 수 있다.

DoS 침투공격은 전산 자원을 소진, 구성 정보 교란, 상태 정보 교란, 물리적 전산망 요소 교란, 원래 사용자와 희생물 사이의 통신 매체를 차단하는 등의 방법으로 이루어진다. 미 컴퓨터 비상 대응 팀에서는 DoS 공격으로 의심할 수 있는 증상을 비정상적인 네트워크 성능 저하, 특정 웹사이트의 접근 불가, 모든 웹사이트에 접근 불가, 특정 전자 우편의 급속한 증가 등으로 설명했다. DoS 공격은 공격을 받고 있는 컴퓨터 주위의 다른 컴퓨터에도 문제를 일으킬 수 있다. 예를 들어 인터넷과 지역망을 연결하는 라우터의 대역폭이 공격으로 소진되면 전체 네트워크에 문제를 일으킬 수 있다.

제2절 서비스거부 관련 용어정리

1. DOS공격(Denial of Service attack)

서비스 거부란 해킹수법의 하나로 해커들이 특정 컴퓨터에 침투해 자료를 삭제하거나 훔쳐가는 것이 아니라 대량의 접속을 유발해 해당 컴퓨터를 마비시키는 수법을 말한다. 이 수법은 특정 컴퓨터에 침투해 자료를 삭제하거나 훔쳐가는 것이 아니라 목표 서버가 다른 정당한 신호를 받지 못하게 방해하는 작용만 한다. 해커들이 가짜접속을 통해서 여러 곳에서 동시에 피해 회사의 컴퓨터 시스템이 처리할 수 없는 엄청난 분량의 정보를 한꺼번에 쏟아 부으면 과부하가 걸리게 되고 정상고객들이 접속을 할 수 없는 상태가 된다. 한 전화번호에 집중적으로 전화가 걸려오면 일시 불통되는 현상과 같은 것이다. 이용자의 정상접속이 불가능해지는 것은 물론 심하면 주컴퓨터 기능에 치명타를 입힐 수도 있다. '트리누(Trinoo)'와 '트리벌 플러드(Tribal Flood)', '슈타헬드라트(Stacheldraht)' 등이 서비스거부 공격에 이용되는 수법이다.

2. DDOS(Distributed Denial of Service)

해킹 방식의 하나로서 여러 대의 공격자를 분산 배치하여 동시에 '서비스 거부 공격(Denial of Service attack ; DoS)'을 함으로써 시스템이 더 이상 정상적 서비스를 제공할 수 없도록 만드는 것을 말한다. '분산 서비스 거부' 또는 '분산 서비스 거부 공격'이라고도 한다. 여러 대의 공격자를 분산 배치하여 동시에 동작하게 함으로써 특정 사이트를 공격하는 해킹 방식의 하나이다. 서비스 공격을 위한 도구들을 여러 대의 컴퓨터에 심어놓고 공격 목표인 사이트의 컴퓨터시스템이 처리할 수 없을 정도로 엄청난 분량의 패킷을 동시에 범람시킴으로써 네트워크의 성능을 저하시키거나 시스템을 마비시키는 방식이다. 이로써 이용자는 정상적으로 접속할 수 없는 것은 물론 심한 경우에는 주컴퓨터의 기능에 치명적 손상을 입을 수 있다. 또 수많은 컴퓨터시스템이 운영자도 모르는 사이에 해킹의 숙주로 이용될 수도 있다. 공격은 일반적으로 악성코드나 이메일 등을 통하여 일반 사용자의 PC를 감염시켜 이른바 '좀비PC'로 만든 다음 C&C(명령제어) 서버의 제어를 통하여 특정한 시간대에 수행된다. 2009년 7월 한국과 미국의 주요 정부기관과 포털사이트, 은행사이트 등에 가해진 공격을 대표적 사례로 들 수 있다. 7월 4일 미국사이트들에 대하여 1차 공격이 수행되었고, 한국에서는 7월 7일부터 3차례 공격이 수행되었다. 공격 대상에는 미국의 백악관과 한국의 청와대를 비롯하여 한국 주요 언론사와 주요 정당, 주요 포털사이트가 포함되었는데, C&C서버로부터 공격명령을 하달 받는 것이 아니라 감염시 생성되는 공격목표 설정파일을 기반으로 자동공격을 수행하는 방식이었다. 감염된 수만 대의 컴퓨터가 좀비PC로 활동하면서 국내 주요 기관과 포털 사이트에 장애를 일으켰다. 악성코드에 감염된 PC는 악성코드가 윈도 서비스 형태로 등록되어 컴퓨터 시작과 함께 자동으로 실행되고, 방화벽 설정이 활성화되지 않으며, 다수의 특정 도메인을 대상으로 HTTP, UDP, ICMP Ping 패킷을 지속적으로 전송하는 증상 등이 나타났다. 또 공격에 사용된 웜(Worm) 가운데 일부에서 감염된 컴퓨터의 하드디스크를 파괴하는 피해 사례도 나타났다. DDoS 예방책으로는 윈도 운영체계에 최신 보안패치를 적용할 것, 인터넷 로그인 계정의 패스워드를 자주 변경하고 영문·숫자·특수문자를 조합하여 6자리 이상 설정할 것, 신뢰할 수 있는 기관의 서명이 없는 액티브X 보안경고 창이 뜨면 설치 동의를 묻는 '예', '아니오' 중 어느 것도 선택하지 말고 창을 닫을 것, 이메일을 확인할 때 발신인이 불분명하거나 수상한 첨부파일은 모두 삭제할 것, 메신저 프로그램에 첨부된 URL이나 첨부파일에 대하여 메시지를 보낸 이가 직접 보낸 것이 맞는지 반드시 확인할 것, P to P 프로그램에서 파일을 다운로드할 때 반드시 보안 제품으로 검사한 후 사용할 것, 정품 소프트웨어를 사용할 것, 공유권한을 '읽기'로 설정하고 사용 후 공유를 해제할 것, 보안제품은 항상 최신 버전의 엔진을 유지할 것 등이 권장된다. 서비스 거부 공격은 라우터, 웹, 전자 우편, DNS 서버 등 모든 네트워크 장비를 대상으로 이루어질 수 있다. DoS 공격은 몇 가지 방법으로 침투할 수 있다. 전산 자원 소진, 구성 정보 교란, 상태 정보 교란, 물리적 전산망 요소 교란, 사용자와 희생물 사이의 통신 매체 차단 등이다.

3. Ping Flood

사람의 심장 박동 정도를 측정하는 심장박동 측정기처럼 컴퓨터 네트워크 상태를 점검, 진단하는 명령어가 ping(핑)이다. 이는 'Packet INternet Groper'의 약자이며, 최초 개발자인 마이클 무스(Michael John Muuss, 1983년)는 작동 원리가 비슷한 수중 음파 탐지기에서 발생하는 신호음에서 이름을 착안했다고 한다. Ping Flood는 표적에 압도적인 수의 핑 패킷을 보낸다. 보통 유닉스 계열의 호스트에서 ping 명령을 이용한다. 표적 보다 더 큰 대역폭만 있으면 되기 때문에 쉬운 공격수단이다. ping 명령어의 기본적인 작동 원리는 그다지 복잡하지 않다. 네트워크 상태를 확인하려는 대상(target) 컴퓨터(또는 네트워크 기기)를 향해 일정 크기의 패킷(packet, 네트워크의 최소 전송단위)을 보낸 후(ICMP echo request), 대상 컴퓨터가 이에 대해 응답하는 메시지(ICMP echo reply)를 보내면 이를 수신, 분석하여 대상 컴퓨터가 작동하는지, 또는 대상 컴퓨터까지 도달하는 네트워크 상태가 어떠한지 파악할 수 있다. ping 명령어는 TCP/IP 프로토콜 중 ICMP(Internet Control Message Protocol)를 통해 동작하므로, 이 프로토콜을 지원하지 않는 기기(IP 주소를 갖지 않는 일부 스위치, 허브 등)를 대상으로 ping을 수행할 수 없다. 또한 (흔히 보안 상의 이유로) ICMP 사용을 차단한 기기 역시 ping 요청에 대응하지 않는다.

4. ICMP Flood (Internet Control Message Protocol)

ICMP는 인터넷 제어 메시지 프로토콜(Internet Control Message Protocol)의 약자이다. 스머프 공격(Smurf attack)이라고도 부르는 이 공격은 공공 인터넷 상에서의 Flood DoS 공격의 한 변종이다. 네트워크 장치 설정이 잘못되었을 경우, 어떤 특정 전산망의 방송 주소로 전달된 패킷이 망 상의 어떤 특정 컴퓨터가 아니라 망의 모든 컴퓨터에 전달될 수 있다는 점을 이용한다. 전산망은 이 경우 스머프 증폭기의 역할을 한다. 이러한 공격에서 가해자는 대량의 IP 패킷을 보내면서 그 발신 주소를 표적 주소로 한다. 전산망의 대역폭이 신속히 소진되어 정상 패킷이 목적지에 도달하지 못하게 된다. 인터넷 상의 DoS 공격에 대항하기 위해 스머프 증폭기 등록처와 같은 서비스에서 이용될 소지가 있는 잘못 설정된 전산망을 기록, 대응할 수 있도록 하고 있다.

5. SYN Flood (SYnchronize Sequence Numbers)

SYN Flood는 TCP/SYN 패킷의 Flood를 보내면서 대개 송신자 주소를 위조한다. (SYN은 SYnchronize Sequence Numbers의 약자로 TCP 패킷 머리 부분의 한 bit) 각각의 패킷은 접속 요청으로 취급된다. 서버는 한쪽만 열린 접속 부 프로세스를 만들고 TCP/SYN-ACK 패킷을 보낸 후 송신자 주소로부터의 패킷을 기다리게 된다. (ACK도 TCP 패킷 머리 부분의 한 bit) 그러나 송신자 주소가 위조된 것이므로 응답은 돌아오지 않는다. 이러한 한쪽만 열린 접속으로 서버에서 사용 가능한 접속의 수가 차면 공격이 지속되는 동안 정당한 요청에 답을 할 수 없게 된다.

6. tear drop 공격

눈물방울 공격은 내용물이 겹치거나, 내용물의 크기가 과대한 망가진 IP 조각을 보낸다. 이로 다양한 운영체제가 깨어질 수 있는데, 까닭은 TCP/IP 조각 재조립 코드에 버그가 있기 때문이다. 윈도 3.1x, 윈도 95, 윈도 NT 운영체제와 리눅스 2.0.32, 2.1.63 이전 버전은 이 공격에 취약하다.

7. Peer 2 Peer(P2P) 공격

P2P는 'Peer to Peer'의 약자로, 말 그대로 개인 간의 거래를 의미한다. 분산 DDoS 공격을 위해 다수의 P2P 서버의 버그가 이용된 적이 있다. 가장 공격적인 분산 DoS 공격은 DC++를 이용한 것이다. P2P 공격은 일반 봇넷 공격과 달리 봇넷이 존재하지 않고 공격자가 그 클라이언트와 통신할 필요가 없다. 대신 공격자는 인형사처럼 행동하여 큰 P2P 파일 공유 허브의 클라이언트들이 P2P 망과 접속을 끊고 표적의 웹사이트에 대신 연결하도록 시킨다. 결과로 몇 천개의 컴퓨터가 표적 웹사이트에 공격적으로 접속하려고 할 수 있다. 전형적인 웹 서버는 초당 수백 건의 접속을 다룰 수 있지만, 대부분의 웹서버는 초당 5,000~6,000건의 접속 하에서는 거의 즉시 기능이 중단된다. 적당히 큰 P2P 공격은 짧은 시간에 75만 접속을 당할 수 있다. P2P 공격은 서명 signature로 쉽게 알아차릴 수 있지만 대량의 IP 주소(대규모 공격의 경우 25만개)를 봉쇄해야하기 때문에 이런 종류의 공격이 방어를 압도할 수 있다. 완화 장치가 계속 IP 주소를 봉쇄할 수 있지만 다른 문제도 고려해야 한다. 예를 들어 짧은 순간이지만 서명을 알아차리기 전에 뚫고 들어올 수 있다.

8. 누크

누크(Nuke) 또는 누킹은 파편적인 또는 유효하지 않은 ICMP 패킷을 대량으로 보냄으로써 이루어지는 컴퓨터 네트워크에 대한 고전적인 DoS 공격이다. 수정된 핑 유틸리티를 사용하여 반복적으로 이러한 손상된 데이터를 송신하며 영향을 받은 컴퓨터를 완전히 멈출 때까지 느리게 만든다.

제3절 DDOS 관련 처벌 법률

1. 정보통신망 이용촉진 및 정보보호 등에 관한 법률 제48조(정보통신망 침해행위 등의 금지)

① 누구든지 정당한 접근권한 없이 또는 허용된 접근권한을 넘어 정보통신망에 침입하여서는 아니 된다. ② 누구든지 정당한 사유 없이 정보통신시스템, 데이터 또는 프로그램 등을 훼손·멸실·변경·위조하거나 그 운용을 방해할 수 있는 프로그램(이하 "악성프로그램"이라 한다)을 전달 또는 유포하여서는 아니 된다. ③ 누구든지 정보통신망의 안정적 운영을 방해할 목적으로 대량의 신호 또는 데이터를 보내거나 부정한 명령을 처리하도록 하는 등의 방법으로 정보통신망에 장애가 발생하게 하여서는 아니 된다.

2. 정보통신망 이용촉진 및 정보보호 등에 관한 법률 제71조(벌칙)

① 다음 각 호의 어느 하나에 해당하는 자는 5년 이하의 징역 또는 5천만 원 이하의 벌금에 처한다. 〈개정 2016. 3. 22.〉 1. 제22조제1항(제67조에 따라 준용되는 경우를 포함한다)을 위반하여 이용자의 동의를 받지 아니하고 개인정보를 수집한 자 2. 제23조제1항(제67조에 따라 준용되는 경우를 포함한다)을 위반하여 이용자의 동의를 받지 아니하고 개인의 권리·이익이나 사생활을 뚜렷하게 침해할 우려가 있는 개인정보를 수집한 자 3. 제24조, 제24조의2제1항 및 제2항 또는 제26조제3항(제67조에 따라 준용되는 경우를 포함한다)을 위반하여 개인정보를 이용하거나 제3자에게 제공한 자 및 그 사정을 알면서도 영리 또는 부정한 목적으로 개인정보를 제공받은 자 4. 제25조제1항(제67조

에 따라 준용되는 경우를 포함한다)을 위반하여 이용자의 동의를 받지 아니하고 개인정보 처리위탁을 한 자 5. 제28조의2제1항(제67조에 따라 준용되는 경우를 포함한다)을 위반하여 이용자의 개인정보를 훼손·침해 또는 누설한 자 6. 제28조의2제2항을 위반하여 그 개인정보가 누설된 사정을 알면서도 영리 또는 부정한 목적으로 개인정보를 제공받은 자 7. 제30조제5항(제30조제7항, 제31조제3항 및 제67조에 따라 준용되는 경우를 포함한다)을 위반하여 필요한 조치를 하지 아니하고 개인정보를 제공하거나 이용한 자 8. 제31조제1항(제67조에 따라 준용되는 경우를 포함한다)을 위반하여 법정대리인의 동의를 받지 아니하고 만 14세 미만인 아동의 개인정보를 수집한 자 9. 제48조제1항을 위반하여 정보통신망에 침입한 자 10. 제48조제3항을 위반하여 정보통신망에 장애가 발생하게 한 자 11. 제49조를 위반하여 타인의 정보를 훼손하거나 타인의 비밀을 침해·도용 또는 누설한 자 ② 제1항제9호의 미수범은 처벌한다.

제3장 악성프로그램

제1절 악성코드

악성코드는 '멀웨어'라고 칭하기도 하며, 제작자가 고의적으로 사용자에게 피해를 주고자 하는 목적 하에 만든 악성 프로그램이다. 보편적으로 알려진 악성코드의 종류에는 워너크라이, 이모텟, 나노코어, 고스트, 코인마이너 등이 있다. 악성 소프트웨어의 감염 방식에 따른 분류에는 바이러스, 트로이 목마, 웜이 있다. 이 각각의 악성코드는 대상 컴퓨터를 감염시키는 방법이 다르다. 웜은 독립적으로 실행되는 악의적인 소프트웨어로, 제 스스로를 복제하고 다른 컴퓨터로 확산시키는 방식이다. 바이러스는 다른 독립적 프로그램의 코드 내에 스스로 주입한 다음, 그 프로그램이 악성 행동을 하고 스스로 확산되도록 강제하는 컴퓨터 코드 방식이다. 트로이 목마는 자가 복제는 하지 못하지만 사용자가 원하는 무언가로 위장해 자신의 존재를 활성화하도록 유도하는 방식으로 피해를 입히고 확산이 된다. 성공적인 감염 후에 수행하는 행위에 따른 분류에는 스파이웨어, 루트킷, 애드웨어, 랜섬웨어, 크립토재킹이 있다.

1. 스파이웨어(Spyware)

웹루트 사이버시큐리티(Webroot Cybersecurity)는 스파이웨어를 "의심하지 않는 사용자에게서 몰래 데이터를 수집할 목적으로 사용되는 악성코드"로 정의한다. 기본적으로 스파이웨어는 사용자가 컴퓨터에서 보내고 받는 데이터를 염탐하며 그 목적은 대체로 이 정보를 제 3자에게 보내는 데 있다.

2. 키로거(keylogger)

사용자의 모든 키 입력을 기록하는 스파이웨어의 한 종류로, 비밀번호를 훔치는 데 사용된다.

3. 애드웨어(Adware)

브라우저를 강제로 웹 광고로 보내는 악성코드이며 많은 경우 그 외에도 더욱 악의적인 소프트웨어를 추가로 다운로드한다. 뉴욕타임즈에서 지적한 바와 같이 애드웨어는 게임 또는 브라우저 확장 형태의 매력적인 "무료" 프로그램 속에 숨어 있는 경우가 많다.

4. 랜섬웨어(Ransomware)

하드 드라이브의 파일을 암호화한 다음 해독키의 대가로 금전(보통 비트코인)을 요구하는 데 사용되는 악성코드의 일종이다. 랜섬웨어는 몸값(Ransom)과 소프트웨어(Software)의 합성어로 소프트웨어의 몸값을 요구하는 것이라고 생각하면 된다. 랜섬웨어 공격자들은 정상인 것처럼 보이는 이메일 또는 웹페이지에 랜섬웨어로 연결하는 링크를 숨길 수 있다. 랜섬웨어가 작동되면, 사용자들이 일반적으로 비트코인 같은 익명화폐의 형태로 복구비용을 지불할 때까지 파일, 애플리케이션 또는 시스템과 교신하는 것이 방지된다. 랜섬웨어는 보통 개인들에게 영향을 주지만, 최근에는 기업에 대해 광범위한 공격을 하고 있다. 랜섬웨어는 심각하게 생각해야 하고, 끊임없이 증가하는 사이버 위협이다. 그들이 요구하는 금액은 표적 조직에 따라 달라지고, 수백 달러부터 수백만 달러가 될 수 있다.

일단 감염되면 피해자는 거의 복구비용을 되돌려 받을 수 없다. 피해자가 복구비용을 지불하지 않으면 비즈니스다운타임, 민감한 정보의 손실과 같은 피해를 입는다. 그리고 그들이 복구비용을 지불하더라도 동일한 공격자 또는 새 공격자가 자행하는 공격에 취약한 상태로 남아 있게 된다. 대체로, 사이버 복구비용의 지불 여부를 고려할 때면 이미 피해에 대처하기에 너무 늦은 것이다. 페트야(Petya) 등 지난 몇 년 사이 악명을 떨친 악성코드가 랜섬웨어다. 피해자는 해독키가 없으면 파일에 대한 액세스를 회복하기는 수학적으로 불가능하다. 스케어웨어(scareware)는 랜섬웨어의 모방 버전이다. 컴퓨터를 장악했다고 주장하며 몸값을 요구하지만 사실 브라우저 리디렉션 루프와 같은 속임수를 사용해 실제보다 피해 정도를 부풀려 표현하며, 랜섬웨어와 달리 비교적 쉽게 해제할 수 있다. 크립토재킹은 피해자에게서 강제로 비트코인을 받아내는 또 다른 방법이다. 다만 피해자가 모르는 사이에 일이 진행될 수 있다는 점이 차이다. 암호화폐 채굴 악성코드가 컴퓨터를 감염시킨 후 그 컴퓨터의 CPU 사이클을 사용해 공격자를 위해 비트코인을 채굴한다. 채굴 소프트웨어는 운영체제의 백그라운드에서 실행되거나 브라우저 창의 자바스크립트로 실행될 수 있다.

5. 컨피커(Conficker)

PC에 봇넷을 설치해 '좀비'로 만드는 웜 바이러스다. 봇넷은 원격 서버의 명령에 따라 사용자 몰래 스팸메일이나 악성 프로그램을 발송하는 PC를 말하며, 인터넷은 물론이고 USB를 통해서도 감염된다. 컨피커 웜 대응을 위한 업계 협력체인 컨피커워킹그룹에 따르면, 현재 전 세계 460만개 IP 주소에 컨피커가 심어진 것으로 추산되고 있다.

6. 슬래머

2003년 1월 25일 발생 당시 10분 만에 7만5천대의 컴퓨터를 감염시켰고, 이후 삽시간에 전 세계 50만 대 이상의 인터넷 서버를 감염시켰다. 네트워크에서 사용하는 SQL서버를 집중 공격하며, 인위적으로 트래픽을 급증시켜 서버 컴퓨터를 다운시키고 인터넷 접속을 불가능하게 만든다. 당시 우리나라도 12시간 동안이나 인터넷이 마비돼 '1.25 인터넷 대란'으로 지금껏 회자되고 있다.

7. '님다 바이러스'

2001년 발생한 '님다 바이러스'는 22분 동안 대량 메일 발송을 통해 빠르게 확산되는 웜 바이러스로, 다양한 방법을 사용해 스스로를 확산시킨다. 바이러스 이름은 관리를 뜻하는 '어드민(admin)'을 거꾸로 표기한 것이다.

8. 제우스(Zeus)

악성코드는 웹 서버를 기반으로 한 C&C(Command and Control) 서버와 제우스 악성코드를 생성하는 제우스 빌더(Zeus Builder)로 구성 된 하나의 패키지 형태다. 일반적으로 제우스 유포자는 블랙마켓(Black Market)을 통해 제우스 제작자에게 현금을 지불하고 제우스 패키지를 구매한다. 그리고는 별도의 시스템, 또는 해킹한 시스템에 제우스 악성코드를 조정할 수 있는 웹 서버를 구축한 후, 제우스 빌더를 이용해 생성한 제우스 악성코드를 메일의 첨부 파일 형태나 악의적인 웹 사이트를 통해 다운로드하는 기법 등으로 유포하는 것이다.

9. 크립토락커

마이크로소프트 윈도 운영 체제를 사용하는 x86 컴퓨터를 대상으로 한 랜섬웨어 트로이목마로, 2013년 9월 5일경부터 본격적으로 배포되기 시작한 것으로 여겨진다. 크립토락커는 주로 이메일 첨부 등의 수단으로 감염되었다. 최근 크립토락커를 비롯한 대부분의 랜섬웨어는 구 버전 인터넷 익스플로러, 플래시의 취약점을 이용하여 드라이브 바이 다운로드(Drive by Download) 방식으로 감염된다. 사용자가 모르는 사이에 자동으로 바이러스가 감염 및 실행되므로 주의가 필요하다. 여러 가지 변종이 제작 및 배포되었으며, 이 중에는 한글화된 버전도 존재한다. 또한 크립토락커를 비롯한 랜섬웨어에 의한 피해는 점점 증가하고 있는 추세이다.

10. 스턱스넷(Stuxnet)

스턱스넷(Stuxnet)은 2010년 6월에 발견된 웜 바이러스이다. 마이크로소프트 윈도를 통해 감염되어, 지멘스 산업의 소프트웨어 및 장비를 공격한다. 이 웜이 산업시설을 공격하는 최초의 악성 소프트웨어는 아니지만, 산업시설을 감시하고 파괴하는 악성 소프트웨어로는 최초이다. 이 웜은 마이크로소프트 윈도가 설치된 임의의 컴퓨터에 감염되지만, 지멘스의 SCADA 시스템만을 감염시켜 장비를 제어하고 감시하는 특수한 코드를 내부에 담고 있다. 스턱스넷은 장비를 프로그램하는 데 사용되는 PLC를 감염시켜 장비의 동작을 변경한다. 스턱스넷의 여러 변종이 이란에 있는 5개 시설에서 발견되었으며, 웜의 공격목표는 이란의 우라늄 농축 시설인 것으로 추정된다. 2010년 8월 시만텍은, 스턱스넷에 감염된 전 세계의 컴퓨터 중 60%가 이란에 소재한 컴퓨터라고 발표했다. 11월 29일 지멘스는 이 웜이 자사의 고객에게 어떤 피해도 끼치지 않았으나, UN 안보리 결의안 1737

호에 의해 사용 금지된 지멘스 제품을 비밀리에 입수하여 사용중인 이란 핵시설만이 피해를 입었다고 발표했다. 러시아 컴퓨터 보안 회사인 카스퍼스키 랩은 이 정도로 정교한 공격은 "국가적 규모의 지원" 없이 이루어질 수 없다고 결론지었다. 핀란드 컴퓨터 보안 회사인 F-Secure의 수석연구원 미코 휘푀넨(Mikko Hyppönen) 또한 여기에 동의했다. 이 공격에는 이스라엘과 미국이 참여한 것으로 추정된다.

제2절 악성코드의 피해 사례 및 예방 방법

1. 악성코드에 의한 피해 사례

'코드레드'가 있는데, 마이크로소프트의 웹서버를 해킹 경유지로 이용해 시스템에 피해를 주는 인터넷 웜이다. 윈도2000과 윈도NT 서버를 경유지로 이용해 미국 백악관을 공격하는 '코드레드'는 2001년 7월 19일부터 이틀간 전세계 300,000대 시스템에 피해를 입혔다. 이 시기에 국내 시스템 또한 최소 30,000대 이상이 피해를 입은 것으로 추정되었다.

아이러브유는 'I Love You'라는 제목의 이메을 통해 전파되는 바이러스이다. 인간의 심리를 이용하는 사회 공학적 측면이 훨씬 크다는 것을 보여줬다. 지난 2000년 5월 이 웜에 감염된 PC 수만 5천만 건에 달했고 150억 달러 이상의 피해를 입혔고, 미 국방부, CIA, 영국 의회까지 해당 공격을 제거하기 위해 이메일 시스템을 중단할 정도로 엄청난 피해를 야기했다. 악성코드는 인터넷 검색을 잘못된 방식으로 할 때, 셰어웨어를 사용할 때, 불법 복제 프로그램을 사용할 때, 메일의 첨부 파일이나 메신저를 통해 전달된 파일을 열 때 주로 침투하는 것이 가장 큰 감염 경로이다. 악성코드로 인해 컴퓨터의 시스템 성능 저하, 개인 정보 유출, 원치 않은 파일 삭제, 공격자의 컴퓨터 원격 제어와 같은 증상이 나타나게 된다.

2. 예방 방법

악성코드가 컴퓨터를 감염시키는 주경로는 스팸과 피싱 이메일이므로, 이메일

시스템을 걸어 사용자에게 위험 인지 방법을 교육하는 것이다. 이메일에 첨부된 문서를 면밀히 점검하고 잠재적으로 위험한 사용자 행동을 제한하는 것이 좋다. 또한 모든 시스템을 패치하고 업데이트된 상태로 유지하기, 하드웨어 인벤토리를 상시 유지해 보호해야 할 대상을 파악하고 인프라를 대상으로 지속적인 취약점 평가 수행하기 등의 방법을 사용하는 것이 좋다.

특히 랜섬웨어 공격에 대비하는 방법 가운데 하나는 항상 파일을 백업하여 하드 드라이브가 암호화 되더라도 되돌리기 위해 몸값을 지불할 필요가 없도록 하는 것이 좋다. 안전이 보장되지 않은 웹사이트에는 방문하지 않고, 안전하지 않은 프로그램이나 불법 복제 프로그램을 함부로 다운로드 받지 않는 것도 악성코드 감염을 예방할 수 있다. 백신·보안 프로그램을 설치하여 항상 최신 버전으로 갱신 해놓고 악성코드의 위협에 대비해두는 것이 좋다.

제4장 컴퓨터 웜

컴퓨터 웜(computer worm)은 스스로를 복제하는 컴퓨터 프로그램이다. 컴퓨터 바이러스와 비슷하다. 바이러스가 다른 실행 프로그램에 기생하여 실행되는 데 반해 웜은 독자적으로 실행되며 다른 실행 프로그램이 필요하지 않다. 웜은 종종 컴퓨터의 파일 전송 기능을 착취하도록 설계된다. 컴퓨터 바이러스와 웜의 중요한 차이점은 바이러스는 스스로 전달할 수 없지만 웜은 가능하다는 점이다. 웜은 네트워크를 사용하여 자신의 복사본을 전송할 수 있으며, 어떠한 중재 작업 없이 그렇게 할 수 있다.

바이러스는 보통 네트워크에 영향을 주지 않으며 대상 컴퓨터에 대해서만 활동한다. '웜'이라는 이름은 1975년에 출판한 존 브루너(John Brunner)의 공상과학 소설 《더 쇼크웨이브 라이더(The Shockwave Rider)》에서 차용되었다. 초기 분산 컴퓨팅 관련 실험에 대한 논문을 작성하던 연구자들은 그들의 소프트웨어와 브루너에 의해 묘사된 프로그램이 유사하다는 사실에 주목했고, 그래서 '웜'이라는 이름을 채택하였다. 웜은 1978년 제록스 파크(Xerox PARC)의 두 명의 연구자에 의해 최초로 구현되었다. 개발자인 존 쇼크(John Shoch)와 존 허프(Jon Hupp)는 원래 네트워크에서 놀고 있는 프로세서들을 찾아 그들에게 업무를 할당하고 연산처리를 공유하여 전체적인 네트워크의 효율을 높이도록 웜을 설계했다. 많은 주목을 받았던 최초의 웜은 당시 코넬 대학교의 대학원 학생이었던 로버트 터팬 모리스(Robert Tappan Morris)가 개발했던 모리스 웜이다. 이 웜은 1988년 11월 2일에 배포되었는데, 그때 당시 인터넷에 연결된 수많은 컴퓨터들을 빠른 속도로 감염시켰다. 이 웜은 BSD 유닉스와 그것으로부터 파생된 운영 체제들의 많은 버그들을 통해 확산되었다. 모리스는 미국의 컴퓨터 범죄와 남용에 관한 법(Computer Crime and Abuse Act)에 따라 유죄가 선고되어 3년의 집행유예와 400시간의 사회봉사, 10000달러가 넘는 벌금을 지불했다. 웜은 자기 복제 이외에 많은 다른 일을 하도록 설계된다. 예를 들어 호스트 시스템에서 파일을 지우거나, 파일을 악의적 공격 목적으로 암호화 하거나, 이메일을 통해 문서를 보내는 등의 일을 한다. 최근의 웜은 다양한 곳으로 전달되며 실행파일을 첨부하기도 한다. 그러나 웜은 그런 것들 없이 단지 자기 복제 과정에서 생성되는 네트워크 트래픽만으로도 피해를 줄 수 있다. 예를 들어 마이둠(Mydoom)같은 웜은 최대로 살포되면 세계 전역의 인터넷 속도를 현저하게 느리게 만든다. 일반적으로 웜에 수반되는 것은 감염된 컴퓨터에 백도어를 설치하는 것이다. 소빅(Sobig)이나 마이둠 같은 웜이 그렇게 한다. 이런 좀비 컴퓨터들은 대량의 스팸 메일을 보내거나 그들의 웹사이트 주소를 은폐하는 데 사용된다. 스패머들이 그러한 웜에 대한 대가를 지불하고 있다고 여겨지며, 감염된 기계의 IP 주소 리스트를 판매하던 웜 개발자들이 붙잡히기도 했다. 다른 웜 개발자들은 회사를 서비스 거부(DoS) 공격을 한다는 공갈 협박을 시도하기도 하였다. 또한 백도어는 다른 웜에 의해 사용될 수도 있는데, 둠주스(Doomjuice) 같은 웜은 마이둠에 의해 설치된 백도어를 사용하여 자신을 확산시킨다.

제1절 컴퓨터 웜의 피해 사례

1. 모리스 웜 (최초의 웜 피해)

1988년 11월, 로버트 모리스가 인터넷의 크기를 알아내려는 의도로 만든 프로그램이 모리스 웜이다. 이는 최초의 웜으로 이 프로그램을 네트워크에 풀어 놓자마자 인터넷을 통해 빠르게 퍼지면서 대량의 유닉스를 감염시키고 네트워크를 마비시켰다. 당시 총 피해액은 10~1천만 달러에 달했으며 웜은 걷잡을 수 없이 퍼져 나가 인터넷을 접속하고 있던 유닉스 시스템 약 6,000대를 감염시켰고 이는 당시 전세계에 있는 모든 유닉스 컴퓨터 중 10%에 해당하는 규모였다. 웜이란 네트워크를 이용하여 전파되는 컴퓨터 바이러스로 스스로를 복제하여 다른 컴퓨터를 감염시킨다. 일반적으로 메모리상에서만 존재하며 독자적으로 자신을 실행시키기 위해 시스템 자원을 자체적으로 사용한다. 옛날에는 컴퓨터 자원을 소모하여 컴퓨터가 느려지게 만드는 것이 주 증상이었다면 요즘은 웜들도 진화하여 위험한 기능을 가진 웜들이 많아 주의 깊게 봐야 하는 컴퓨터 바이러스 중 하나이다. 특히나, 모리스 웜(Morris worm)은 최초의 웜으로 인터넷의 보안 관념을 일깨웠다는 점에서 '위대한 웜(Great Worms)'라고도 불린다. 모리스 웜의 아빠, 로버트 E 모리스 주니어(Robert Tappan Morris)는 1965년 11월에 태어나 현재 MIT에서 교수를 하고 있으며 모리스 웜을 만든 사람으로 유명하다. 모리스 주니어의 아빠인 로버트 모리스(Robert Morris)도 Bell Labs에서 컴퓨터 연구가로 근무하면서 Multics(지금은 서비스가 종료된 유닉스 운영체제)와 Unix를 연구하였고 나중에는 NSA의 한 부서인 국립 컴퓨터 보안 센터에서 수석 연구가로 일했었다. 모리스 주니어는 이런 아빠 밑에서 컴퓨터를 꾸준히 해오며 하버드를 졸업해 코넬에서 대학원 과정을 밟던 와중 모리스 웜을 만들었고 네트워크에 엄청난 혼란을 가져왔다. 이 사건으로 모리스는 보호관찰 3년, 사회봉사 400시간, 10,050달러의 벌금 및 보호관찰 비용 지불의 처분을 받았다. 모리스는 순수한 의도로 네트워크에 연결된 컴퓨터가 어느 정도인지 알고 싶은 마음으로 모리스 웜을 만들어 네트워크에 풀었다. 모리스 웜은 유닉스에서만 작동되었는데 그 이유는 유닉스에 있는 취약점을 이용했기 때문이다. 모리스 웜은 감염시킬 컴퓨터에 먼저 일부 코드를 가져와 실행시켰고 이 코드를 통해 나머지 코드를 가져와 컴파일하였다. 모리스 웜이 실행되면 모리스 웜은 서버에 자신이 인터넷에 연결되었다는 사실을 알리고 일정 시간마다 이름도 바꿔가며 네트워크의 다른 컴퓨터도 감염시켰다. 특히나, 컴퓨터를 세는 일인만큼 중복되는 것을 막고자 모리스 웜은 컴퓨터에 들어오면 또 다른 모리스 웜이 실행되고 있는지를 사용자에게 물었고 yes라고 누르면 건너뛰게 했다. 하지만 모리스는 사용자가 그냥 'yes'를 누를 수 있는 경우를 생각하고 1/7 확률로 무조건 모리스 웜에 감염되게 하였다. 문제는 1/7 확률이 너무 커서 모리스 웜은 네트워크로 순식간에 퍼져 나갔고 같은 컴퓨터에도 여러 모리스 웜이 상주했다. 이 때문에 모리스 웜은 컴퓨터 자원을 너무 많이 사용하면서 컴퓨터에 무리를 주고 네트워크를 마비시켰다. 뭔가 잘못되어가는 것을 느낀 모리스는 하버드에 다니는 친구에게 연락하여 모리스 웜이 퍼지는 것을 막기 위해 이 웜 바이러스에 대한 경고와 치료 방법을 적은 익명의 메시지를 보냈지만 이미 차단된 게이트웨이 때문에 이 메시지는 전달되지 않았다. 그 사이 전 세계 유닉스 시스템 관리자들은 이런 사태의 문제점을 감지하기 시작했고 그 중 NASA에 근무하던 한 직원이 이 웜 프로그램을 분석하여 텔넷,

ftp, 핑거, rsh, SMTP 등 네트워크로 연결되는 통로를 막으라는 임시방편의 메시지를 보냈다. MIT, UC 버클리가 이 프로그램을 이틀 동안 꼬박 분석하여 사건 발생 후 며칠 만에 복구할 수 있었다. 모리스 웜은 sendmail, finger, RSH/rexec (remote execute) 이 세 가지의 유닉스 취약점을 통해 실행되었고 컴퓨터 운영체제인 유닉스에서만 작동하였다. 또한, 무단으로 사용자 계정에 접근하여 연산 자원 시스템을 제어하기 위해 패스워드를 풀어내는 코드가 발견되기도 했다. 모리스 웜에서 사용된 Fingerd 또는 Finger demon 프로그램은 클라이언트와 서로 연결하는 서버 프로그램으로 원격 호스트에 있는 사용자 정보를 검색할 수 있는 프로토콜이다. 초기에는 많이 사용되었지만 악용되는 사례가 많아져 점차 사라지고 지금은 사용되지 않는 기능이다.

2. 블래스터 웜(Blaster Worm)

2003년 마이크로소프트의 윈도우 NT계열을 통해 급속하게 확산된 웜이다. 이 웜은 컴퓨터에 침입한 후 메모리를 과다 사용하게 만들고, 궁극적으로 운영체제를 파손시킨다. 보통 "Remote Procedure Call(RPC) 서비스가 예기치 않게 종료되어 윈도우를 지금 다시 시작해야 합니다"라는 메시지와 함께 컴퓨터가 재부팅된다. 하지만 이미 윈도우 레지스트리가 수정된 상태라 컴퓨터를 재시작해도 똑 같은 상황이 반복될 뿐이다. 블래스터 웜은 전세계적으로 20만 대가 넘는 시스템을 감염시켰으며 국내에도 창궐해 슬래머 웜의 악몽을 다시 불러일으켰다.

제2절 예방 및 치료 방법

1. 감염 경로

웜은 스스로를 복제하는 프로그램이다. 웜의 감염 경로는 주로 인터넷이나 네트워크로 감염되지만 다른 방법으로는 이메일, 보안취약점, 공유 폴더, 관리 목적의 공유 폴더로 감염이 된다. 감염된 웜은 부팅이 되면 자신의 실행 파일이 실행되도록 시작 프로그램에 자신의 실행 파일을 등록하고 웜이 실행되면 컴퓨터 속도와 인터넷 속도가 느려지게 된다. 웜 파일이 다른 컴퓨터로 자신을 퍼뜨리기 위해 컴퓨터 자원과 인터넷 자원을 사용하기 때문이다.

웜을 예방하는 방법은 정품 소프트웨어 사용 생활화를 하는 것이다. 불법 복사한 소프트웨어는 사람의 손을 거치게 되어있다. 그렇기 때문에 악성 바이러스나 웜에 노출되기 쉽고 피해를 당해서도 책임 소재를 가리기가 쉽지 않다. 또한 데이터를 백업해 놓는 것이다. 비상 시 데이터 손실을 최소화하기 위해 데이터를 정기적으로 백업해놓고 복구 디스켓이나 usb를 준비해 놓는 것이 좋다. PC통신이나 인터넷을 이용하여 프로그램을 다운받을 때는 신뢰할 수 있는 유명 통신망이나 인터넷 사이트에서 받는 것이다. 인터넷 사이트에서 프로그램을 다운 받을 때는 대게 불법 사이트인 P2P사이트가 대부분이기 때문이다. 백신 프로그램을 설치 후 항상 최신 버전 유지하는 것 또한 중요하다. 백신은 악성 바이러스가 나온 후 분석 과정을 거쳐 업데이트되기 때문에 최신 버전이 아니면 신종 바이러스에는 무용지물이다. 그렇기에 백신의 긴급 업데이트 혹은 정기적인 업데이트가 있을 시, 꼭 최신 버전으로 업데이트를 하는 것이 중요하다. 아웃룩 등의 보안 허점을 이용해 전자 메일 첨부 파일이 자동으로 실행되는 경우가 많으니, 사용하는 응용 프로그램에 대한 최신 보안 패치 파일 적용하는 것이 좋다. 윈도우나 MS 오피스 프로그램 등 많은 사람들이 사용하는 프로그램들의 보안 허점을 악용하는 악성 프로그램이 늘어나고 있는데 이는 정기적으로 관련 제품 제작사의 홈페이지를 방문하여 최신 보안 패치 파일을 적용하는 것이 안전하다.

2. 예 방

악성코드 분석을 해야 한다. 악성코드 분석은 사이버범죄의 범행도구인 숨겨진 악성코드를 탐지하고, 해당 악성코드의 기능과 특성을 파악한 후 네트워크연결 정보 및 숨겨진 악성코드 제작자 정보를 확인하는 등 범죄에 사용된 악성코드를 종합적으로 분석하는 것이다.

로그 분석이다. 로그는 정보시스템의 다양한 운영정보를 자동 기록하여 생성되는 정보로, 다양한 로그정보에서 범죄자가 남긴 흔적을 찾아내고, 단계별로 범위를 좁혀 추적해가는 분석한다.

네트워크 분석을 해야 한다. 시스템 해킹 및 개인정보 유출 범죄의 경우 범죄자는 사전에 피해 시스템의 취약점을 파악하고 시스템의 중요정보를 수집하게 되는데, 이러한 과정에서 발생하는 네트워크 패킷 정보를 분석하고, 네트워크 범죄자 원인 IP·도메인 정보를 분석 및 추적한다.

빅데이터 분석이다. 대용량 데이터 및 비정형 데이터 등 일반 수사팀에서 대응하기 어려운 데이터를 분석 지원하는 업무로 대용량 계좌, 통화, 접속 로그 등 온·오프라인 정보를 연관 분석한다.

피싱사이트 자동탐지 시스템을 활용해야 한다. 피싱 범죄에 사용되는 가짜 검찰 홈페이지를 자동 탐지해 사전 차단하는 시스템을 자체 개발하여 활용하는 것 등이다.

악성코드분석시스템이다. 사이버범죄에 악용되는 악성코드의 수집→추출→분석 등 일련의 과정을 전자적으로 처리할 수 있는 악성코드분석시스템은 신속하게 범죄경로와 혐의자를 추적할 수 있는 수사단서를 제공한다.

글로벌 사이버범죄 대응역량 구축 지원이다. 사이버수사과는 월드뱅크, UNODC, ITU 등 국제기구와 함께 개발도상국 사이버범죄 대응역량구축을 지원하기 위한 글로벌 프로젝트에 참여하고 있다.

사이버범죄 유관기관 협력을 필요로 한다. 주요 공공기관, 통신사, 포털, 백신, 게임사 등 사이버범죄 유관기관과 사이버 위협정보 공유 및 기술을 교류하고 공동대처 방안을 논의하고 있다.

3. 컴퓨터 웜 치료 방법

웜은 바이러스와 큰 차이가 있다. 웜은 다른 파일을 감염시키지 않는다는 것이다. 이름에서도 알 수 있듯이 웜(worm; 벌레)은 벌레인데, 쉽게 말해 기생충에 비유할 수 있다. 바이러스의 경우 자신의 코드를 정상 프로그램에 감염시켜 이상한 프로그램으로 만들어 버린다. 하지만, 기생충이 몸 안에 들어와 정상세포를 감염시키지 않듯, 웜은 컴퓨터에 들어와서 열심히 다른 곳으로 웜을 퍼뜨릴 뿐 정상 파일을 감염시키지는 않습니다. 기생충에 감염되었다면 수술까지 할 필요는 없다. 구충제를 먹고 몸 안에 들어와 있는 기생충을 알까지 깨끗하게 제거하면 된다. 웜도 마찬가지이다. "삭제"만 하면 컴퓨터에서 제거할 수 있다. 즉, 바이러스는 균에 감염된 세포에서 균을 때어내는 "치료"를 해야 하지만, 웜은 구충제로 "삭제"만 하면 된다. 바이러스만 익히 보아온 사용자들은 백신프로그램으로 웜을 치료한 후 "삭제"라는 메시지가 나오면 당혹해 하는 경우도 있다. 웜의 경우 자신의 파일이름을 정상적인 윈도우 파일인 것처럼 교묘히 위장한다. 윈도우의 중요한 파일인 svchost.exe를 빗댄 scvhost.exe 혹은 svch0st.exe 들이 그러한 경우이다. winupdate.exe, mplayer.exe 같이 멀쩡한 이름도 자주 사용한다. 하지만 일단 백신에서 웜으로 감지된 파일들은 외부에서 웜이 가지고 오거나 웜이 만들어 낸 파일이며 내 컴퓨터 안에 있을 존재가치가 없는 것들이므로 가차 없이 삭제해야 한다.

4. 국내 피해 사례

한국 마이크로소프트로 2017년, 사이버 공격으로 인한 국내 기업의 손실액이 약 720억 달러에 달해 국내 총생산(GDP)의 5%에 육박한다는 조사 결과가 나왔다. 한국 마이크로소프트(한국MS)는 18일 서울 광화문 사옥에서 간담회를 열고 '사이버 보안 위협 보고서'를 발표했다. 한국, 일본, 중국, 호주를 포함한 아시아 태평양 지역 13개국에서 기업 보안 전략을 수립하는 최고경영자나 최고보안책임자 등 1,300명(국가별 100명)을 대상으로 조사한 결과이다. MS가 컨설팅업체 프로스트앤설리번과 공동으로 조사한 이번 보고서에 따르면 지난해 사이버 공격으로 국내 기업이 입은 직간접 손실액이 720억 달러인데, 국내 대형 기업은 기업당 약 300억 원의 경제손실을 입은 것으로 나타났다. 특히 대형 기업의 손실액 중 90%는 간접적 피해로 인해 발생했다. 보고서에는 직접적인 손실은 기업당 32억 원에 그치지만 고객 소실, 평판 훼손과 같은 기회비용 감소로 137억 원의 피해를 볼 수 있다고 분석됐다. 또 이런 보안 위협이 확산되면 기업 생태계와 경제 전반에 악영향을 줘 추가 손실이 약 130억 원 발생할 수 있다는 계산이다.

제5장 스팸메일과 봇넷

제1절 스팸메일

1. 스팸메일 관련 내용

PC통신이나 인터넷 ID를 가진 사람에게 일방적·대량으로 전달되는 전자우편으로 발신자와 수신자가 아무런 관계가 없으며 정크메일이라고도 불리는 스팸메일의 '스팸'은 1937년 미국의 식품 업체 호멜푸즈가 훈연한 햄을 깡통에 담은 새 제품을 소개하면서 이름을 공모해 탄생된 것인데, 호멜푸즈는 엄청난 광고로 스팸을 홍보하는 바람에 '광고 공해'를 불러일으킨다는 비판을 받게 되었다. 그 후 1990년대 초 일부 사람들이 쓸모가 없고 관련이 없는 허튼 소리로 텍스트에 기반하는 통신망 대화를 방해하는 것을 즐긴다는 사실을 알게 되었는데, 스팸에 들러붙은 그런 이미지 때문에 그 현상을 스팸이라고 부르게 된 것이다. 오늘날엔 스팸은 요구하지 않은 전자 메시지들을 제멋대로 대량 전달하는 것을 의미하며 무차별로 살포되어 시간과 비용을 낭비하게 하여 ISP와 PC통신업체에서 필터링 정책을 시행하고 있으나 중계 스팸은 필터링을 우회하기도 한다. 정보통신부의 통계로는 우리는 하루 평균 5통의 스팸메일을 받고 있으며 노이로제에 '스팸 노이로제'라는 게 추가되었고, 스팸은 심지어 '인터넷 종말론'의 주범으로까지 지목되고 있다. ISP와 PC 통신업체에서 파악하고 있는 스팸 메일의 유형은 직접 스팸과 중계 스팸 두 가지로 직접 스팸은 스패머가 직접 자신이 이용하는 ISP의 메일 서버를 통해 불특정 다수의 사용자에게 메일을 직접 보내는 것이다. 중계 스팸이 보다 한 단계 복잡한 방법으로 스패머가 자신이 이용하는 메일 서버 대신 임의의 다른 ISP나 기업의 메일 서버를 중계 서버로 이용해 마치 중계 서버의 사용자가 불특정 다수에게 광고성 메일을 보내는 것처럼 위장하여 통신업체의 필터링 차단 방식을 피하는 것이다.

2. 스팸메일의 사례

전 세계적으로 나타나고 있는 지능형 지속공격 중 90%가 이메일 공격으로 추산되는 만큼 이메일을 통한 공격이 계속 발생하고있다. 피해 사례는 아래와 같다.

① 기업과 공공기관에 이메일을 전송해 금전적 피해와 내부 자료 유출피해를 입히는 이메일 침해 공격이 발생하고 있다. 미국연방수사국의 2017년 통계에 따르면 이메일 공격방식 중 하나인 기업 이메일 침해공격으로 약 6억 7500만 달러의 피해가 발생했다.

② 무선 네트워크 기술 회사인 유비쿼터네트웍스(Ubiquiti Networks)의 임원을 사칭한 이메일 공격이 발생해 공격자가 속한 그룹의 은행계좌로 4670만 달러가 송금되는 사고가 발생했다.

③ 캘리포니아에 본사를 두고 있는 국제 송금기관 줌(Xoom)의 재무 부서에 스푸핑 이메일 공격이 들어와서 법인 현금 3,080만 달러가 사기성 해외 계좌로 이전되는 사건이 발생했다.

④ 소셜커머스 위메프의 메일 주소를 사칭해 누군가가 스팸 메일을 발송하는 것으로 확인됐다. 위메프 메일과 동일한 주소를 사용하고 있어 소비자들은 해킹을 우려했지만 단순 메일 주소 조작인 것으로 나타났다.

⑤ '김하나'라는 가명으로 마이크로소프트 핫메일(hotmail) 계정을 자동으로 생성해 스팸을 보내는 프로그램을 제작해 '스팸메일'의 대명사가 되었던 박씨는 재미로 만들었던 스팸메일 발송 프로그램이 사회문제로 확산되자 프로그램 제작을 중단했지만 2년여가 지난 지난해 등록금과 용돈마련을 위해 다시 업그레이드된 프로그램을 제작하다가 덜미를 잡혔다.

⑥ 미국의 한 스패머가 대량 스팸 메일을 발송한 죄로 9년 동안이나 교도소 신세를 지게 됐다. 버지니아 주법원은 미국 북 캐롤라이나에 사는 제레미 제인스에게 수십 만통의 스팸 메일을 발송했다는 이유로 9년형을 선고했다고 AFP통신이 보도했다. 버지니아 주 검사인 제리 킬고어는 "이번 판례는 미국에서 스팸 메일에 대한 첫 중죄 판결로 기록될 것"이라며 "이번 사건은 버지니아 주민들과 모든 미국 국민들의 승리"라고 말했다. 그는 스팸 메일

이 크고 작은 문제를 일으키고 있으며 각종 비즈니스를 방해하고 있다고 덧붙였다.

⑦ 한 p2p사이트(인터넷에서 개인과 개인을 연결시켜 서로 파일을 공유할 수 있게 해주는 사이트)에 가입하던 A씨는 황당한 경험을 했다. 단지 회원가입을 했을 뿐인데 가입한 '디엠미디어'라는 업체로부터 휴대폰으로 19,800원이 결제됐다는 문자가 날라온 것. 인터넷진흥원과 국회 고용진 의원실 등의 자료를 근거로 연합뉴스TV가 추산한 불법스팸문자 현황이다.

⑧ 서울지검 컴퓨터수사부(황교안·黃敎安부장검사)는 27일 음란 인터넷 성인방송을 한 19개 업체를 적발, K사 대표 곽 모(37)씨와 음란 비디오 공급책인 S영상 대표 정모(29)씨 등 6명을 정보통신망이용촉진법 등 위반혐의로 구속기소하고 D사 대표 김 모(30)씨 등 13명을 불구속 또는 약식 기소했다고 밝혔다. 이들은 인터넷 배너광고나 스팸메일 등을 통해 네티즌의 가입을 유도한 뒤 최고 8개월 동안 16억 원의 고수익을 올린 것으로 드러났다.

제2절 봇 넷

1. 봇넷의 의미

봇넷은 스팸메일이나 악성코드 등을 전파하도록 하는 악성코드 봇(Bot)에 감염되어 해커가 마음대로 제어할 수 있는 좀비 PC들로 구성된 네트워크를 말한다. 일단 봇에 감염되면 실제 PC 사용자들은 자신의 컴퓨터가 감염된 줄 모르는 경우가 많고, 해커는 수십에서 수만 대의 시스템에 명령을 전달해 특정 인터넷 사이트에 대량의 접속 신호를 보내 해당 사이트를 다운시키는 등의 방식으로 대규모 네트워크 공격을 수행할 수 있다. 전통적인 봇은 주로 메일이나 드라이브 바이 다운로드(drive-by download)로 호스트를 감염시킨다. 드라이브 바이 다운로드는 주로 사용자가 봇 소프트웨어를 설치하기 위해 웹 브라우저 취약점을 공격하는 웹 사이트에 방문할 경우 발생하며 사용자가 방문한 사이트는 원래 악의적인 사이트일 수도 있고 침투 당해서 악성코드를 포함하게 된 정상적인 사이트일 수도 있다. 봇넷을 막지 못하는 이유로는 봇넷은 자신의 근원지를 숨기려 한다는 점과 사용하는 IP주소가 모두 가짜인 경우가 대부분이어서 봇넷 제작자를 추적해 기소하는 것이 사실상 쉽지 않다는 점이 있고, 인터넷 연결 기기들의 허술한 보안이 있다. 또 감염된 기기를 네트워크로부터 분리시키는 것이 거의 불가능한데 이유는 소비자들이 보안을 우선으로 고려하지 않고 기기를 구입하기 때문이다.

2. 봇넷의 피해 사례

해커가 마음대로 제어할 수 있도록 악성코드에 감염된 컴퓨터들이 좀비 pc가 되는데 이렇게 좀비 pc들로 구성된 네트워크를 봇 넷이라고 한다. 피해 사례는 아래와 같다.

① 2016년 미라이 봇넷 공격으로 트위터, CNN을 비롯한 주요 웹사이트가 전부 차단되고, 러시아는 주요 은행들이, 라이베리아는 국가 전체가 영향을 받았다. 미라이 봇넷은 보안 카메라 등 보안이 허술한 사물 인터넷 기기에 악성코드를 설치하고 인터넷 트래픽을 라우팅하는 DYN 서버를 공격하는 방식으로 이루어졌다.

② 2016년 6월 DD4BC(DDoS for Bit Coin, 비트코인을 위한 디도스)라는 해킹그룹이 우리나라 금융기관 다수를 상대로 디도스(DDoS) 공격을 하고 이를 빌미로 금전을 요구한 사건이 발생했다. 다행히 큰 피해 없이 금융기관과 금융보안원의 공조로 방어에 성공했고, 올해 1월 DD4BC의 핵심인물이 유럽에서 체포돼 사태는 표면적으로는 마무리 됐다.

③ 마이크로소프트는 자사와 여러 협력단체가 제우스 봇넷을 사용해 지난 5년동안 1억 달러 이상을 훔쳐 온 다수의 사이버 범죄 조직을 붕괴시켰다고 말했다. 또 이들 혐의자에게는 최초로 조직범죄 처벌법인 RICO(Racketeer Influenced and Corrupt Organizations)법이 적용되어 소송이 진행되고 있다고 밝혔다.

④ 2001년부터 알려져 있던 '유니버셜 플러그 앤 플레이' 프로토콜 취약점을 악용한 디도스 공격이 보고됐으며, 1983년 정의된 프로토콜(CHARGEN) 취약점을 사용하는 공격도 발견됐다. 카메라와 프린터를 디도스 공격에 동원하는 양상도 뚜렷해졌으며 일본에서는 5만대에 달하는 비디오 감시 카메라

가 디도스 공격에 동원된 사례가 발생했다.

⑤ 제우스 봇넷은 사기로 온라인 뱅킹이나 전자상거래 인증서를 훔쳐내기 때문에 금융기관들에게는 눈에 가시 같은 존재로 자리 잡고 있다. 지난 3월 19일 제기된 소장에 따르면, 마이크로소프트는 이들 피고가 1,300만 대 이상의 컴퓨터를 감염시키고 지난 5년 동안 1억 달러 이상을 절취했다고 고발했다.

⑥ 최근 아나키(Anarchy)라는 이름의 봇넷이 화웨이(Huawei)의 라우터를 손상시켰다. 보안 업체인 뉴스카이(NewSky)의 안킷 아눕하브 연구원은 자신이 무정부 상태라고 밝힌 사물인터넷(IoT) 해커가 1만 8,000여 개에 이르는 화웨이 라우터를 해킹했다고 전했다. 봇넷이 악용한 취약점은 CVE-2017-17215와 관련이 있다. 연구원은 해커가 피해자들의 IP 주소 목록을 공유했다고 전했다. 화웨이 라우터를 손상시킨 코드는 올해 1월에 발견된 결함으로 이것은 사토리 봇넷이나 브릭커봇에서도 사용됐다. 해커의 동기는 아직 밝혀지지 않았지만 해커는 역대 가장 규모가 큰 최악의 봇넷을 개발할 계획이라고 밝혔다. 사이버 보안 장치 공급 업체인 라드웨어(Radware)는 IoT 생태계에 연결된 기기 수가 폭발적으로 늘어남에 따라 해커의 공격 영역이 또한 급격하게 넓어졌다고 지적했으며 가트너(Gartner)의 조사에 따르면 2016년에는 전 세계에 약 64억 개의 연결된 기기가 존재했으며, 이 숫자는 2020년까지 200억 개로 늘어날 전망이다.

⑦ 보안 업체 포티넷(Fortinet)은 '인공지능을 갖춘' 똑똑한 봇넷들이 아파치 스트러츠(Apache Struts) 프레임워크의 취약점을 반복적으로 익스플로잇하는 것을 발견한 바 있다고 발표했다. 아파치 스트러츠 취약점은 작년 에퀴팩스 사건의 핵심 요소였던 것으로, 공격자들은 이 취약점에 대한 공략을 자동화시켜버린 것이다. 보안 전문가들은 봇넷이 곧 하이브넷(hivenet)으로 대체될 것이라고 예견하고 있다. 하이브넷이란 피어(peer) 기반의 자가 학습이 가능한 봇넷으로, 인간의 개입을 최소화한 상태로 취약점을 익스플로잇 한다. 침해된 기기들이 군집해 있는, 기존의 봇넷과 형태는 다르지 않지만 거기에 상기한 스웜 기술을 덧입어 훨씬 효율적인 공격을 하는 것이다. 전통적인 봇넷이 사람의 명령을 기다렸다면, 하이브넷은 스스로 결정을 내리고 혼자서 공격을 감행한다.

3. 판례

핸드폰 가입자 유치 영업을 위하여 컴퓨터에 설치되어 있는 엑셀프로그램으로 다량의 전화번호를 자동 생성한 다음, 수회에 걸쳐 휴대폰 광고용 문자메세지를 전송한 행위가 구 정보통신망 이용촉진 및 정보보호 등에 관한 법률 제50조 제6항 제2호 위반죄에 해당한다.

제3절 사이버 범죄 용어

- 스팸메일은 이메일 사용자가 수신을 원하지 않아도 거의 매일 다량으로 받게 되는 광고성 또는 사기성 이메일이다.
- 봇넷(botnet)은 인터넷에 연결되어 있으면서 위해를 입은 여러 컴퓨터들의 집합을 가리킨다. 사이버 범죄자가 트로이 목마, 또 이 밖의 악성 소프트웨어를 이용해 빼앗은 다수의 좀비 컴퓨터로 구성되는 네트워크라고 볼 수 있다. 봇넷들은 보안방어가 파괴되어 제 3자에게 권한이 양도된 컴퓨터들을 말한다. 악성 소프트웨어에 의해 공격받아 제 3자에게 권한이 양도된 장비들을 각각 봇이라고 한다. 이 봇넷의 조정자는 열려있는 IRC 또는 HTTP와 같은 프로토콜을 통해 어떠한 활동을 지시할 수 있다.
- 웜(Worm)은 주로 네트워크에서 연속적인 복사 기능을 수행함으로써 자가증식해 기억장치를 소모하거나 저장된 데이터를 파괴하는 프로그램이다. 웜은 네트워크를 통해 자신을 복제하고 전파할 수 있는 악성 프로그램을 말한다. 다른 프로그램에는 영향을 주지 않지만 특정 컴퓨터에 숨어 있다가 네트워크를 통해 연결된 다른 컴퓨터에 침투하여 감염시킨다. 컴퓨터에 직접적으로 피해를 입히지는 않지만 자기복제능력을 가지고 있어서 연결되어 있는 컴퓨터에 끊임없이 자기를 복제하는 바이러스 프로그램의 한 종류이다. 따라서 웜은 단순히 자기복제기능만으로도 막대한 시스템 과부하를 일으킨다는 점에서 바이러스를 능가하는 피해를 야기한다. 또 바이러스에 비해 확산 속도가 빨라 단시간 내에 네트워크에 치명타를 입힐 수 있다. 러브레터바이러스, 조크바이러스, 스테이지스 등이 대표적인 웜에 해당된다.

- 랜섬웨어는 '몸값'(Ransom)과 '소프트웨어'(Software)의 합성어다. 시스템을 잠그거나 데이터를 암호화해 사용할 수 없도록 만든 뒤, 이를 인질로 금전을 요구하는 악성 프로그램을 일컫는다. 지난 2015년 4월, 인기 커뮤니티 사이트를 방문한 사용자 컴퓨터에 이상한 현상이 발생했다. 갑자기 컴퓨터 시스템에 접근할 수 없게 되거나, 저장한 사진과 문서 파일 등을 열 수 없는 일이 발생했다. PC뿐 아니라 PC에 연결된 외장형 하드디스크 드라이브(HDD), 네트워크 드라이브로 연결된 서버, 퍼블릭 클라우드 스토리지 서비스, 문서 중앙화 시스템 속 데이터까지 사용자가 모르는 사이에 잠겼다. 하루 아침에 갑자기 컴퓨터에 저장된 모든 데이터를 볼 수 없는 일이 발생했다. 이른바 '랜섬웨어(ransomware)'로 유명한 '크립토락커(CryptoLocker)' 바이러스에 PC가 감염돼 모든 데이터가 암호화 된 탓이다.
- 독스웨어는 해킹한 개인정보를 온라인에 공개하는 것을 의미하는 '독싱(doxing)'과 이를 이용하여 금전적 이득을 취하는 '랜섬웨어(ransomware)'를 합친 용어이다. 일반 랜섬웨어(ransomware) 공격은 대상자의 컴퓨터 파일들을 암호화하여 금전을 요구하는 것으로 사용자는 공격자에게 대가를 지불하는 대신 컴퓨터를 포맷하여 해결할 수 있다. 그러나 독스웨어 공격은 대상자의 컴퓨터 파일들을 암호화만 하는 것이 아니라 대학 기록, 사진, 고객 정보 등 민감한 정보를 공격자의 시스템에 옮겨 공개함으로써 사용자가 자신의 컴퓨터를 포맷하는 것으로는 해결을 못하게 한다. 따라서 사용자는 공격자의 요구대로 따르게 된다.
- 서비스거부 공격(DoS, Denial of Service Attack)
  - 해커가 목표로 보안이 취약한 컴퓨터 네트워크를 스캔하여, 그 네트워크에 속한 특정 컴퓨터를 악성코드로 감염시키고, 그 컴퓨터를 조정하여 당초 사이버 공격목표로 설정한 기업이 운용중인 웹사이트에 엄청난 양의 접속 부하를 일으키도록 한다. 이로 인해, 합법적인 웹사이트 사용자들은 사이버 공격을 받은 기관의 웹서비스(이메일 사용, 온라인 쇼핑이나 금융, 온라인 예약, 웹 검색 등)를 이용할 수 없게 된다.

- 사회공학적 공격(Social Engineering Attack)
  - 사회공학적인 방법으로 이루어지는 사이버범죄는 피해자에게 해커의 말을 신뢰하도록 기만하여 개인정보나 기업정보를 제공하도록 유도하는 범죄행위이다. 인터넷이 일반에 공개된 초기에는, 사이버 범죄자가 직접 피해자 IT 시스템 관리자에게 전화를 해서 피해기업 고위임원이나 시스템 관리업체 직원 등으로 가장하여 IT시스템 접속에 필요한 정보를 취득하기도 하였다. 최근에는 이메일 등을 통해 피해자를 기만하는 것이 보편적인 형태가 되었다.

- 사이버 스토킹(Cyber Stalking)

특정인에게 정상적인 사람이 느낄 수 있는 두려움을 일으키는 일련의 행위, 반복적이거나 원하지 않는 관심, 괴롭힘, 접촉의 형태를 말한다. 예를 들면 피해자가 원하지 않는 전화를 계속하는 경우, 피해자에 대해 인터넷, 공공장소 및 입소문으로 개인정보나 루머를 퍼트리는 경우, 피해자가 원치 않는 편지나 이메일을 계속 보내는 경우이다.

- 사이버 괴롭힘(Cyber Bullying)

인터넷 포럼, 소셜 네트워크 서비스 등에 이미지, 허위사실, 또는 동영상 등을 포스팅하여 학교, 직장의 친구 또는 동료들을 괴롭히거나 당황스럽게 하는 일탈적인 행위이다. 피해자의 이메일이나 전화 메시지로 괴롭히거나 협박하는 내용의 메시지 보내기, 근거 없는 소문을 소셜네트워크 서비스를 통해 전파하고, 피해자의 이메일이나 온라인 커뮤니티 계정 해킹, 피해자에 대한 성적 이미지 왜곡 등 괴롭힘의 유형은 다양하고, 소셜네트워크나 커뮤니티 서비스의 변화에 따라 내용이나 방식 역시 달라진다.

- 인터넷 사기(Internet Fraud)

온라인으로 물품을 구매하려고 송금했지만, 판매자로부터 물품을 받지 못한 경우이다. 범죄형태는 물품 미배송, 과다지불, 경매사기, 신용카드 사기, 선불금 사기, 기업 데이터 유출 등이다.

제4절 악성코드 및 스팸메일에 대한 형사법적 접근

- 증거
  - 증거방법: 증거로 사용되는 유형물 자체이다. 증거조사의 대상물이다. 증인, 감정인, 증거물, 증거서류, 피고인 등이다. 예를 들면 피고인의 신체는 증거방법이다.
  - 증거자료: 증거방법을 조사하여 얻어진 내용 그 자체를 말한다. 증인의 증언, 감정인의 감정결과, 증거물의 성질·형상, 증거서류의 의미내용, 피고인의 자백 등이 있다.
  - 본증: 거증책임을 부담하는 자가 제출하는 증거이며, 현행법상 거증책임은 원칙적으로 검사가 부담한다.
  - 반증: 거증책임을 지지 않는 자가 본증에 의하여 사실의 존재를 부인하기 위하여 제출하는 증거를 말한다. (　　)
  - 직접증거: 요증사실을 직접적으로 증명하는 증거이며, 범행목격자의 증언, 피고인의 자백 등이다.
  - 간접증거: 요증사실을 간접적으로 증명하는 정황증거 등을 말한다. 범죄현장에서 채취된 피고인의 지문, 피고인의 옷에 묻은 피해자의 혈흔 등이다.
  - 증거능력이란 증거가 엄격한 증명의 자료로 사용될 수 있는 자격을 의미할 뿐이고, 당해증거가 가지는 실질적 가치인 증명력과는 엄격히 구별되는 개념으로서 비록 증거능력이 인정되는 증거라고 하더라도 그것이 과연 믿을 만한 것인가의 문제 즉 증명력의 유무는 오로지 법관의 자유심증에 맡겨진 것이어서 피고인은 자유로운 방법으로 그 증명력을 탄핵할 수 있으므로 어떤 증거의 증거능력의 유무와 그에 의한 요증사실의 증명 내지는 범죄사실의 인정과는 필연적 연관성이 있는 것도 아니다.
  - 증거능력 인정요건은 ① 적법한 절차와 방식에 따라 작성된 것(적법성), ② 검사 또는 사법경찰관 앞에서 진술한 내용과 동일하게 기재되어 있음

이 원진술자의 진술이나 영상녹화물, 기타 객관적인 방법에 의하여 증명(실질적 진정성립), ③ 피고인 또는 변호인이 그 기재내용에 관하여 원진술자를 신문할 수 있었고(반대신문권 부여), ④ 조서에 기재된 진술이 특히 신빙할 수 있는 상태하에서 행하여졌음이 증명된 때(특신상태) 증거로 할 수 있다.

(O · X 문제)

1. 1개의 행위가 수개의 죄에 해당하는 경우에는 가장 중한 죄에 정한 형으로 처벌한다. (　　)

2. 허위사실을 유포한 1개의 행위가 형법 제314조 제1항의 허위사실 유포에 의한 업무방해죄 뿐 아니라 형법 제307조 제2항의 허위사실적시에 의한 명예훼손죄에도 해당하는 경우 그 두 개의 죄는 상상적 경합관계에 있다. (　　)

3. 형법 제307조의 명예훼손죄와 공직선거부정방지법 제251조의 후보자 비방죄가 상상적 경합의 관계에 있다. (　　)

4. 증거방법은 증거로 사용되는 유형물 자체이다. 증거조사의 대상물이다. 증인, 감정인, 증거물, 증거서류, 피고인 등이다. 예를들면 피고인의 신체는 증거방법이다. (　　)

5. 증거자료는 증거방법을 조사하여 얻어진 내용 그 자체를 말한다. 증인의 증언, 감정인의 감정결과, 증거물의 성질 · 형상, 증거서류의 의미내용, 피고인의 자백 등이 있다.(　　)

6. 본증은 거증책임을 부담하는 자가 제출하는 증거이며, 현행법상 거증책임은 원칙적으로 검사가 부담한다.(　　)

7. 반증은 거증책임을 지지 않는 자가 본증에 의하여 사실의 존재를 부인하기 위하여 제출하는 증거를 말한다. ( )

8. 직접증거는 요증사실을 직접적으로 증명하는 증거이며, 범행목격자의 증언, 피고인의 자백 등이다. ( )

9. 간접증거는 요증사실을 간적접으로 증명하는 정황증거 등을 말한다. 범죄현장에서 채취된 피고인의 지문, 피고인의 옷에 묻은 피해자의 혈흔 등이다. ( )

10. 증거능력이란 증거가 엄격한 증명의 자료로 사용될 수 있는 자격을 의미할 뿐이고, 당해증거가 가지는 실질적 가치인 증명력과는 엄격히 구별되는 개념으로서 비록 증거능력이 인정되는 증거라고 하더라도 그것이 과연 믿을 만한 것인가의 문제 즉 증명력의 유무는 오로지 법관의 자유심증에 맡겨진 것이어서 피고인은 자유로운 방법으로 그 증명력을 탄핵할 수 있으므로 어떤 증거의 증거능력의 유무와 그에 의한 요증사실의 증명 내지는 범죄사실의 인정과는 필연적 연관성이 있는 것도 아니다. ( )

11. 증거능력 인정요건은 ① 적법한 절차와 방식에 따라 작성된 것(적법성), ② 검사 또는 사법경찰관 앞에서 진술한 내용과 동일하게 기재되어 있음이 원진술자의 진술이나 영상녹화물, 기타 객관적인 방법에 의하여 증명(실질적 진정성립), ③ 피고인 또는 변호인이 그 기재내용에 관하여 원진술자를 신문할 수 있었고(반대신문권 부여), ④ 조서에 기재된 진술이 특히 신빙할 수 있는 상태하에서 행하여졌음이 증명된 때(특신상태) 증거로 할 수 있다. ( )

제3편 정보통신망이용재산형 범죄

제1장 인터넷 사기

최근 경찰청 통계에 따른 정보통신망 이용범죄는 인터넷 사기, 사이버 저작권침해, 사이버 금융범죄, 개인위치정보침해 등의 순으로 범죄가 나타나고 있다.

■ 정보통신망 이용범죄

구분 (단위 : 건)		총계	인터넷사기	사이버 금융범죄	개인위치 정보침해	사이버 저작권침해	기타
2014	발생	89,519	56,667	15,596	939	14,168	2,149
	검거	56,461	40,657	6,567	635	7,198	1,404
2015	발생	118,362	81,849	14,686	609	18,770	2,448
	검거	86,658	68,444	7,886	296	8,832	1,200
2016	발생	121,867	100,369	6,721	2,410	9,796	2,571
	검거	103,172	89,364	4,034	2,125	5,616	2,033
2017	발생	107,271	92,636	6,066	413	6,667	1,489
	검거	88,779	80,740	2,632	298	4,134	975

제1절 인터넷 사기

1. 인터넷 사기 내용

사기는 돈을 빌렸다가 갚지 못한다고 다 사기는 아니다. 사기죄는 어떤 방식으로든 사람을 속여 돈이나 물건 등 재산상 이익을 얻어낼 때 해당된다. 세계적으로도 한국은 사기 범죄 발생 비율이 가장 높은 나라에 속한다. 세계보건기구(WHO)의 2013년 발표한 '범죄 유형별 국가 순위'에 따르면 대한민국은 경제협력개발기구(OECD)의 37개 회원국 중 사기 범죄율 1위를 기록했다. 국가별로 같은 인구가 있다고 가정했을 때, 한국에서 사기 범죄가 가장 많이 발생했다는 의미다. 형사정책연구원의 '2016 전국범죄피해조사' 결과에 따르면 14세 이상 국민 10만 명당 1152.4건의 사기 사건이 발생했다. 100명 중 1명은 사기를 당한 셈이다. '2018 범죄현황'에 따르면 2011년 1만 건이 채 안되던 전자상거래 관련사기는 2012년 2만2000여건으로 늘더니 2014년에는 4만3000여건까지 급증했다.

2. 인터넷 사기에 대한 특별법적 접근

○ 전자상거래 등에서의 소비자보호에 관한 법률 제13조(신원 및 거래조건에 대한 정보의 제공)

① 통신판매업자가 재화등의 거래에 관한 청약을 받을 목적으로 표시·광고를 할 때에는 그 표시·광고에 다음 각 호의 사항을 포함하여야 한다. 〈개정 2016. 3. 29.〉 1. 상호 및 대표자 성명 2. 주소·전화번호·전자우편주소 3. 제12조에 따라 공정거래위원회 또는 특별자치시장·특별자치도지사·시장·군수·구청장에게 한 신고의 신고번호와 그 신고를 받은 기관의 이름 등 신고를 확인할 수 있는 사항 ② 통신판매업자는 소비자가 계약체결 전에 재화등에 대한 거래조건을 정확하게 이해하고 실수나 착오 없이 거래할 수 있도록 다음 각 호의 사항을 적절한 방법으로 표시·광고하거나 고지하여야 하며, 계약이 체결되면 계약자에게 다음 각 호의 사항이 기재된 계약내용에 관한 서면을 재화등을 공급할 때까지 교부하여야 한다. 다만, 계약자의 권리를 침해하지 아니하는 범위에서 대통령령으로 정하는 사유가 있는 경우에는 계약자를 갈음하여 재화등을 공급받는 자에게 계약내용에 관한 서면을 교부할 수 있다. 1. 재화등의 공급자 및 판매자의 상호, 대표자의 성명·주소 및 전화번호 등 2. 재화등의 명칭·종류 및 내용 2의2. 재화등의 정보에 관한 사항. 이 경우 제품에 표시된 기재로 계약내용에 관한 서면에의 기재를 갈음할 수 있다. 3. 재화등의 가격(가격이 결정되어 있지 아니한 경우에는 가격을 결정하는 구체적인 방법)과 그 지급방법 및 지급시기 4. 재화등의 공급방법 및

공급시기 5. 청약의 철회 및 계약의 해제(이하 "청약철회등"이라 한다)의 기한·행사방법 및 효과에 관한 사항(청약철회등의 권리를 행사하는 데에 필요한 서식을 포함한다) 6. 재화등의 교환·반품·보증과 그 대금 환불 및 환불의 지연에 따른 배상금 지급의 조건·절차 7. 전자매체로 공급할 수 있는 재화등의 전송·설치 등을 할 때 필요한 기술적 사항 8. 소비자피해보상의 처리, 재화등에 대한 불만 처리 및 소비자와 사업자 사이의 분쟁 처리에 관한 사항 9. 거래에 관한 약관(그 약관의 내용을 확인할 수 있는 방법을 포함한다) 10. 소비자가 구매의 안전을 위하여 원하는 경우에는 재화등을 공급받을 때까지 대통령령으로 정하는 제3자에게 그 재화등의 결제대금을 예치하는 것(이하 "결제대금예치"라 한다)의 이용을 선택할 수 있다는 사항 또는 통신판매업자의 제24조제1항에 따른 소비자피해보상보험계약등의 체결을 선택할 수 있다는 사항(제15조제1항에 따른 선지급식 통신판매의 경우에만 해당하며, 제24조제3항에 각 호의 어느 하나에 해당하는 거래를 하는 경우는 제외한다) 11. 그 밖에 소비자의 구매 여부 판단에 영향을 주는 거래조건 또는 소비자피해의 구제에 필요한 사항으로서 대통령령으로 정하는 사항 ③ 통신판매업자는 미성년자와 재화등의 거래에 관한 계약을 체결할 때에는 법정대리인이 그 계약에 동의하지 아니하면 미성년자 본인 또는 법정대리인이 그 계약을 취소할 수 있다는 내용을 미성년자에게 고지하여야 한다. ④ 공정거래위원회는 제1항 및 제2항에 따른 통신판매업자의 상호 등에 관한 사항, 재화등의 정보에 관한 사항과 거래조건에 대한 표시·광고 및 고지의 내용과 방법을 정하여 고시할 수 있다. 이 경우 거래방법이나 재화등의 특성을 고려하여 그 표시·광고 및 고지의 내용과 방법을 다르게 정할 수 있다. ⑤ 통신판매업자는 제2항에 따라 소비자에게 표시·광고하거나 고지한 거래조건을 신의를 지켜 성실하게 이행하여야 한다.

○ 전자상거래 등에서의 소비자보호에 관한 법률 제43조(벌칙)

다음 각 호의 어느 하나에 해당하는 자는 1천만 원 이하의 벌금에 처한다.

1. 제13조제1항에 따른 사업자의 신원정보에 관하여 거짓 정보를 제공한 자
2. 제13조제2항에 따른 거래조건에 관하여 거짓 정보를 제공한 자

제2절 인터넷범죄에 따른 형사법적 접근

1. 컴퓨터 등 사용 사기죄 (제347조의2)

- 컴퓨터등 정보처리장치에 허위의 정보 또는 부정한 명령을 입력하거나 권한 없이 정보를 입력·변경하여 정보처리를 하게 함으로써 재산상의 이익을 취득하거나 제3자로 하여금 취득하게 한자는 10년 이하의 징역 또는 2천만원 이하의 벌금에 처한다. 미수범은 처벌하며 10년 이하의 자격정지를 병과할 수 있다.
- 사람을 기망하여 재산을 취득하면 사기죄이고, 사람의 개입 없이 컴퓨터를 기망하여 컴퓨터로부터 재산상 이익을 취득하면 컴퓨터사용사기죄이다.
- 컴퓨터 프로그램의 오류를 적극적으로 이용하는 것도 부정한 명령입력이다.
- 타인의 계좌에서 자신의 계좌로 이체하는 행위는 현금을 인출할 수 있는 권리나 이익을 취득하는 것이므로 컴퓨터사용사기죄가 성립한다.
- 타인의 현금카드로 현금자동지급기에서 현금을 인출하면 현금은 재물이기 때문에 절도죄가 성립한다. 다만 현금카드 소유자로부터 위임받은 금액을 초과하여 현금을 인출한 행위는 초과되는 부분의 비율에 상당하는 재산상 이익에 대하여 컴퓨터사용사기죄가 성립한다.
- 허위정보를 입력하여 지정된 계좌로 입금절차를 완료함으로써 그 계좌에서 인출할 수 있는 권리를 취득하여 기수가 된다.
- 컴퓨터사용사기죄에서 취득하는 것은 재산상 이익이므로 이후 자신의 계좌에서 현금을 인출하는 행위는 추가 절도죄나 사기죄가 성립하지 않는다. 따라서 이때 인출한 현금은 장물성이 부정된다.

2. 컴퓨터사용사기죄 인정 판례

- 복권 인터넷사이트 가상계좌에서 복권 구매요청금과 동일한 액수의 가상현금이 입금되는 프로그램 오류의 발생 현상을 이용하여 가상계좌에 전자복

권 구매명령을 입력함으로써 재산상 이득을 취득한 행위는 형법상 컴퓨터등 사용사기죄에 정한 '부정한 명령'의 입력행위에 해당한다.(대판 2011도4440)

- 피고인이 컴퓨터로 신용정보 사이트에 접속하여 정보를 조회한 후 피해자의 신용카드의 번호와 비밀번호를 입력하여 이용대금 2천원을 결재하였다면 피고인에게 컴퓨터등사용사기죄가 성립한다.(대판 2002도2363)
- 절취한 타인의 신용카드를 이용하여 현금지급기에서 계좌이체를 한 행위는 컴퓨터등사용사기죄에서 컴퓨터등 정보처리장치에 권한없이 정보를 입력하여 정보처리를 하게 한 행위에 해당함은 별론으로 하고 절도죄를 구성하지 않는다.(대판 2008도2440)
- 금융기관 직원이 범죄의 목적으로 전산단말기를 이용하여 다른 공범들이 지정한 특정계좌에 무자원 송금의 방식으로 거액을 입금한 것은 형법 제347조의 2에서 정하는 컴퓨터등사용사기죄에서 '권한 없이 정보를 입력하여 정보처리를 하게 한 경우'에 해당한다고 할 것이고, 이는 그 직원이 평상시 금융기관의 여·수신업무를 처리할 권한이 있었다고 하여도 마찬가지이다.(대판 2005도8507)
- 예금주인 현금카드소유자로부터 일정한 금액의 현금을 인출해오라는 부탁을 받으면서 이와 함께 현금카드를 건네받은 것을 기화로 그 위임을 받은 금액을 초과하여 현금을 인출한 경우에는 그 인출된 현금에 대한 점유를 취득함으로써 이때에 그 인출한 현금 총액 중 인출을 위임받은 금액을 넘는 부분의 비율에 상당하는 재산상 이익을 취득한 것으로 볼 수 있으므로 컴퓨터등사용사기죄에 해당된다.(대판 2005도3516)
- 금융기관 직원인 피고인이 다른 공범들의 지시에 따라 은행에 설치된 컴퓨터단말기를 이용하여 특정계좌에 무자원 송금의 방식으로 입금을 완료하였으나, 이후 그 입금이 취소되어 현실적으로 인출되지 못하였더라도 피고인에게 컴퓨터등사용사기죄가 성립한다.(대판 2006도4127)
- 甲이 권한없이 인터넷뱅킹으로 타인의 예금계좌에서 자신의 예금계좌로 돈

을 이체한 후 그 중 일부를 인출하여 그 정을 아는 乙에게 교부한 경우, 甲이 컴퓨터등사용사기죄에 의하여 취득한 예금채권은 재물이 아니라 재산상이 익이므로, 그가 자신의 예금계좌에서 돈을 인출하였더라도 장물을 금융기관에 예치하였다가 인출한 것으로 볼 수 없어 乙에게 장물취득죄가 성립하지 않는다.(대판 2004도353)

3. 컴퓨터사용사기죄 부정 판례 (사람이 개입한 경우)

- 시설공사 발주처인 지방자치단체 등의 재무관 컴퓨터에 암호화되기 직전 15개의 예비가격과 그 추첨번호를 해킹하여 볼 수 있는 악성프로그램을 설치하여 낙찰하한가를 미리 알아낸 다음 특정 건설사에 낙찰이 가능한 입찰금액을 알려주어 그 건설사가 낙찰 받게 함으로써 낙찰금액 상당의 재산상 이익을 취득하게 한 경우 컴퓨터등사용사기죄에 해당하지 않는다.(대판 2013도16099)

제2장 사이버금융범죄

제1절 사이버금융범죄

금융범죄는 인터넷, 문자, 전화로 개인 정보를 빼내거나 돈을 보내게 하여 가로채는 범죄 행위입니다. 주로 연체된 돈을 내야 한다거나 더 낸 세금을 돌려주겠다며 유인해 돈을 보내게 하여 가로채는 방법입니다. 이러한 전화 금융사기는 공공기관 대표 번호 등으로 전화번호를 조작하여 전화를 하는 등 점차 그 수법도 다양하여 사기를 당하는 사람들이 점점 늘어가고 있습니다. 최근 발생하는 사이버 금융범죄중에 피싱(Phishing), 스미싱(Smishing), 파밍(Pharming), 메모리해킹 등과 같은 신종 금융범죄가 빈번하게 발생하여 그 피해가 점점 심각해지고 있다. 특히, 문자메시지에 포함된 인터넷 주소를 클릭했다가 금융사기를 당하는 경우가 많다. 전자금융범죄의 주요 유형 중 피싱(Phishing)은 개인정보(Private data)와 낚는다(Fishing)의 합성어로 피해자를 기망 또는 협박하여 개인정보 및 금융거래정보를 요구하거나 피해자의 금전을 이체하도록 하는 수법을 말하며, 스미싱(Smishing)은 문자메시지(SMS)와 피싱(Phishing)의 합성어로, 문자메시지를 이용하여 소액결제를 유도하거나, 스마트폰에 악성프로그램을 유포하여 개인정보 및 금융거래정보를 편취하는 수법이다. 파밍(Pharming)은 피싱(Phishing)과 조작하다(Farming)의 합성어로 피해자 PC를 악성프로그램에 감염시켜 정상적인 사이트 주소를 입력하더라도 가짜 사이트로 접속되도록 조작한 후 금융거래정보를 빼내 금전을 부당하게 인출하는 수법을 말한다. 메모리해킹은 피해자 PC 메모리에 상주한 악성프로그램으로 인하여 정상 사이트에 접속하더라도 거래오류를 발생시키거나 팝업창을 띄워 금융거래정보를 입력하게 한 후 금전을 부당하게 인출하는 수법을 말한다.

1. 피싱(Phishing)

피싱은 가짜 웹사이트나 인터넷 링크를 포함한 이메일을 발송하여 피해자를 기만하여 첨부한 가짜 웹사이트나 링크에 이동 또는 접속토록 하여, 개인금융 정보 등을 입력하게 유도하는 사기기법을 말한다. 가짜 웹사이트는 진짜 웹사이트와 거의 구분을 못할 정도로 정교하게 제작하기 때문에, 피해자가 착오를 일으키기 쉽다.

2. 파밍(Pharming)

파밍(Pharming)은 Farming과 Fishing 단어의 합성어이다. 피싱과 마찬가지로 개인정보절취에 사용되는 기법이다. 피싱보다 기술적으로 더 정교하여, 해커가 보낸 사회공학적인 내용의 이메일을 피해자가 회답하면, 피해자의 컴퓨터에 해커가 제작한 악성코드가 자동설치된다. 이를 모르는 피해자가 특정의 인터넷 홈페이지로 접속을 시도하면, 설치된 악성코드는 해커가 미리 제작한 위조 인터넷 홈페이지로 이동한다. 홈페이지 주소가 비슷하게 보이므로, 피해자는 위조 홈페이지를 원래의 홈페이지와의 차이를 인식하지 못한다. 피해자는 위조 홈페이지인 것을 모르는 상태에서 아이디와 패스워드 등 개인정보등을 입력하면, 그 정보가 그대로 해커의 컴퓨터로 전송된다. 은행계좌인 경우, 해커는 탈취한 정보를 이용하여 해커 본인의 계좌로 돈을 이체할 수 있다. 온라인 뱅킹 및 온라인 쇼핑 이용자들이 피해를 볼 수 있다.

3. 비싱(Vishing: Voice Phishing)

인터넷 음성전화(Voice Phishing) 서비스를 이용하여, 해커는 사이버범죄지하시장에서 입수한 전화번호 데이터베이스에서 무작위로 선택한 피해자들의 전화번호로 전화를 걸고, 피해자가 전화를 받으면, 자동응답장치를 이용하여, 사전에 설정한 전화 서비스로 이동한 후, 신용카드 정보나 개인정보 등을 입력하도록 유도하고 이정보를 탈취하는 행위이다.

4. 스미싱(Smishing)

스미싱은 SMS test message와 Phishing의 합성어이다. 스마크 폰으로 이용하는 단문메시지 서비스로 스마트폰 사용자들에게 무차별적으로 텍스트 메시지를 전송하여, 보상 포인트나 상품 선물권 카드 획득을 위해 개인정보를 입력하도록 요구한다.

제2절 인터넷범죄에 따른 형사법적 접근

1. 업무방해죄

- 업무란 사람이 사회생활상의 지위에 기하여 타인의 보호가치가 있는 사적인 계속적 업무를 허위사실유포 · 위계 · 위력으로 업무를 방해한 경우를 말한다. (판례) 즉 사회성과 계속성을 갖춰야 하며, 단순한 위법한 사무도 업무로 인정된다. 그러나 위법의 정도가 반사회성을 띠는 용인할 수 없는 중대한 형법상 불법은 보호받지 못한다.
- 업무상과실치사상죄는 가중처벌되는 범죄주체의 업무이고 일반과실보다 가중처벌하는 이유는 사고발생의 예견가능성이 높은 위험한 업무이다. 공무상 과실치사상죄 규정이 없기 때문에 업무상과실치사상죄에 공무도 포함된다.
- 업무방해죄는 보호법익으로서 범죄객체의 업무이다. 업무방해를 처벌하는 이유는 방해해서는 안되는 업무라는 것이고 업무로서 보호할 가치가 있기 때문이다. 공무집행방해죄 규정이 따로 있기 때문에 업무방해죄에서 공무는 제외된다.(판례)

※ 관련판례(타인의 보호가치가 있는 사적인 계속적 업무를 허위사실유포 · 위계 · 위력으로 업무를 방해 한 경우)

☞ 타인의 업무

– (업무방해죄 인정– 타인의 업무를 방해) 수산업협동조합의 신규직원 채용

에 응시한 甲과 乙이 필기시험에서 합격선에 못 미치는 점수를 받게 되자, 채점업무 담당자들이 조합장인 피고인의 지시에 따라 필기시험에 합격시킴으로써 면접시험에 응시할 수 있도록 한 경우, 위 점수조작행위에 공모 또는 양해하였다고 볼 수 없는 일부 면접위원들의 업무를 위계로서 방해한 것이다.(대판2009도8506)

- (업무방해죄 부정- 자신의 업무를 방해) 신규직원 채용권한을 가지고 있는 지방공사 사장이 시험업무 담당자들에게 지시하여 상호 공모 내지 양해하에 시험성적조작 등의 부정한 행위를 한 경우, 법인인 공사에게 신규직원 채용업무와 관련하여 오인·착각 또는 부지를 일으키게 한 것이 아니므로, 위계에 의한 업무방해죄에 해당하지 않는다.(대판 2005도6404)

☞ 보호가치 있는

- (단순위법은 보호가치인정) 농지의 임대차는 농지개혁법상 무효라고 하더라도 그 임차한 농지의 경작행위를 방해하는 행위는 업무방해죄가 성립된다.(대판 79도1956)
- (반사회성은 보호가치부정) 의료인이나 의료법인이 아닌 자가 의료기관을 개설하여 운영하는 행위는 그 위법의 정도가 중하여 사회생활상 도저히 용인될 수 없는 정도로 반사회성을 띠고 있으므로 업무방해죄의 보호대상이 되는 업무에 해당하지 않는다.(대판 2001도2015)

☞ 사적인

- (공무를 방해 한 경우 업무방해죄 부정) 지방경찰청 민원실에서 자신들이 진정한 사건의 처리와 관련하여 지방경찰청장과의 면담 등을 요구하면서 이를 제지하는 경찰관들에게 큰소리로 욕설을 하고 행패를 부린 경우, 위력에 의한 업무방해죄에 해당하지 않는다.(대판 2009도4166)

☞ 계속적 업무

- (업무의 계속성 인정) 당직근무자 등을 통하여 야간에 공장출입자에 대한 통제를 하는 업무는 회사의 주된 업무와 밀접불가분의 관계에 있으면서 계속적으로 수행되어지는 회사의 부수적 업무라 할 것이므로 이는 업무방

해죄에서 보호대상으로 삼고 있는 업무에 해당된다. (대판 91도1834)

- (업무의 계속성 부정) 피고인이 1층을 임차하여 알프스 레스토랑을 경영하였는데, 건물의 소유자가 피고인의 동의도 구하지 않고 건물앞에 조경공사를 강행하자 피고인이 공사 중인 인부들을 가로막고 작업장의 전구를 소등한 경우 업무방해죄가 성립하지 않는다. (대판 92도2929)

☞ 허위사실 유포

- (허위사실 유포에 의한 업무방해 인정) 피고인이 변호사 사무실 앞에서 등에 붉은색 페인트로 "무죄를 약속하고 이백만원에 선임했다"는 허위사실을 기재한 흰 까운을 입고 주변을 배회하였다면 업무방해죄가 성립한다. (대판 91도1344)

☞ 위계

- (컴퓨터 입력으로 사람의 업무방해 인정) 甲 정당의 국회의원 비례대표 후보자 추천을 위한 당내 경선과정에서 피고인들이 선거권자들로부터 인증번호만을 전달받은 뒤 그들 명의로 특정 후보자에게 전자투표를 한 경우, 甲 정당의 경선관리 업무를 위계로서 방해한 것으로 볼 수 있다.(대판 2013도5117)

☞ 위력

- (위력에 의한 업무방해죄 인정) 피고인이 피해자들이 경작 중이던 농작물을 트랙터를 이용하여 갈아엎은 다음 그곳에 이랑을 만들고 새로운 농작물을 심어 피해자의 자유로운 논밭 경작 행위를 불가능하게 하거나 현저히 곤란하게 한 경우, 위력에 의한 업무방해죄에 해당한다. (대판 2009도5732)

2. 컴퓨터 등 장애업무방해죄

컴퓨터 등 정보처리의 장애로 인하여 업무를 방해할 위험이 있으면 기수가 되고, 업무방해의 현실적 결과가 발생할 필요까지는 없다.(추상적위험범)

제3장 개인위치정보침해

제1절 개인정보

개인정보[Personal Information]란 성명, 주민등록번호, 주소 등과 같이 특정 개인을 알아볼 수 있는 정보를 말한다. 또한 그 자체만으로 개인을 알아볼 수 없어도 이름이나 주민등록번호를 결합하여 개인을 특정 지을 수 있다면 그것 역시 개인정보라고 할 수 있다. 만약 누군가가 타인의 개인정보를 악용한다면 안전과 재산에 큰 피해를 줄 수 있는데, 불법으로 유출된 개인정보는 각종스팸 메일이나 스팸 문자를 보내는데 활용되기도 하고, 본인도 모르는 사이에 특정 사이트에 가입되어 범죄의 도구로 사용되기도 한다.

개인정보의 안정서 확보를 위한 필요조치로는 내부 관리계획의 수립 및 시행, 접근 통제 및 접 근 권한의 제한 조치, 암호화 기술의 적용 또는 이에 상응하는 조치, 접속기록의 보관 및 위·변조 방지 조치, 보안 프로그램 설치 및 갱신, 보관시설의 마련, 잠금장치 설치 등의 방안 이 있다.

개인정보 유출사고 예방수칙으로는 △개인정보 최소 수집 및 파기 △문서와 홈페이지 주소 재확인 △관리자 페이지의 경우 반드시 보안설정 △주기적 점검 필수 등이 있다 또한 해커들은 이메일로도 해킹을 많이 하는데 이메일 해킹 확인법과 개인정보 유출 방지 방법을 알면 해커들로부터 개인정보 유출을 막을 수 있다.

1. 이메일 해킹 확인법부터 보면

(1) 이메일 수신함/휴지통에 있는 경고 이메일

해커가 이메일 계정에 침입한 경우, 많은 흔적을 남기고 가는 경우가 대부분이며 이 중 15%만이 이메일 수신함에 있는 의심스러운 로그인 혹은 경고성 이메일을 삭제하는 것을 확인할 수 있다. 따라서 단순하게 이메일 수신함에 있는 의심스러운 로그인 혹은 경고성 이메일을 확인해보는 것만으로도 쉽게 알 수 있다.

(2) 읽은 것으로 기록된 이메일

대부분의 해커들이 읽지 않은 이메일을 개봉한 후 해당 이메일을 다시 읽지 않은 상태로 변경시키지 않는다는 것을 확인할 수 있다. 읽지 않은 이메일이 읽은 것으로 바뀌어 있거나 이메일 활동 기록을 확인하여 내 이메일 계정이 해킹되었다는 것을 알 수 있다.

위와 같은 방법으로 이메일 계정이 해킹된 것을 확인했다면, 해커로부터 이메일을 보호하기 위한 방법이 있다. 해킹 당했을 때 가장 먼저 취해야 할 행동은 계정의 암호를 변경하는 것이다. 또한 2차 암호를 설정하여 2중 보안으로 이메일 해킹으로부터 계정을 안전하게 보호할 수 있다.

또한 이메일 계정에 해킹 위협이 생길 때를 대비해 바로 경고를 보내줄 수 있는 복구 이메일이나 휴대폰 번호를 설정하는 것도 좋은 방법이다. 하지만 이메일 계정이 완전히 탈취되기 전, 보낸 편지함 내의 의심스러운 이메일, 휴지통 폴더, 의심스러운 이메일 등을 매일 확인하여 이메일 해킹 흔적을 찾고 빠르게 이에 대처한다면 해당 계정이 탈취되는 것을 신속하게 막을 수 있다.

정보통신서비스 제공자는 개인정보 안전성 확보를 위한 보호조치를 해야 하며 개인정보 유출이 확인되면 이용자에게 반드시 통지해야 한다.

2. 해킹사례를 살펴보면

(1) 페이스북 해킹, 사용자 5000만 명 개인정보 유출 위험 사건

페이스북은 자사 네트워크 상에 심각한 보안 침입이 발견됐다고 밝히며, 해커들이 '뷰 애즈(View As)' 기능을 공격해 사용자 계정을 덮어쓰는 방식으로 침투했다.

'뷰 애즈'는 사용자가 자신의 계정이 다른 사람이게 어떻게 보이는지 미리 확인할 수 있는 기능을 말한다. 페이스북은 해커들은 '뷰 애즈'에 다량 복제가 가능한 버그를 심는 수법으로 계정의 보안장벽을 뚫어 해킹 했다.

페이스북은 9000만 명 이상의 페이스북 사용자들에게 보안상 위협에 대비해 계정에서 로그아웃 하도록 하 는 강제 조치를 취하고, 관련 법집행기관에 해킹 사실을 알리는 즉각적인 대처를 요청했던 사건이다.

(2) KT 해킹 개인정보 유출 사건

2012년 KT 가입자 870만 명의 개인정보가 해킹으로 유출된 사고는 KT에서는 5개월 동안 해킹사실을 모르고 있다가 내부 보안점검을 통해 해킹 사실을 파악했다. 사용된 해킹 프로그램이 누구나 쉽게 사용할 수 있는 '파로스프록시(Parosproxy)'라는 프로그램으로 밝혀져 KT가 보안의 기본을 지키지 않았다는 지적이 보안업계에서 나왔다. 유출된 개인 정보 가운데 통지 항목은 이름, 주소, 주민등록번호, 전화번호, 이메일, 신용카드번호, 카드유효기간, 은행계좌번호, 고객관리번호, 유심카드번호, 서비스가입정보, 요금제 관련정보 등 총 12개 항목이다.

이에 개인정보 유출피해자들이 KT의 관리부실로 개인정보가 유출됐다고 손해배상책임을 묻는 소송을 제기하였지만 1심 법원은 기술적 보호조치가 미흡했다고 KT의 책임을 일부 인정하였으나, 항소심 판결(2015나61155)에서는 1심 판결을 뒤집고 KT의 책임을 전면 부인했다

(3) 성인사이트 해킹 후 4만명 개인정보 유출 사건

국내 성인 사이트 한 곳이 해킹 당한 후 가입자 3만 7,000여 명의 개인정보가 유출됐다. 해당 사이트 회원들에게 사과문을 올린 후 보완을 강화했다고 밝혔지만, 회원들은 정보 유출로 인한 2차 피해는 확산됐다. 사이트가 마비되자 해커는 이 정보를 파일 공유 웹사이트인 페이스트빈에 남겼다. 정보가 퍼지기 시작하자 해당 성인 사이트 운영자는 해킹 사실을 인정하며 사과문을 올렸다.

제2절 행정정보 공개제도

1. 정보공개제도

국민은 헌법 제21조의 표현의 자유에서 도출된 알권리가 있으며, 정부가 보유한 정보를 자유롭게 알기 위하여 정보의 공개를 청구할 수 있고 국가는 정보공개의 의무를 갖도록 하는 것을 말한다. 여기서 말하는 국민은 자연인, 법인, 권리능력 없는 사단·재단 등을 말한다. 법률상 근거는 '공공기관의 정보공개에 관한 법률', '교육관련기관의 정보공개에 관한 특례법'이 있다. 행정정보의 공개는 수익

적 성격을 가지므로 법률의 위임이 없어도 지방자치단체가 독자적으로 당해 조례를 제정할 수 있으며, 대법원도 법률의 위임 없이 제정된 '청주시의 정보공개조례'의 합법성을 인정하였다.

(1) 정보공개청구권의 종류

자기에 관한 정보, 자기의 권익보호와 직접 관련이 있는 정보의 공개를 청구하는 개별적 정보공개청구권, 국민의 입장에서 일반적인 정보의 공개를 청구하는 일반 정보공개청구권이 있다. 공개대상정보는 공공기관이 직무상 작성 또는 취득하여 관리하고 있는 전자문서를 포함한 문서, 도면, 사진, 필름, 테이프, 슬라이드, 이에 준하는 매체 등에 기록된 사항을 말한다. 비공개대상정보는 국가기밀보호법 제4조(군사기밀의 지정원칙 및 지정권자), 국가정보원법 제6조(조직 등의 비공개) 등에서 정하는 정보 등과 같이 일정한 정보는 공개를 거부할 수 있는 정보를 말한다.

(2) 기간

청구를 받은 공공기관은 받은 날로부터 10일 이내에 공개 여부를 결정하여야 한다. 다만 부득이한 사정이 있는 때에는 10일의 범위 안에서 연장할 수 있다. 이 경우에는 청구인에게 지체없이 통지하여야 한다.

2. 불복절차

(1) 청구인이 정보공개와 관련한 공공기관의 비공개 결정 또는 부분공개 결정에 대하여 불복이 있거나 정보공개 청구 후 20일이 경과하도록 정보공개 결정이 없는 때에는 공공기관으로부터 정보공개 여부의 결정 통지를 받은 날 또는 정보공개 청구 후 20일이 경과한 날로부터 30일 이내에 해당 공공기관에 문서로 이의신청을 할 수 있다.

(2) 청구인이 정보공개와 관련한 공공기관의 결정에 대하여 불복이 있거나 정보공개 청구 후 20일이 경과하도록 정보공개 결정이 없는 때에는 이의신청 절차를 거치지 않고, 행정심판법에 따라 행정심판을 청구할 수 있다.

(3) 청구인이 정보공개와 관련한 공공기관의 결정에 대하여 불복이 있거나 정

보공개 청구 후 20일이 경과하도록 정보공개 결정이 없는 때에는 행정소송법에서 정하는 바에 따라 행정소송을 제기할 수 있다.

(4) 공개 청구된 사실을 통지받은 제3자는 통지를 받은 날로부터 3일 이내에 해당 공공기관에 대하여 자신과 관련된 정보를 공개하지 아니할 것을 요청할 수 있다.

문제풀이

1. 교도소에 수용 중이던 재소자가 담당교도관들을 상대로 가혹행위를 이유로 형사고소 및 민사소송을 제기하면서 그 증명자료 확보를 위해 정보공개를 요청한 '근무보고서'는 공개대상정보에 해당한다. (   )

2. '공공기관의 정보공개에 관한 법률'에서 말하는 국민에는 자연인은 물론 법인, 권리능력 없는 사단·재단도 포함되고, 법인, 권리능력 없는 사단·재단 등의 경우에는 그 설립목적을 불문한다. (   )

3. 직무를 수행한 공무원의 성명과 직위는 공공기관의 정보공개에 관한 법률에 의하여 공개대상정보에 해당한다. (   )

4. 법인 등이 거래하는 금융기관의 계좌번호에 관한 정보는 영업상 비밀에 관한 사항으로서 공공기관의 정보공개에 관한 법률상 비공개대상정보에 해당한다. (   )

5. 공개대상정보는 공공기관이 직무상 작성 또는 취득하여 관리하고 있는 문서에 한정되는 것이기는 하나, 그 문서가 반드시 원본일 필요는 없다. (   )

6. '학교폭력대책자치위원회 회의록'은 「공공기관의 정보공개에 관한 법률」 제9조 제1항 제1호의 비공개대상정보에 해당한다. (   )

7. 외국인도 정보공개청구권자에 포함된다. (   )

8. 정보공개를 청구한 날로부터 20일 이내에 공공기관이 공개 여부를 결정하지 아니한 때에는 비공개의 결정이 있는 것으로 본다. (   )

9. 보안관찰법상의 소정의 보안관찰 관련 통계자료는 비공개대상 정보에 해당한다. (　　)

10. 교육공무원승진규정은 공공기관의 정보공개에 관한 법률 제9조 제1항에서 말하는 법률이 위임한 명령에 해당하지 아니하므로 위 규정을 근거로 정보공개청구를 거부하는 것은 잘못이다. (　　)

11. 정보공개청구권은 법률상 보호되는 구체적인 권리이므로 청구인이 공공기관에 대하여 정보공개를 청구하였다가 거부처분을 받은 것 자체가 법률상 이익의 침해에 해당한다. (　　)

12. 사법시험 제2차 시험의 답안지 열람은 시험문항에 대한 채점위원별 채점결과의 열람과 달리 사법시험업무의 수행에 현저한 지장을 초래한다고 볼 수 없다.(　　)

13. 국가정보원이 그 직원에게 지급하는 현금급여 및 월초수당에 관한 정보는 비공개대상 정보에 해당한다. (　　)

14. 법무부령으로 제정된 「검찰보존사무규칙」상의 기록이 열람·등사의 제한규정은 행정기관 내부의 사무처리준칙으로서 행정규칙에 불과하므로, 구 「공공기관의 정보공개에 관한 법률」 제9조 제1항 제1호의 '다른 법률 또는 법률의 명령에 의하여 비공개사항으로 규정된 경우'에 해당하지 않는다. (　　)

15. 공무원이 직무와 관련 없이 개인적인 자격으로 간담회·연찬회 등 행사에 참석하고 금품을 수령한 정보는 공공기관의 정보공개에 관한 법률 제7조 제1항 제6호 단서(다)목 소정의 '공개하는 것이 공익을 위하여 필요하다고 인정되는 정보'에 해당하지 않는다. (　　)

16. 정보공개에 관한 결정에 불복이 있는 자는 이의신청을 거치지 않고도 행정심판을 청구할 수 있다. (　　)

17. 사립대학교는 정보공개대상이 되는 공공기관에 해당한다. (　　)

18. 사면대상자들의 사면실시건의서와 그와 관련된 국무회의 안건자료에 관한 정보는 그 공개로 얻는 이익이 그로 인하여 침해되는 당사자들의 사생활의 비밀에 관한 이익보다 더욱 크므로 구 공공기관의 정보공개에 관한 법률 제7조 제1항 제6호에서 정한 비공개사유에 해당하지 않는다. (　　)

〈행정정보공개 중 공개·비공개 정보〉

공개	가. 교육공무원승진규정 나. 검찰보존사무규칙 다. 직무를 수행한 공무원의 성명·직위 라. 사법시험 제2차 시험의 답안지 마. 아파트재건축주택조합의 조합원들에게 제공될 무상보상평수의 사업 바. 수익성 등을 검토한 자료 사. 사면대상자들의 사면실시건의서와 그와 관련된 국무회의의 안건자료에 관한 정보 아. 교육공무원에 대한 근무성적평정의 결과 자. 교도관이 직무 중 발생한 사유에 관하여 작성한 교도소의 근무보고서 차. 한국방송공사의 '수시집행 접대성 경비의 건별 집행서류 일체' 카. 2002학년도부터 2005학년도까지의 대학수학능력시험 원데이터 타. 「공직자윤리법」상 등록의무자가 제출한 '자신의 재산등록사항의 고지를 거부한 직계존비속의 본인과의 관계, 성명, 고지거부사유, 서명'이 기재되어 있는 문서
비공개	파. 공무원의 주민등록번호와 공무원이 직무와 관련 없이 개인적인 자격으로 간담회·연찬회 등 행사에 참석하고 금품수령한 정보 하. 지방자치단체의 업무추진비 세부항목별 집행내역 및 그에 관한 증빙서류에 포함된 개인에 관한 정보 거. 학교폭력대책자치위원회의 회의록 너. 보안관찰법 소정의 보안관찰 관련 통계자료 더. 국방부의 한국형 다목적 헬기(KMH) 도입사업에 대한 감사원장의 감사결과보고서 러. 학교환경위생정화위원회의 회의록에 기재된 발언내용에 대한 해당 발언자의 인적사항 부분에 관한 정보 머. 문제은행 출제방식을 채택하고 있는 치과의사 국가시험의 문제지와 정답지 버. 사법시험 제2차 시험의 시험문항에 대한 채점위원별 채점결과의 열람 서. 국가정보원이 직원에게 지급하는 현금급여 및 월초수당에 관한 정보 어. 법인 등이 거래하는 금융기간의 계좌번호에 관한 정보

제3절 개인정보보호제도

1. 개인정보보호제도

(1) 개인정보보호제도란 '개인정보 보호법'을 근거로 개인은 자신에 관한 정보를 관리하고 외부로 공개할 것인지 여부를 스스로 결정할 수 있는 정보의 자기결정권을 갖는다. 헌법 제17조는 모든 국민은 사생활의 비밀과 자유를 침해받지 아니한다고 규정하고 있으며, 개인정보 자기결정권 또는 개인정보 자기통제권이 기본권으로 보장받고 있다.

(2) 개인정보 보호의 기본원칙으로 개인정보의 처리 목적을 명확히 하고, 목적에 필요한 범위에서 최소한 개인정보 수집, 목적 외 이용금지, 사생활 침해를 최소화하는 방법으로 개인정보처리, 개인정보의 익명처리가 가능한 경우에는 익명처리 하여야한다.

(3) 자신의 개인정보 처리와 관련한 권리로서는 개인정보 처리에 관한 정보를 제공받을 권리, 개인정보 처리에 관한 동의 여부, 동의 범위 등을 선택하고 결정할 권리, 개인정보 처리 여부를 확인하고 개인정보에 대하여 열람을 요구할 권리, 개인정보의 처리 정지, 정정·삭제 및 파기를 요구할 권리, 개인정보의 처리로 인하여 발생한 피해를 신속하고 공정한 절차에 따라 구제받을 권리를 가진다.

2. 개인정보의 처리제한과 위반에 대한 제재

(1) 개인정보처리자는 사상·신념, 노동조합·정당의 가입·탈퇴, 정치적 견해, 건강, 성생활 등에 관한 정보, 그 밖에 정보주체의 사생활을 현저히 침해할 우려가 있는 개인정보로서 대통령령으로 정하는 민감정보는 법령에서 정보의 처리를 요구하거나 허용하는 경우를 제외하고는 처리하여서는 안된다.

(2) 고유정보란 주민등록번호, 여권번호, 운전면허의 면허번호, 외국인등록번호 등 개인을 고유하게 구별하기 위하여 부여된 식별정보이다. 개인정보처리자가 처리하는 고유정보가 분실·도난·유출·변조·훼손되는 경우에는 5억 원 이하의 과징금을 부과·징수할 수 있다.

문제풀이

1. '개인정보처리자'란 업무를 목적으로 개인정보파일을 운용하기 위하여 스스로 또는 다른 사람을 통하여 개인정보를 처리하는 공공기관, 법인, 단체 및 개인 등을 말한다. ( )

2. 개인정보보호법의 보호대상은 살아있는 자연인의 개인식별정보이다. ( )

3. 개인정보 보호에 관한 사항을 심의·의결하기 위하여 대통령소속으로 개인정보 보호위원회를 둔다. ( )

4. 영상정보처리기기운영자는 영상정보처리기기의 설치 목적과 다른 목적으로 영상정보처리기기를 임의로 조작하거나 다른 곳을 비춰서는 아니되며, 녹음기능을 사용할 수 없다. ( )

5. 개인정보자기결정권의 보호대상이 되는 개인정보는 그 개인의 동일성을 식별할 수 있게 하는 일체의 정보로서 반드시 개인의 내밀한 영역이나 사사(私事)의 영역에 속하는 정보에 국한되지 않고 이미 공개된 개인정보까지 포함한다. ( )

6. 정보주체는 자신의 개인정보 처리와 관련하여 개인정보의 처리 정지, 정정·삭제 및 파기를 요구할 권리를 가진다. ( )

제4절 인터넷범죄에 따른 형사법적 접근

○ 증거능력

1. 위법수집증거배제법칙

- 위법한 절차에 의하여 수집된 증거의 증거능력을 부정하는 증거법칙을 말한다. 침해된 이익과 절차 위반의 정도·상황 등을 종합적으로 고려하여 구체적·개별적으로 판단해야 한다.

- 헌법정신위반이다.(영장주의 위반: 영장 없이 한 강제처분, 영장발부나 집행절차에 중대한 위법이 있는 경우, 적정절차위반: 야간 압수·수색 금지규정 위반, 당사자의 참여권을 침해한 증인신문, 진술거부권을 고지하지 않은 피의자 신문조서)

- 형소법 효력규정위반이다.(공무상비밀등 거절권을 침해한 압수·수색, 선서 없이 한 증인신문, 증인의 소환절차의 하자, 위증의 벌을 경고하지 않은 경우, 증언거부권을 고지하지 않은 경우)

- 위법수집증거배제법칙은 진술증거뿐만 아니라 비진술증거에 대해서도 적용된다.

- 위법하게 수집된 증거는 탄핵증거로도 사용할 수 없다.
- 독수과수이론이 적용된다.(위법하게 수집된 1차적 증거(독나무)에 의하여 제2차 증거까지도 배제하는 이론을 말한다.)

2. 자백배제법칙

- 자백이란 피의자 또는 피고인이 자기의 범죄사실의 전부 또는 일부를 인정하는 진술을 말한다. (자백은 공소범죄사실을 증명할 수 있는 직접증거이고, 진술이 증거로 되는 진술증거이며, 전문증거에 대해서는 원본증거의 성질을 가진다.)

- 증거능력으로 인정받기 위해서는 임의성, 적법성, 그 성립의 진정이 인정되어야 한다.

3. 전문법칙

- 전문증거란 경함사실을 경험자 자신이 직접 구두로 법원에 보고하지 아니하고 서면이나 타인의 진술 형식으로 간접적으로 법원에 전달되는 증거를 말한다. 사실을 체험한 자가 중간의 매개를 거치지 않고 직접 법원에 진술하는 원본증거와 구별된다.
- 전문법칙(진술, 진술서류)에 대해서만 적용된다. 전문법칙이란 전문증거의 증거능력을 부정하는 법칙을 말한다. 근거는 반대신문권 보장, 신용성의 결여, 직접주의 요청 등의 이유로 증거능력이 부정된다.

제4장 사이버저작권침해

제1절 지적재산권

1. 지적재산권 의의

지적 재산권 또는 지식재산권은 인간의 창조적 활동 또는 경험 등을 통해 창출하거나 발견한 지식 · 정보 · 기술이나 표현, 표시 그 밖에 무형적인 것으로서 재산적 가치가 실현될 수 있는 지적창작물에 부여된 재산에 관한 권리를 말한다. 2011년 5월에 제정된 지식재산 기본법 제3조 제1호에서는 "지식재산이란 인간의 창조적 활동 또는 경험 등에 의하여 창출되거나 발견된 지식·정보·기술, 사상이나 감정의 표현, 영업이나 물건의 표시, 생물의 품종이나 유전자원(遺傳資源), 그 밖에 무형적인 것으로서 재산적 가치가 실현될 수 있는 것을 말한다." 라고 규정되어 있다. 지식재산권은 고정된 개념이 아니다. 따라서 시간이 경과함에 따라 과거에 지식재산권으로 보호받지 못하던 것도 지식재산권으로 보호되거나 과학의 발달로 새로이 보호의 필요가 있는 것이 발생하기도 한다. 지식재산권에 포함되는 권리의 내용도 시간이 지남에 따라 보다 넓어지고 있다. 예컨대 저작권은 말 그대로 카피할 권리(right of copy), 즉 복제권을 의미하였으나 과학기술의 발전과 더불어 방송권, 전송권 등이 이에 포함되었으며, 새로운 이용방법의 발달과 더불어 대여권이 저작권의 내용으로 포함되기에 이르렀다.

2 지적재산권의 종류

지적재산권은 산업재산권, 저작권, 신지식재산권 으로 세 가지로 분류가 될 수 있다.

(1) 산업재산권은

특허권, 실용신안권, 디자인권, 상표권이 대표적이다. 여기서 특허권과 실용신안권은 둘 다 기술적 창작인 발명품에 대해서 주어지는 권리이다. 하지만 실용신안권은 손으로 만질 수 있는 유체물인 제품 자체로만 등록이 가능한 반면에 특허는 발명품이나, 이를 생산하는 공정방법 등의 다양한 대상도 등록이 가능하다. 일반적으로 실용신안권으로 등록하는 제품은 특허에 비해서 그 진보성이 낮은 경우가 많다. 특허는 핵심기술이나 원천이라 하며, 실용신안은 개량기술이라고도 불린다. 그리고 디자인법은 신미감(눈으로 보았을 때 아름다움을 느낄 수 있는 것)을 느낄 수 있는 물품의 형상이나 모양이 대상이며, 어떠한 물건의 외관 등을 말한다. 또한, 상표법은 상품의 식별이 가능한 기호나 문자. 도형 또는 결합에 의한 것이 대상이다.

① 특허권

특허권은 새로운 기술적 발명에 대하여 그 발명자가 일정한 기간 그 발명의 독점적 실시권을 가지는 배타적 지배권을 말한다. 이 특허권은 여러 산업재산권가운데서 가장 중요한 권리라고 할 수 있다. 특허권은 새로운 제조방법이 발명에 인정되는 제법특허(processpatent), 새로운 용도개발이 주어지는 용도특허(usepatent), 새로운 물질 자체의 발명에 인정되는 물질특허(productpatent)등으로 나눌 수 있다. 특허권은 설정등록이 된 날로부터 출원일 후 20년까지동안 발명자가 정부로부터 부여받은 독점권이다.

② 실용신안권

실용신안권은 새로운 기술적 고안에 대하여 그 고안자가 일정한 기간 배타적, 독립적으로 실시하는 권리이다. 따라서 실용신안은 새로운 기술적 발명이라는 점에서 특허와 같으나 그 발명의 고도성을 요구하지 않는다는 점에서 차이가 있다. 그리하여 실용신안을 작은 발명이라 하여 주로 상품의 형태구조결합에 관한 기술적 창작에 대한 것으로 고안이라고 일컫는다. 실용신안의 설정등록이 된 날부터 출원일 후 10년으로 산업재산권의 유형을 제공함으로써 이 목적이 수행한다고 볼 수 있다.

③ 디자인권

디자인권은 상품의 형상(feature)이나 모양 색채 또는 이들의 결합으로써 시각적으로 미감을 일으키는 고안을 등록 받은 자가 그 디자인을 독점적 배타적으로 사용할 수 있는 권리이다.

디자인은 정신적 창조물이지만 발명이나 실용신안권과 같이 자연법칙을 이용한 기술적 창작이 아니고 외견상 미감을 느끼게 하여 상품의 가치를 높이는 작용을 한다.

④ 상표권

상표권은 일정한 사업자가 자기의 상품을 타 사업자의 상품과 구별하기 위하여 문자, 도형, 기호, 색채 등을 결합하여 만든 상징을 독점적으로 사용하는 권리이다. 상표권은 일정한 상징을 특정한 상품에 사용할 것을 등록함으로써 그 상징의 배타적 사용권을 취득한다.

(2) 저작권(copyright)

저작권은 문학이나 예술 분야의 창작물로써 방송에서 많이 언급되는 대상이다. 저작권도 저작인격권, 저작재산권, 저작인접권, 컴퓨터프로그램이라는 총4가지의 범주로 분류된다. 저작인격권은 저작물의 공표권이며, 저작물에 대해서 성명을 표시할 수 있는 권리이다. 그리고 저작재산권은 복사등의 행위에 대해서 보호할 수 있는 권리이며, 저작인접권은 그 저작권을 연주하는 사람이나 제작자 혹은 방송사업자가 받을 수 있는 권리이다. 또한 마지막으로 컴퓨터 프로그램이 포함된다. 학문이나 예술에 관한 정신적 창작물을 대상으로 하는 권리로서 그 보호객체인 저작물은 창작자의 정신노동의 소산임과 동시에 정신의 객관적인 실재이며 창작자의 인격에 그 뿌리를 박고 있어서 일반의 재산권과 다른 독특한 보호와 규제를 할 필요가 있는 분야이므로 지식재산권법 영역에서도 특수한 위치를 차지하고 있다.

최근에는 서적, 잡지, 레코드, 영화 등 저작물의 상품화에 의한 경제적 이익이 커지고 저작물의 개념이 더욱 다양해 컴퓨터소프트웨어, 데이터베이스 등 산업기술상의 창작물에 이르기까지 그 범위가 확대되는 경향에 있어 인접법 분야와의 충돌, 갈등, 긴장관계를 야기케 하고 자기디스크, 광디스크, 광케이블, 멀티미디어, 우주위성, 디지털기술 등 정보전달매체의 비상한 발달과 각종 복제술의 급격한 발달로 그 보호대상이나 보호방법에 관한 새로운 문제점이 나타나고 있을 뿐만 아니라 그 문제가 국제화, 보편화되어가고 있는 점에서 특이하다.

(3) 신지식재산권

신지식재산권은 산업재산권이나 저작권으로 인정받지 못하던 영역에서 대해서 권리를 부여하는 것이다. 산업 발달로 인해 기존의 전통적인 방법으로는 보호하기가 힘든 대상을 보호하기 위해서 신설된 것이라 할 수 있다. 이들의 종류로는 영업비밀, 반도체배치설계, 퍼블리시티권, 식물 신품종보호권 등이 있다.

영업비밀보호(TradeSecretLaw)는 공연히 알려져 있지 아니하고, 독립적,경제적 가치를 가지는 것으로서, 상당한 노력에 의하여 비밀로 유지된 생산방법 및 판매방법 기타 영업활동에 유용한 기술상 또는 경영상 정보에 대해서 보호받을 재산으로 인정하는 것이다. 컴퓨터 프로그램 보호권은 컴퓨터를 통해서 소망하는 작업을 하기 위한 지시 및 명령의 구체적인 집합체를 보호받는 권리이다. 반도체 집적 회로의 배치설계 보호권은 트랜지스터, 다이오드, 저항, 콘덴서와 관련된 전자회로를 보호받는 권리이다. 반도체 집적 회로의 배치설계에 관한 법률을 반도체칩의 배치설계에 대한 재산권을 인정하는 것으로서 반도체칩을 생산하고 그 기술을 개발하는 것을 장려하기 위한 것이다.

문제풀이

1\. 지적재산권에 대한 설명 중 틀린 것은?

① 저작물의 복제권자는 출판권을 설정할 수 있는데, 특약이 없는 경우 맨 처음 출판한 날부터 3년간 존속한다.

② 업무상저작물의 저작재산권은 공표한 때부터 50년간 존속한다.

③ 반도체집적회로의 배치설계권은 설정등록일로부터 10년간 존속한다.

④ 반도체집적회로의 배치설계권 침해죄는 친고죄이다.

2\. 저작권은 저작인격권과 저작재산권 등으로 구분되는데, 저작인격권의 침해행위로 형사처벌 할 수 있는 것은?

① 저작권을 침해하는 행위에 의하여 만들어진 물건을 배포하는 행위

② 약정한 저작사용료 지불하지 않고 계속 사용하는 행위

③ 배포할 목적으로 저작권을 침해할 수 있는 물건을 수입하는 행위

④ 저작자의 명예를 훼손하는 방법으로 저작물을 이용하는 행위

3\. 노래연습장에서 권리자의 승낙을 받지 아니하고 무인 영상반주기를 통하여 대중가요를 연주 사용한 경우 적용할 법률은?

① 음악산업진흥에 관한 법률

② 저작권법

③ 식품위생법

④ 부정경쟁방비 및 영업비밀보호에 관한 법률

4. 「저작권법」에 따라 타인의 컴퓨터프로그램을 일정 한도 내에서 복제 사용할 수 있도록 규정하고 있는 경우가 아닌 것은?

① 재판을 위하여 필요한 경우

② 정부기관에서 공적 용도로 사용하는 경우

③ 교육기관 수업과정에 제공할 목적으로 사용하는 경우

④ 가정에서 개인적인 목적으로 사용하는 경우

5. 산업재산권을 침해하는 행위가운데 친고죄에 해당하지 않는 것은?

① 특허법에 의한 특허권의 침해행위

② 실용신안법에 의한 실용신안권의 침해행위

③ 상표법에 의한 상표전용사용권의 침해행위

④ 디자인보호법에 의한 디자인권의 침해행위

(O · X 문제)

1. 실용신안권의 존속기간은 실용신안권을 설정등록한 날로부터 실용신안등록 출원일 후 10년이 되는 날까지로 한다.(　　)

2. 특허권의 존속기간은 특허권을 설정등록한 날부터 특허출원일 후 20년이 되는 날까지로 한다.(　　)

3. 디자인권의 존속기간은 설정등록한 날로부터 발생하여 디자인등록 출원일 후 20년이 되는 날까지 존속한다.(　　)

4. 상표권의 존속기간은 설정등록이 있는 날부터 10년으로 한다.(　　)

5. 상표권의 효력은 속지주의 원칙에 따라 국내에만 효력이 인정된다. 외국에서도 상표권의 보호를 받기위해서는 국제상표등록출원을 하여야 한다.

6. 저작인격권에는 공표권, 성명표시권, 동일성유지권이 있다. (　　)

※ 암기자료

- 십실상일비(10년, 실용, 상표, 10년, 일비친)
- 이특디친(20년, 특허, 디자인, 친고죄)

제2절 인터넷범죄에 따른 형사법적 접근

1. 미수범

○ 결과발생 가능했는데 현실적결과 불발생

- 결과불발생에 자의성 없는 경우는 미수범(제25조)이며, 장애미수, 임의적 감경이다.

> ※ 관련판례
>
> '강도가 강간하려고 하였으나 잠자던 피해자의 어린 딸이 잠에서 깨어 우는 바람에 도주하였고, 또 피해자가 시장에 간 남편이 곧 돌아온다고 하면서 임신 중이라고 말하자 도주한 경우에는 자의로 강간행위를 중지하였다고 볼 수 없다.(대판 93도347)'

- 결과불발생에 자의성이 있는 경우는 중지범(제26조)이며, 중지미수, 필요적 감면이다.

> ※ 관련판례
>
> '피고인이 피해자를 강간하려다가 피해자의 다음번에 만나 친해지면 응해주겠다는 취지의 간곡한 부탁으로 인하여 그 목적을 이루지 못한 후 피해자를 자신의 차에 태워 집에까지 데려다 주었다면 피고인의 행위는 중지미수에 해당한다.(대판 93도1851)

○ 결과발생 불가능했는데 현실적결과 불발생

- 위험성이 있는 경우에는 불능범(제27조)이며, 불능미수, 임의적 감면이다.

> ※ 관련판례
>
> '염산에페트린 및 수종의 약품을 교반하여 히로뽕 제조를 시도하였으나 그 약품배합미숙으로 그 완제품을 제조하지 못한 경우, 불능범은 범죄행위의 성질상 결과발생의 위험이 절대로 불능한 경우를 말하는 것인 바 결과발생의 위험성이 있으므로 미수범에 해당한다. (대판 85도206)'

- 위험성이 없는 경우에는 불능범이며, 불가벌이다.

※ 관련판례
'피고인의 소제기 당시부터 타인이 사망한 상태였다면 사망한자에 대한 판결은 그 내용에 따른 효력이 생기지 아니하여 상속인에게 그 효력이 미치지 아니하므로 사기죄를 구성한다고 할 수 없다.(대판 2000도1881)

2. 기수범 판례

- 자동차회사 직원이 다른 직원의 아이디와 비밀번호로 회사의 전산망에 접속하여 영업비밀인 도면을 자신의 컴퓨터에 전송받은 경우 이를 자신의 지배영역으로 옮겨와 자신의 것으로 사용할 수 있게 되었으므로, 구 부정경쟁방지 및 영업비밀에 관한 법률 제18조 제2항의 영업비밀취득죄가 기수에 이르며, 후에 이를 삭제하였더라도 미수로 평가할 수 없다. (대판 2008도9169)

3. 공범

- 범죄참가형태에 따라 1인이 범죄를 실행하면 단독정범, 수인이 공동하여 범죄를 실행하면 공동정범이다. 행위자가 직접 실행하면 직접정범, 타인을 이용하여 실행하면 간접정범이다. 타인을 교사하여 범죄를 실행하면 교사범, 타인의 범죄를 방조하면 종범이다. 따라서 광의의 공범이란 교사범, 종범, 공동정범을 말한다.

※ 간접정범 판례 '의사가 주사기에 독약을 넣어서 그러한 사정을 모르는 간호사로 하여금 환자에게 주사하게하여 사망케 한 경우, 간호사는 불가벌이거나 과실범으로 처벌되고, 이를 이용한 의사가 살인죄의 간접정범이다.'

※ 교사범 판례 판단능력 또는 책임능력 있는 사람에게 범행을 지시한 경우에는 정범이 아니라 교사범이 성립한다. '의사가 간호사에게 돈을 주면서 살인을 청부하고 이에 따라 간호사가 살인을 하면 간호사가 살인죄의 정범이고 의사는 교사범이 된다.

※ 종범 판례 '살인할 것을 알고 그에 소요되는 비용을 제공하는 행위는 살인죄에 대한 방조가 된다.(대판 4280형상131)'

- 필요적 공범은 구성요건(죄명) 자체가 2인 이상이 참가해서만 실행할 수 있고, 1인이 단독으로 실행이 불가능하도록 규정된 공범형태를 말한다. 내란죄, 소용죄, 다중불해산죄 등이다. 필요적 공범에서 내부참가자는 모두 정범으로서 각자에게 적용될 형벌이 특별법 또는 형법 각칙에서 별도로 규정되어 있다. 따라서 내부참가자 상호간에는 총칙상의 공범규정은 적용되지 않는다. 필요적 공범에서 서로 다른 방향을 가진 사람을 대향범이라 하며, 수뢰죄 對 증뢰죄, 배임수재죄 對 배임증재죄 등을 말한다.

※ 관련판례는 '세무사법은 제22조 제1항 제2호, 제11조에서 세무사와 세무사였던 자 또는 그 사무직원과 사무직원이었던 자가 그 직무상 지득한 비밀을 누설하는 행위를 처벌하고 있을 뿐 비밀을 누설받는 상대방을 처벌하는 규정이 없으므로 이에 공범에 관한 형법총칙 규정을 적용할 수 없다. (대판20076712)'

※ 의사가 직접 환자를 진찰하지 않고 처방전을 작성하여 교부한 행위와 처방전을 교부받은 행위는 대향범 관계에 있으므로 처방전을 교부받은 자에 대하여는 형법총칙 규정을 적용할 수 없다. (대판 2011도6287)

4. 공범종속성설(구파, 객관주의)

정범이 범죄를 실행에 착수해야만 공범도 이에 종속해서 성립이 가능하다.

5. 공범독립성설(신파, 주관주의)

정범이 범죄를 실행착수하지 않아도 범죄의사로 가공하면 공범 성립이 가능하다.

제4편

불법콘텐츠 범죄

최근 경찰청 통계에 따르면 사이버 명예훼손·모욕, 사이버 도박, 사이버 음란물, 사이버 스토킹 형태로 범죄의 발생빈도가 나타나고 있다.

■ 불법컨텐츠범죄

구분 (단위 : 건)		총계	사이버 음란물	사이버 도박	사이버 명예훼손·모욕	사이버 스토킹	기 타
2014	발생	18,299	4,354	4,271	8,880	363	431
	검거	14,643	3,739	4,047	6,241	300	316
2015	발생	23,163	4,244	3,352	15,043	134	390
	검거	17,388	3,475	3,365	10,202	124	222
2016	발생	28,438	3,777	9,538	14,908	56	159
	검거	23,539	3,435	9,394	10,539	53	118
2017	발생	21,307	2,646	5,130	13,348	59	124
	검거	17,312	2,329	5,080	9,756	52	95

제1장 사이버 음란물

한국은 이미 주요 아동·청소년 음란물 생산국 중 하나로 손가락질 받는다. 영국 인터넷감시재단(IWF)이 2012년 각국의 온라인 아동·청소년 음란물 실태를 조사한 결과 한국(2.2%)은 미국(50%)·러시아(14.9%)·일본(11.7%)·스페인(8.8%)·태국(3.6%)에 이어 6번째에 자리했다. 국산 몰래카메라나 비동의 유포 성적 촬영물 4건 중 1건은 미성년자가 출연하는 아동·청소년 음란물이다. 속칭 '신작'은 등장과 동시에 평균 1만~2만 회에 달하는 폭발적인 클릭이 몰린다. 아동·청소년 음란물 생산국 세계 6위인 한국의 부끄러운 자화상이다. 형사정책연구원의 '온라인 성폭력 범죄의 변화에 따른 처벌 및 규제 방안' 연구보고서를 보면, 지난해 9~10월 인터넷에 유포된 디지털 성폭력 촬영물 650건 중 178건(27.4%)이 중·고등학생을 대상으로 한 것으로 추정됐다. 성인을 대상으로 한 건 222건(34.2%)이었고, 나머지 250건(38.5%)은 부분 촬영 등으로 피해자 연령 식별이 불가능했다. 미성년자 촬영물 가운데 94건(52.8%)이 동영상이었다. 이 중 81건(86.2%)은 몰래 찍힌 것이었고, 자신이 직접 찍은 것도 8건(8.5%) 있었다. 이 8건은 최근 심각한 사회문제가 되고 있는 '그루밍' 성폭력 피해자로 보인다. 그루밍 성폭력은 범인이 피해자로부터 신뢰를 얻고서 '나체 셀카'를 찍게 하는 등 성적 가해를 하는 것을 말한다. 정신적으로 아직 성숙하지 못한 미성년자가 주로 당한다. 더 심각한 건 아동·청소년 음란물이 온라인에서 '광적인' 관심을 받는다는 것이다. 서울신문이 여성단체 '디지털성범죄아웃'으로부터 입수한 '성인사이트 아동음란물 실태조사'를 보면 현재 폐쇄된 불법 성인사이트 '멘베OO' 게시판엔 65개의 아동·청소년 음란물이 확인됐는데, 해당 영상들은 나흘간 총 156만 4800회의 클릭을 받았다. 영상 한 편당 평균 2만 4074회나 '시청'된 것이다. 역시 현재 폐쇄된 '이OO'에서도 91개의 아동·청소년 음란물이 총 138만 7561회 클릭됐다. 개당 평균 1만 5248회다.

경찰청 사이버안전국. 담당 경찰이 신규 개발한 '경찰청 음란물 추적시스템'을 돌리자 모니터 위에 아이디(ID)와 숫자 정보 들이 무수히 쏟아진다. 최근 한 달 사이 소셜네트워크서비스(SNS)와 개인 파일공유(P2P) 사이트에서 아동·청소년 음란물을 주고받은 이들의 명단이다. 아이들의 몸을 보며 성적 욕구를 채운 부끄러운 어른들은 그렇게 고스란히 모습을 드러냈다. 경찰청은 아동음란물 사범을 뿌리 뽑겠다는 취지로 추적 시스템을 개발했고, 이날 서울신문에 처음으로 공개했다. 아동음란물은 마약처럼 소지 자체가 불법이어서 다운로드만으로도 1년 이하의 징역이나 2,000만 원 이하 벌금형에 처해진다.

음란물 추적기법을 보면 경찰청이 자체 개발한 시스템은 아동음란물과 불법 촬영물 소지자를 실시간으로 추적하는 기능을 가지고 있다. 특정 영상의 특징을 잡아 DNA처럼 고유의 값으로 만들거나 해시값(암호화된 일련번호)을 추출해 저장한 뒤, SNS나 P2P에 올라온 파일과 실시간으로 대조한다. 미국 법무부가 개발해 전 세계 국가가 이용 중인 '아동온라인보호시스템'(콥스 · COPS)을 한 단계 발전시킨 것이다. 단순히 아이디만 파악하는 게 아니다. 반경 200m 이내로 IP 주소까지 추적이 가능하다. 경찰이 '(로리)초등OOOOO'이란 이름의 파일을 클릭하면, 전국지도 위에 해당 영상을 가지고 있는 사람(67명)의 IP 위치가 빨간 점으로 표시된다. 평균 한 달간 파악된 국내 아동음란물 소지자는 7895명. 한 달간 추적시스템은 6만 3503차례나 자동 모니터링을 실시했다. 평균 40.8초 만에 한 번씩 검사한 셈이고, 아동음란물을 내려 받았다가 지운 사람도 예외 없이 적발된다.

다크웹을 기반으로 한 세계 최대 아동음란물 공유 사이트 '어둠의 인터넷'으로 불리는 다크웹은 전용 브라우저를 통해야만 접속이 가능해 IP 추적이 힘들다. 전 세계 회원 수는 무려 128만 명. 2015년 미연방수사국(FBI)이 적발한 기존 최대 사이트 '플레이펜' 회원 20만 명보다 6배나 많다. 이 중 3,344명이 유료회원으로 활동하며 실제로 아동음란물을 실시간 재생(스트리밍)하거나 업로드 또는 다운로드했다. 한국인 유료회원은 242명(7.2%)으로 대부분 검거됐다. 아동 음란물을 탐닉할 경우 실제 아동 성폭행 범죄를 저지를 가능성이 높다. 2012년 전남 나주에서 초등학생을 납치해 성폭행한 고종석, 같은 해 경남 통영에서 열 살 여아를 성폭행하려다 살해한 김점덕, 2010년 서울 초등학생 납치 · 성폭행범 김수철은 모두 아동음란물 '중독자'였다. 중독성의 경우, 아동음란물을 내려 받기 위한 결제 횟수나 결제금액, 파일 수가 점점 늘어나는 추세를 띠었다. 최대 1,709개의 아동음란물을 소지한 이도 있었고, 손에 넣은 영상을 오래 '간직'하려는 성향도 엿보였다.

제1절 인터넷 성매매

1. 인터넷 성매매 내용

인터넷 성매매는 성매매정보들은 '횟수 · 수위 상관없는 애인역할', '애인 같은 황홀한 서비스' 등과 같이 애인대행 서비스를 표방하면서 △ 성행위나 유사성행위를 직간접적으로 표현하거나 △ 가격 · 연락처 △ 성매매 이용후기 등의 정보를 제공해 성매매를 유도·조장하고 있다. 최근 들어 생겨나는 새로운 음란물 유통 형태는 AI 기술을 활용한 IT기업의 추천 서비스를 통해 음란물 유통이 확산하고 있다. 또 친구 추천 등을 통한 애인대행 가장 성매매 서비스나 유사 성행위를 직간접으로 표현하는 등 수법도 다양해지고 있다. 가격·연락처·성매매 이용후기 등 정보를 제공하며 성매매를 유도하고 조장하는 사례도 많다. 이 같은 행위는 성매매 알선 등 행위의 처벌에 관한 법률에 따라 성매매 알선은 물론 성을 사는 행위를 권유 또는 유인하는 행위도 3년 이하 징역 또는 3,000만 원 이하 벌금에 처하는 중범죄이다. 외국 IT기업들에 대한 불법행위 단속이 국내 방통위 등을 통해 제대로 이뤄지지 못한다는 사실을 단적으로 보여주는 사례가 있다. 외국 SNS 사업자 텀블러는 이달 초 성인물 정책을 강화했다고 정부 당국에 자진 신고한 사건이다. 이 SNS는 지난해 국내 음란물을 방송통신심의위원회의 음란물 삭제 요청을 거절해 논란을 일으킨 바 있다. 이처럼 느리게 움직이던 텀블러가 국내 방심위에 강화된 성인물 정책을 발표하게 된 것은 바로 애플이 아이폰 애플리케이션 마켓인 앱스토어에 텀블러를 삭제하는 강한 규제를 가했기 때문이다. 결국 우리나라 규제에는 아랑곳하지 않고 눈치만 보던 텀블러가 애플이 행동에 나서자 결국 국내 규제기관에 협조하겠다는 의사를 밝힌 것이다.

2. 성매매 관련 처벌법

(1) 형법 제242조 (음행매개죄)

제242조(음행매개) 영리의 목적으로 사람을 매개하여 간음하게 한 자는 3년 이하의 징역 또는 1천500만 원 이하의 벌금에 처한다.

(2) 제243조(음화반포등)

제243조(음화반포등) 음란한 문서, 도화, 필름 기타 물건을 반포, 판매 또는 임대하거나 공연히 전시 또는 상영한 자는 1년 이하의 징역 또는 500만 원 이하의 벌금에 처한다.[전문개정 1995. 12. 29.]

※ 제243조(음화반포등) 인정 판례

예술성 있는 누드작품이라도 이를 상업적으로 이용한 경우에는 음란한 도

화가 될 수 있다.(대판 2002도2889)
문학작품이라도 그것이 건전한 성적풍속이나 성도덕을 침해하는 경우에는 형법규정에 의하여 이를 처벌할 수 있다. (대판 94도2413)

비록 명화집에 실려 있는 그림이라 할지라도 이것을 성냥갑 속에 넣어 판매할 목적으로 그 카드사진을 복사 제조하거나 시중에 판매하였다면 명화를 모독하여 음화화 시켰다할 것이고 그림의 음란성 유무는 객관적으로 판단해야 할 것이다. (대판70도1879)

공연윤리위원회의 심의를 마친 영화작품이라 하더라도 영화장면의 선정적 측면을 특히 강조하여 제작한 포스터는 음화에 해당한다. (대판 90도1485)

소설 '즐거운 사라'는 음란한 문서에 해당한다. (대판94도2413)

소설 '내게 거짓말을 해봐'는 음란한 문서에 해당한다. (대판98도679)

※ 제243조(음화반포등) 부정 판례
음란한 영상화면을 수록한 컴퓨터 프로그램파일을 컴퓨터 통신망을 통하여 전송하는 방법으로 판매한 행위에 대하여 전기통신기본법 제48조의2의 규정을 적용할 수 있음은 별론으로하고, 형법 제243조의 규정을 적용할 수 없다. (대판 98도3140)

(3) **형법 제245조(공연음란)**

제245조(공연음란) 공연히 음란한 행위를 한 자는 1년 이하의 징역, 500만 원 이하의 벌금, 구류 또는 과료에 처한다. 〈개정 1995. 12. 29.〉

※ 형법 제245조(공연음란) 인정 판례
형법 제245조 소정의 '음란한 행위'라 함은 보통인의 성욕을 자극하여 성적 흥분을 유발하고 정상적인 성적수치심을 해하여 성적 도의관념에 반하는 행위를 가리키는 것이고, 그 행위가 반드시 성행위를 묘사하거나 성적인 의도를 표출할 것을 요하는 것은 아니다. (대판 2005도1264)
형법 제245조 소정의 공연음란죄는 주관적으로 성욕의 흥분 또는 만족 등의 성적인 목적이 있어야 성립하는 것은 아니지만 그 행위의 음란성에 대한 의미의 인식이 있으면 족하다. (대판 2000도4372)
중부고속도로에서 승용차를 손괴하거나 타인에게 상해를 가하는 등의 행패를 부리던 자가 이를 제지하려는 경찰관에 대항하여 공중 앞에서 알몸이 되어 성기를 노출한 경우 공연음란죄가 성립한다. (대판 2000도4372)
요구르트 제품의 홍보를 위하여 전라의 여성 누드모델들이 일반 관람객과 기자 등 수십 명이 있는 자리에서 알몸에 밀가루를 바르고 무대에 나와 분무기로 요구르트를 몸에 뿌려 밀가루를 벗겨내는 방법으로 알몸을 완전히 드러낸 채 음부 및 유방 등이 노출된 상태에서 무대를 돌며 관람객들을 향하여 요구르트를 던진 행위는 공연음란죄에 해당한다. (대판 2005도1264)

※ 형법 제245조(공연음란) 부정 판례
피고인이 주차문제로 말다툼하다가 乙이 '술을 똥구멍으로 먹었냐?'고 말하자, 상점을 보고 있던 乙의 딸(23세)에게 가서 바지와 팬티를 내리고 엉덩이를 들이밀며 '똥구멍에 술을 부어 보아라'고 말한 경우, 이는 음란한 행위에 해당하지 않는다. (대판2003도6514)

제2절 사이버성희롱

1. 사이버 성희롱 내용

사이버성희롱은 사이버공간에서 음담패설, 원치 않는 성적대화, 성적동영성, 문자, 이성 언어폭력 등을 보내어 수치심과 혐오감을 주는 것을 말한다. 사이버 성폭력은 사이버 공간에서 특정인 혹은 불특정 다수를 대상으로 해서 성적인 문제로 괴롭힘을 행하는 것을 통칭한다. 즉, 상대방이 원하지 않는 성적 언어 표현 및 이미지 등으로 불쾌감이나 위압감을 느끼게 하는 행위를 말한다. 사이버 성폭력은 인터넷이라는 특수성을 기반으로 하기 때문에 시간, 공간에 비교적 제약을 받지 않는다. 가정, 직장 등 어디든 온라인 환경이 갖추어진 곳이라면 때와 장소에 상관없이 발생할 수 있으며 형태도 매우 다양하다. 사이버 성폭력이 주로 일어나는 공간은 인터넷 게시판, 대화방, 이메일 등이다. 그 형태가 너무 다양하여 유형을 나누기는 힘들지만, 대개 사이버 성희롱, 사이버 스토킹, 사이버 명예 훼손, 사이버 음란물 유통 등으로 대별할 수 있다. 사이버 성폭력은 오프라인상의 2차 범행을 유발할 수 있고, 아동 및 청소년의 보호가 힘들다. 사이버 성폭력을 예방하기 위해서는 비밀번호나 개인 신상정보 등 개인 정보관리를 신중히 해야 한다. 혹시 사이버 성폭력 가해자를 만나게 되면 증거 화면을 저장해 둔 채 경고를 하고 신고를 하는 것이 좋다.

우리나라는 「성폭력 범죄의 처벌 및 피해자 보호 등에 관한 법률」, 「형법」, 「정보통신망 이용촉진 및 정보보호 등에 관한 법률」 등으로 사이버 성폭력 처벌에 관한 법적인 근거를 마련해 두고 있다. 피해자는 일반 성폭력과 마찬가지로 여성의 비율이 더 높고 가해자는 남성의 비율이 더 높다. 한 온라인 설문조사를 통한 연구에 따르면, 남성의 사이버 성폭력 피해 경험은 27.9%이고, 여성은 51.8%였다. 미국에서 보고된 사례를 보면 피해자는 여성이 84%, 가해자는 남성이 64%였다. 인터넷을 통한 의사교류가 기하급수적으로 확산되면서 이 같은 피해사례는 급속하게 증가하고 있다.

한국사이버성폭력대응센터 2017년 상담 사례 분석에 따르면 피해자의 93.7%는 여성이었다. 가해자 가운데 '전 애인'은 34.5%로 가장 많았고, 피해 유형은 소위 '리벤지포르노'로도 불리는 '비동의 성적촬영물 유포'가 48.5%로 절반 가까이 차지했다. 사이버 성폭력 피해 유형으로는 '비동의 성적촬영물 유포'가 100건(48.5%)으로 가장 많았고, 성적 사이버 불링(10.2%), 불법도촬(10.2%)이 그 뒤를 이었다. 성적 사이버 불링은 '단톡방 내 성희롱', '게임 내 성폭력' 등 사이버공간의 성적 괴롭힘이 모두 포함된다. 특히 그간 성폭력으로 인식되지 않았던 '유포협박'이나 '불안 피해'도 각각 9.7%를 차지하는 것으로 나타났다. 사이버 성폭력의 피해 발생 플랫폼은 '사회관계망서비스'(SNS)가 40.9%로 가장 높았고, 불법포르노사이트(39.4%), 국내 웹하드(15.1%)가 그 뒤를 이었다.

2. 성 관련 처벌법

(1) 성폭력범죄의 처벌 등에 관한 특례법

제13조(통신매체를 이용한 음란행위) 자기 또는 다른 사람의 성적 욕망을 유발하거나 만족시킬 목적으로 전화, 우편, 컴퓨터, 그 밖의 통신매체를 통하여 성적 수치심이나 혐오감을 일으키는 말, 음향, 글, 그림, 영상 또는 물건을 상대방에게 도달하게 한 사람은 2년 이하의 징역 또는 500만 원 이하의 벌금에 처한다.

제14조(카메라 등을 이용한 촬영) ① 카메라나 그 밖에 이와 유사한 기능을 갖춘

기계장치를 이용하여 성적 욕망 또는 수치심을 유발할 수 있는 사람의 신체를 촬영대상자의 의사에 반하여 촬영한 자는 5년 이하의 징역 또는 3천만 원 이하의 벌금에 처한다. 〈개정 2018. 12. 18.〉 ② 제1항에 따른 촬영물 또는 복제물(복제물의 복제물을 포함한다. 이하 이 항에서 같다)을 반포·판매·임대·제공 또는 공공연하게 전시·상영(이하 "반포등"이라 한다)한 자 또는 제1항의 촬영이 촬영 당시에는 촬영대상자의 의사에 반하지 아니한 경우에도 사후에 그 촬영물 또는 복제물을 촬영대상자의 의사에 반하여 반포등을 한 자는 5년 이하의 징역 또는 3천만 원 이하의 벌금에 처한다. 〈개정 2018. 12. 18.〉 ③ 영리를 목적으로 촬영대상자의 의사에 반하여 「정보통신망 이용촉진 및 정보보호 등에 관한 법률」 제2조제1항제1호의 정보통신망(이하 "정보통신망"이라 한다)을 이용하여 제2항의 죄를 범한 자는 7년 이하의 징역에 처한다.

(2) 성폭력법 제14조 카메라이용촬영죄 인정 판례

야간에 버스 안에서 휴대폰 카메라로 옆 좌석에 앉은 여성(18세)의 치마밑으로 드러난 허벅다리 부분을 촬영한 경우 그 촬영 부위가 성폭력범죄의 처벌 및 피해자보호 등에 관한 법률 제14조의2 제1항의 '성적 욕망 또는 수치심을 유발할 수 있는 타인의 신체'에 해당한다. (대판 2008도7007)

화장실에서 재래식 변기를 이용하는 여성이 용변을 보기 직전의 무릎 아래 맨 다리 부분을 촬영한 경우, 피고인이 촬영한 피해자들의 다리 부분은 '수치심을 유발할 수 있는 다른 사람의 신체'에 해당한다. (대판2014도6309)

피고인이 지하철 환승에스컬레이터 내에서 짧은 치마를 입고 있는 피해자의 뒤에 서서 카메라 폰으로 성적 수치심을 느낄 수 있는 치마 속 신체부위를 피해자의 의사에 반하여 동영상 촬영한 경우, 피고인이 휴대폰을 이용하여 동영상촬영을 시작하여 일정한 시간이 경과하였다면 설령 촬영 중 경찰관에게 발각되어 저장버튼을 누르지 않고 촬영을 종료하였더라도 카메라 등 이용 촬영 범행은 이미 '기수'에 이르렀다. (대판 2010도10677)

(3) 성폭력법 제14조 카메라이용촬영죄 부정 판례

피고인이 피해자의 승낙을 받아 캠코더로 촬영해 두었던 피해자와의 성행위 장면이 담긴 영상물을 반포하였다면 성폭력범죄의 처벌 및 피해자보호등에 관한

법률 제14조의 2 제1항의 카메라 등 이용촬영죄에 해당하지 않는다. (대판 2009도7973)

피고인이 피해자 甲 (여, 14세)과 인터넷 화상채팅 등을 하면서 甲 스스로 자신의 신체 부위를 화상카메라에 비추어 카메라 렌즈를 통과한 정보가 디지털화되어 피고인이 컴퓨터에 전송된 영상을 휴대전화 내장 카메라를 통해 동영상 파일로 저장한 경우, 구 성폭력범죄처벌 등에 관한 특례법위반(카메라등이용촬영)죄가 성립하지 않는다. (대판2013도4279)

(4) 아동·청소년의 성보호에 관한 법률

- 아동·청소년의 성보호에 관한 법률 제2조(정의) 이 법에서 사용하는 용어의 뜻은 다음과 같다. 〈개정 2012. 12. 18., 2014. 1. 28., 2018. 1. 16.〉 1. "아동·청소년"이란 19세 미만의 자를 말한다. 다만, 19세에 도달하는 연도의 1월 1일을 맞이한 자는 제외한다. 2. "아동·청소년대상 성범죄"란 다음 각 목의 어느 하나에 해당하는 죄를 말한다. 가. 제7조부터 제15조까지의 죄 나. 아동·청소년에 대한 「성폭력범죄의 처벌 등에 관한 특례법」 제3조부터 제15조까지의 죄 다. 아동·청소년에 대한 「형법」 제297조, 제297조의2 및 제298조부터 제301조까지, 제301조의2, 제302조, 제303조, 제305조, 제339조 및 제342조(제339조의 미수범에 한정한다)의 죄 라. 아동·청소년에 대한 「아동복지법」 제17조제2호의 죄 3. "아동·청소년대상 성폭력범죄"란 아동·청소년대상 성범죄에서 제11조부터 제15조까지의 죄를 제외한 죄를 말한다. 3의2. "성인대상 성범죄"란 「성폭력범죄의 처벌 등에 관한 특례법」 제2조에 따른 성폭력범죄를 말한다. 다만, 아동·청소년에 대한 「형법」 제302조 및 제305조의 죄는 제외한다. 4. "아동·청소년의 성을 사는 행위"란 아동·청소년, 아동·청소년의 성(性)을 사는 행위를 알선한 자 또는 아동·청소년을 실질적으로 보호·감독하는 자 등에게 금품이나 그 밖의 재산상 이익, 직무·편의제공 등 대가를 제공하거나 약속하고 다음 각 목의 어느 하나에 해당하는 행위를 아동·청소년을 대상으로 하거나 아동·청소년으로 하여금 하게 하는 것을 말한다. 가. 성교 행위 나. 구강·항문 등 신체의 일부나 도구를 이용한 유사 성교 행위 다. 신체의

전부 또는 일부를 접촉·노출하는 행위로서 일반인의 성적 수치심이나 혐오감을 일으키는 행위 라. 자위 행위 5. "아동·청소년이용음란물"이란 아동·청소년 또는 아동·청소년으로 명백하게 인식될 수 있는 사람이나 표현물이 등장하여 제4호의 어느 하나에 해당하는 행위를 하거나 그 밖의 성적 행위를 하는 내용을 표현하는 것으로서 필름·비디오물·게임물 또는 컴퓨터나 그 밖의 통신매체를 통한 화상·영상 등의 형태로 된 것을 말한다. 6. "피해아동·청소년"이란 제2호나목부터 라목까지, 제7조부터 제14조(제13조제1항의 죄는 제외한다)까지의 죄의 피해자가 된 아동·청소년을 말한다. 7. "대상아동·청소년"이란 제13조제1항의 죄의 상대방이 된 아동·청소년을 말한다. 8. "온라인서비스제공자"란 다른 사람들이 정보통신망(「정보통신망 이용촉진 및 정보보호 등에 관한 법률」 제2조제1항제1호의 정보통신망을 말한다. 이하 같다)을 통하여 온라인 자료를 이용할 수 있도록 서비스를 제공하는 자로서 대통령령으로 정하는 자를 말한다. 9. "등록정보"란 법무부장관이 「성폭력범죄의 처벌 등에 관한 특례법」 제42조제1항의 등록대상자에 대하여 같은 법 제44조제1항에 따라 등록한 정보를 말한다.

- 아동·청소년의 성보호에 관한 법률 제7조(아동·청소년에 대한 강간·강제추행 등) ① 폭행 또는 협박으로 아동·청소년을 강간한 사람은 무기징역 또는 5년 이상의 유기징역에 처한다. ② 아동·청소년에 대하여 폭행이나 협박으로 다음 각 호의 어느 하나에 해당하는 행위를 한 자는 5년 이상의 유기징역에 처한다. 1. 구강·항문 등 신체(성기는 제외한다)의 내부에 성기를 넣는 행위 2. 성기·항문에 손가락 등 신체(성기는 제외한다)의 일부나 도구를 넣는 행위 ③ 아동·청소년에 대하여 「형법」 제298조의 죄를 범한 자는 2년 이상의 유기징역 또는 1천만원 이상 3천만원 이하의 벌금에 처한다. ④ 아동·청소년에 대하여 「형법」 제299조의 죄를 범한 자는 제1항부터 제3항까지의 예에 따른다. ⑤ 위계(僞計) 또는 위력으로써 아동·청소년을 간음하거나 아동·청소년을 추행한 자는 제1항부터 제3항까지의 예에 따른다. ⑥ 제1항부터 제5항까지의 미수범은 처벌한다.
- 아동·청소년의 성보호에 관한 법률 제10조(강간 등 살인·치사) ① 제7조의 죄를 범한 사람이 다른 사람을 살해한 때에는 사형 또는 무기징역에 처한다.

② 제7조의 죄를 범한 사람이 다른 사람을 사망에 이르게 한 때에는 사형, 무기징역 또는 10년 이상의 징역에 처한다.

- 아동·청소년의 성보호에 관한 법률 제13조(아동 · 청소년의 성을 사는 행위 등) ① 아동 · 청소년의 성을 사는 행위를 한 자는 1년 이상 10년 이하의 징역 또는 2천만원 이상 5천만원 이하의 벌금에 처한다. ② 아동 · 청소년의 성을 사기 위하여 아동 · 청소년을 유인하거나 성을 팔도록 권유한 자는 1년 이하의 징역 또는 1천만원 이하의 벌금에 처한다.

(5) 아동 · 청소년의 성보호에 관한 법률 제13조 성매매 권유 인정판례

피고인이 인터넷 채팅사이트를 통하여, 이미 성매매 의사를 가지고 성매수 행위를 할 자를 물색하고 있던 청소년 甲과 성매매 장소, 대가 등에 관하여 구체적 합의에 이른 다음 약속장소 인근에 도착하여 甲에게 전화로 요구 사항을 지시한 경우에는 '아청법 제13조 아동 · 청소년에게 성을 팔도록 권유하는 행위'에 해당한다. (대판 2011도3934)

제2장 사이버도박

제1절 사이버도박

1. 사이버도박 내용

도박이란 '불확실한 결과에 대해 돈을 걸고 하는 내기'를 말한다. 이런 의미에서는 승부를 걸고 하는 모든 내기는 비록 가볍다 해도 모두 도박에 속한다고 할 것이다. 우리나라에서는 도박 자체를 불법으로 규정하고 있지만 합법적인 도박도 있는데 카지노(내국인은 강원랜드)를 비롯해서 경마, 경륜, 경정, 로또를 비롯한 복권, 스포츠 토토 등이 정부의 허가 하에 운영되고 있다.

그러나 지금 우리사회는 합법적인 도박은 물론이고 불법적인 도박이 크게 성행하고 있다. 그중 한동안 큰 사회문제를 일으켰던 바다이야기, 스크린 경마를 비롯한 성인오락실, 오래 전부터 암암리에 성행하고 있던 각종 하우스, 그리고 최근에는 카지노바, 인터넷을 이용한 각종 도박이 주변에 널려있는 것이 현실이다. 과거 성인 남성 위주의 도박에서 최근에는 여성 중독자의 비율이 늘고 있고 심지어는 청소년들도 무방비로 도박의 유혹에 노출되어 있어 큰 문제가 되고 있다.

한국도박문제관리센터가 발표한 2018년 청소년 도박문제 실태조사 결과를 보면, 재학중인 청소년 가운데 도박문제 위험집단은 6.4%로 앞서 3년 전 첫 조사 때와 비교해 1.3%포인트 늘어난 것으로 집계됐다. 국내 청소년 인구를 감안하면 14만5000명가량이 도박문제 위험집단인 것으로 추정된다. 돈내기 게임을 해본 적이 있는 청소년 가운데 불법 인터넷 도박이나 온라인 내기게임을 했을 경우 쓰는 돈이나 시간이 월등히 많다. 위험집단은 도박문제 위험성이 높은 문제군과 문제수준으로 진행하고 있을 가능성이 의심되는 위험군으로 나뉜다. 문제군은 이 기간 1.1%에서 1.5%로, 위험군 역시 4.0%에서 4.9%로 늘었다.

2. 최근 사이버도박 형태

(1) 기업형 불법 온라인 도박조직

최근에 불법 온라인 도박조직은 기업에서 볼 수 있는 도박 게임 개발 및 도박사이트 관리, 콜센터 운영, 서버 관리, 회원 모집, 수익금 배분 등으로 나누어 관리를 하고 있다. 그 중에 수익을 위해 일반인을 상대로 회원 모집책을 선발하고 인센티브를 지급하는 방식으로 고객을 늘리고 있으며, 실장으로 불리는 모집책은 오프라인이나 문자, 블로그 등을 통해 활동하고 있다. 실장에게 지급되는 수수료는 적게는 베팅액의 20%, 많게는 40%다. 실장이 데려온 고객의 베팅액이 많아질수록 수수료가 오르고 다른 회원의 개인정보까지 제공받는다. 또한 일반인 휴대폰 번호는 건당 10~20원 수준이지만 '에끼스'로 분류되는 상습 도박자는 10배가량 많은 150원 선에서 거래되고 있다. 이러한 조직은 계좌번호 등 핵심 정보를 모두 본사에서 관리하기 때문에 모집책이나 운영자도 사기를 당하기 쉬운 구조이며, 본사는 관련 규제 법령이 없거나 뇌물 공여가 잦은 중국, 동남아시아 쪽에 몰려 있다. 사행산업통합감독위 통계에 따르면 한국의 불법 도박시장 총 매출은 연간 83조7,822억 원 정도이며, 이 가운데 스포츠베팅이 67% 정도이다.

(2) 해외 사무실을 두고 운영되고 있는 도박 사이트 증가

해외에 도박 사이트의 총괄 사장, 국내 총책, 도박 사이트 관리자, 대포통장 판매조직원, 도박 참가자 등의 형태 조직을 만들고, 스포츠 토토 방식과 유사한 형태의 도박 사이트 '젠트'와 사다리 · 바카라, '도도' 등 대규모의 베팅금 사이트를 운영하는 형태를 갖고 있다. 대포통장은 개당 50만~100만원을 주고 구입하고, 하나 당 3개월 가량 사용하는 방식으로 200여개 이상의 계좌를 사용하고 있다. 수익관리는 해외에 있는 도박 사이트 계좌 관리자가 송금한 수백억원 수익금을 국내에서 관리하는 형태이다.

(3) 도박중독자 증가 및 청소년 도박 범죄 심각

경찰청 통계에 따르면 최근 5년간 불법 인터넷 도박으로 형사 입건된 피의자의 절반 이상이 20대와 30대 피의자는 모두 2만8,225명으로 전체의 76%를 차지하고, 불법 도박을 벌인 10대 청소년 761명이 형사 입건되었다. 증가추세 원인은 신분노출 가능성이 적고 장소 이동 없이도 통신으로 쉽게 접근할 수 있어서 사이버공간으로 도박자들이 몰리고 있다. 스마트폰 보급이 빠르게 확산되면서 청소년 역시 불법도박 중독에서 헤어나지 못하는 청소년들이 크게 늘고 있다. 처음에 호기심에서 용돈을 갖고 시작한 인터넷 도박으로 알바비까지 탕진하고, 이후 도박을 하면서 생긴 빚이 수천만원으로 눈덩이처럼 불어난 사례도 있다.

제2절 형법상 사이버 도박죄 처벌

도박과 복표에 관한 죄는 도박하거나 도박을 개장, 복표를 발매·중개 또는 취득하는 범죄이다. 도박죄는 추상적위험범이며, 필요적 공범, 대향범이다.

1. 도박죄

재물 또는 재산상 이익을 모두 도박의 대상으로 한다.

도박행위 착수가 있으면 즉시 기수가 된다. 미수범처벌 규정이 없다.

편면적 도박(사기도박)이란 당사자의 일방에게만 우연성이 있는 경우를 말하며, 사기도박자에게 사기죄만 성립한다.

※ (판례) 피고인 등이 사기도박에 필요한 준비를 갖추고 그러한 의도로 피해자들에게 도박에 참가하도록 권유한 때 또는 늦어도 그 정을 알지 못하는 피해자들이 도박에 참가한 때에는 이미 사기죄의 실행에 착수하였다고 할 것이므로, 피고인 등이 그 후에 사기도박을 숨기기 위하여 얼마간 정상적인 도박을 하였더라도 이는 사기죄의 실행행위에 포함되는 것이어서 피고인에 대하여는 피해자들에 대한 사기죄만이 성립하고 도박죄는 따로 성립하지 아니한다. (대판 2010도9330)

내기골프도 도박죄가 성립할 수 있다.

※ (판례) 피고인들이 각자 핸디캡을 정하고 홀마다 또는 9홀마다 별도의 돈을 걸고 총 26 내지 32회에 걸쳐 내기 골프를 한 경우, 피고인들의 행위는 도박에 해당한다. (대판 2006도736)

일시오락에 불과한 때에는 도박죄가 성립하지 않는다.

※ (판례) 약 3,000원 상당의 음식내기 화투톨이를 약 30분간 한 행위는 일시 오락의 정도에 불과하고 도박죄를 구성하지 않는다.(대판 84도 1043)

2. 도박개장죄

2013년 형법 개정으로 도박하는 장소 외에 사이버 공간이 추가되어 인터넷 도박공간 개설을 처벌할 수 있다. 도박개장을 방조하면 도박개장방조죄가 되며, 별도 도박방조죄는 성립하지 않는다.

※ 인터넷 사이트 운영자가 회원들로 하여금 온라인에서 현금화할 수 있는 게임코인을 걸고 속칭 고스톱, 포커 등을 하도록 하고, 수수료 명목으로 일정액을 이익으로 취한 행위는 도박개장죄에 해당한다.
(대판 2008도1667)

3. 복표발매 · 중개 · 취득죄 (형법 제248조)

법령에 의하지 아니한 복표를 발매한 사람은 5년 이하의 징역 또는 3천만 원 이하의 벌금에 처한다.

형법이 정하는 복표의 개념요소는 특정한 표찰일 것, 그 표찰을 발매하여 다수인으로부터 금품을 모을 것, 추첨 등의 우연한 방법에 의하여 그 다수인 중 일부 당첨자에게 재산상의 이익을 주고 다른 참가자에게 손실을 줄 것 등의 세가지로 파악할 수 있다. (대판 2003도5433)

※ (판례) 이른바 '광고복권'은 통상의 경우 그 자체로는 추첨 등의 우연한 방법에 의하여 일부 당첨자에게 재산상의 이익을 주고 다른 참가자에게 손실을 주는 복표로서의 성질을 갖추고 있다고 보아 형법 제248조 소정의 복표에 해당한다. (대판 2003도5433)

제3장 사이버 명예훼손 · 모욕 등 폭력범죄

제1절 사이버 명예훼손 · 모욕

1. 사이버 명예훼손 및 모욕죄 내용

사이버상 공연히 욕설, 비방, 협박, 허위사실유포, 상대가 원치 행위를 지속적으로 반복하여 공포나 불안감을 일으키는 스토킹 등을 통해 개인의 인격을 침해하는 행위이다. 사이버상의 괴롭힘은 공개된 대화방에서 집단 왕따, 따돌림, 모독, 소외와 배척 등의 형태로 나타난다. 사이버 폭력은 사이버공간에서 다양한 형태로 타인에게 가해지는 괴롭힘을 의미하며, 신체적 폭력을 수반하는 전통적인 폭력과는 달리 그 형태가 다양하다. 문자로 상대방을 직접 험담하는 것뿐만 아니라 특정인을 비하하는 글·이미지·동영상 혹은 개인 신상 정보를 유포하는 행위, 단체 채팅방에 계속 초대하거나 초대 후 집단적으로 나가버리는 행위 등 다양한 형태로 이루어진다. 또한 사이버 공간이라는 특성으로 인해 일반 폭력과는 다른 양상을 가지므로 이에 대한 이해가 필요하다. 따라서 사이버 폭력 예방을 위해서는 사이버 공간의 특성에 대한 이해가 선행되어야 하며 다양한 형태 별로 차별화된 대응 노력이 필요하다고 할 수 있다.

사이버 폭력에는 인터넷에서 특정인에게 직접적인 모욕적인 언사나 욕설 등을 행하는 '사이버모욕', 특정인에 대한 허위의 글이나 명예에 관한 사실을 인터넷에 게시하거나 불특정 다수인에게 유포하는 '사이버명예훼손', 인터넷상에서 음란한 대화를 강요하거나 성적 수치심을 주는 대화 혹은 신체노출 및 성 관련 이미지 및 영상을 유포하여 상대방에게 정신적 피해를 주는 '사이버성희롱 및 폭력', 정보통신망을 이용하여 특정인에게 원하지 않는 접근을 지속적으로 시도하는 '사이버 스토킹', 개인의 신상정보(이름, 전화번호, 거주지, 학교 등)을 유포하여 상대방을 곤란하게 행위, 단체 채팅방에서 상대방을 강제로 초대하거나 초대 후 집단으로 나가는 행위 등 다양한 유형이 있다. 하지만 위와 같은 가해 행위의 종류에 따른 분류뿐만 아니라 가해 이유에 따른 분류도 가능하다. 생활의 불만 및 긴장을 타인에 대한 공격으로 해소하는 '자기 분노형', 자신에게 가해행위를 한 타인을 찾아서 공격하는 '보복형', 오프라인에서는 못 나서면서도 사이버공간에서 쉬운 표적을 찾아서 공격하는 '온라인 가해형', 집단 앞에서 자기를 과시하기 위한 '자기 과시형', 타인의 주목을 끌거나 재미를 위해 타인을 괴롭히는 '심술궂은 가해자형', 별생각 없이 타인을 따라서 폭력에 가담하는 '동조형' 등이 있을 수 있다.

가해 이유 별로 다른 대응책이 개발되어야하기 때문에 사이버 폭력 예방 프로그램 개발을 위해서는 가해 이유에 대한 고찰이 중요하다. 따라서 겉으로 드러나는 행위 유형에 따른 분류보다는 내재된 가해 이유를 기반으로 한 분류가 더 유익할 것으로 생각된다. 방송통신위원회와 한국정보화진흥원이 조사한 2017년 사이버 폭력 실태조사 보고서에 의하면 학생의 사이버 폭력 가해 이유로는 상대방이 싫어서(42.2%), 상대방에 보복하기 위해(40.0%), 재미나 장난으로(23.8%), 의견이 달라서(15.2%), 주변에서 하기 때문에(6.2%)로 조사되었으며(47쪽), 성인의 사이버 폭력 가해 이유로는 상대방에 보복하기 위해서(35.9%), 상대방이 싫어서(33.7%), 주변에서 하기 때문에(27.5%), 의견이 달라서(27.2%), 재미나 장난으로(18.1%) 등으로 조사되었다 따라서 이런 이유들을 체계적으로 분류하고 대상별로 어떻게 달라지는 가를 고찰한 후 각 집단의 특성별로 차별화된 대응 프로그램의 개발이 필요하다. 전국 초·중·고생 399만 명을 대상으로 조사한 교육부의 '2018년 1차 학교폭력 실태조사'에서도 사이버 괴롭힘(전체 10.8%)이 신체 폭행(10.0%)보다 더 높아 사이버불링의 심각성을 알 수 있었다. '재미나 장난, 스트레스 해소'가 23.8%, '특별한 이유 없음'도 12.3%로 나타나 36% 이상이 원인 없는 폭력이다.

사이버불링 피해자들은 심리적으로는 심각한 우울증과 스트레스, 신체적으로는 불명증과 두통, 소화불량 등을 호소한다. 행동적으로는 갑자기 폭력적으로 변하거나 심지어 자살을 시도하고, 사회적으로는 교우관계까지 영향을 미치기도 한다. 가해원인으로는 대화결핍이나 애정과 관심이 부족한 가정적 요인, 분노를 조절하지 못하거나, 매사에 불만과 강한 공격성을 갖는 개인심리적 요인에 있다. 그리고 친구들의 무시와 선생님과의 불편한 관계나 관심부족 등 학교 내 요인과 인터넷의 발달로 쉽게 접할 수 있는 유해물과 폭력성 영상물 등 사회환경적 요인이다.

2. 사이버 명예훼손 및 모욕죄 처벌 법률

(1) 명예훼손

- 명예에 관한 죄의 보호법익은 사람의 외적명예이다(통설 · 판례). 사자명예훼손죄의 보호법익은 역사적 가치로서의 사자의 명예이다(통설 · 판례). 모두 추상적 위험범이다.
- 공연성이란 불특정 또는 다수인이 인식할 수 있는 상태이다(통설, 판례). 특정한 1인에게 사실을 말한 경우 그자가 불특정 또는 다수인에게 전파할 가능성이 있으면 공연성을 인정하고, 그 사실을 숨겨주려 한다면 공연성을 부정한다(전파성이론, 판례).
- 사실이란 입증할 수 있는 과거나 현재의 상태이다. 장래의 사실도 과거나 현재의 사실에 대한 주장을 포함할 경우에는 사실에 포함된다(판례). 입증할 수 있는 사실이 아닌 가치판단의 표시는 모욕죄에 해당한다.
- 인터넷, 전자게시판 등 정보통신망을 통하여 사람을 비방할 목적으로 명예를 훼손하면 정보통신망이용촉진 및 정보보호 등에 관한 법률 제70조가 적용된다.

(관련판례– 인정)

- 직장의 전산망에 설치된 전자게시판에 타인의 명예를 훼손하는 내용의 글을 게시한 행위는 명예훼손죄를 구성한다.(대판99도5734)

- 개인 블로그의 비공개 대화방에서 상대방으로부터 비밀을 지키겠다는 말을 듣고 일대일로 대화하였다면, 명예훼손죄의 요건인 공연성을 인정할 여지가 있다.(대판 2007도8155)

- 서적 · 신문 등 기존의 매체에 명예훼손적 내용의 글을 게시하는 경우에 그 게시행위로써 명예훼손의 범행은 종료하는 것이며 그 서적이나 신문을 회수하지 않는 동안 범행이 계속된다고 보지는 않는다는 점을 고려해 보면, 정보통신망을 이용한 명예훼손의 경우에, 게시행위 후에도 독자의 접근가능성이 기존의 매체에 비하여 좀 더 높다고 볼 여지가 있다 하더

라도 그러한 정도의 차이만으로 정보통신망을 이용한 명예훼손의 경우에 범죄의 종료시기가 달라진다고 볼 수는 없다. (대판 2006도346)

- 인터넷에 게시된 시(詩) 중 '민생법안이 널려 있어도/ 국회에 앉아 있으면 하품만 하는 년이지/ 아니지 국회 출석률 꼴지이지'라는 내용은, 피해자의 의정활동에 관련된 사실에 해당하여 명예훼손죄가 성립한다.(대판 2007도1307)

- 피해자가 동성애자가 아님에도 불구하고 피고인이 인터넷사이트 싸이월드에 7회에 걸쳐 피해자가 동성애자라는 내용의 글을 게재한 경우, 명예훼손죄가 성립한다. (대판 2007도5077)

- 인터넷 포탈사이트 미디어 다음에서 피해자에 대한 기사란에 '미라'라는 닉네임으로 '지고지순이 뜻이 뭔지나 아니? 모 재벌님하고의 관계는 끝났나?"라는 연예인을 비방하는 댓글을 게시한 경우, 명예훼손죄가 성립한다. (대판 2008도2422)

(관련판례- 부정)

- "피해자 특정 불가" 인터넷 댓글에 의하여 모욕을 당한 피해자의 인터넷 아이디(ID)만 알 수 있을 뿐 그 밖의 주위사정을 종합해보더라도 그와 같은 인터넷 아이디를 가진 사람이 청구인이라고 알아차릴 수 없는 경우에 있어서는 외부적 명예를 보호법익으로 하는 명예훼손죄 또는 모욕죄의 피해자가 청구인으로 특정된 경우로 볼 수 없으므로, 특정인 청구인에 대한 명예훼손죄 또는 모욕죄가 성립하지 않는다. (헌결 2007헌마461)

- 인터넷 포털사이트의 지식검색 질문·답변 게시판에 성형시술 결과가 만족스럽지 못하다는 주관적인 평가를 주된 내용으로 하는 한 줄의 댓글을 게시한 경우, 그 표현물은 공공의 이익에 관한 것이어서 비방할 목적이 있었다고 보기 어렵다. (대판 2008도8812)

- 국립대학교 교수가 자신의 연구실 내에서 제자인 여학생을 성추행하였다는 내용의 글을 지역 여성단체가 자신의 인터넷 홈페이지 또는 소식지에 게재한 경우 공공의 이익을 위한 것으로서 달리 비방의 목적이 있다고

단정할 수 없다. (대판 2003도2137)

- 甲 운영의 산후조리원을 이용한 피고인이 9회에 걸쳐 임신, 육아 등과 관련한 유명 인터넷 카페나 자신의 블로그 등에 자신이 직접 겪은 불편사항 등을 후기 형태로 게시한 경우, 정보통신망 이용촉진 및 정보보호 등에 관한 법률 제70조 제1항에서 정한 명예훼손죄 구성요건요소인 '사람을 비방할 목적'이 부정된다. (대판 2012도10392)

(2) 모욕죄

- 입증할 수 없는 자신의 생각이나 가치판단을 표현하는 행위가 모욕죄이다. 다만 집단표시에 의한 비난이 개별구성원에 이르러 비난의 정도가 희석되면 개개인에 대한 모욕죄는 성립하지 않는다 (판례).

(관련판례-인정)

- 단지 모멸적인 언사를 사용하여 타인의 사회적 평가를 경멸하는 "빨갱이 계집년, 만신(무당), 첩년"이라고 말한 것은 사람을 모욕한 경우에 해당하고, 명예훼손죄에는 해당하지 아니한다. (대판 81도2280)

- 피고인이 자신의 인터넷 블로그에 '듣보잡', '함량미달', '함량이 모자라도 창피한 줄 모를 정도로 멍청하게 충성할 사람', '싼 맛에 갖다 쓰는 거죠' 등이라고 한 부분은 피해자를 비하하여 사회적평가를 저하시킬만한 추상적 판단이나 경멸적 감정을 표현한 것으로 모욕죄에 해당한다. (대판 2010도10130)

(관련판례-부정)

- "개인에 대한 비난 희석" 피고인이 저녁회식 자리에서, 장래의 희망이 아나운서라고 한 여학생들에게(아나운서가 되기 위하여) "다 줄 생각을 해야 하는데, 그래도 아나운서 할 수 있겠느냐"라는 말을 한 경우, 피고인의 발언은 여성아나운서 일반을 대상으로 한 것으로서 그 개별구성원인 피해자들에 이르러서는 비난의 정도가 희석되어 피해자 개개인의 사회적평가에 영향을 미칠 정도에까지 이르지 아니하므로 형법상 모욕죄에 해당한다고 보기는 어렵다. (대판 2011도15631)

- 골프클럽 경기보조원들의 구직편의를 위해 제작된 인터넷 사이트 내 회원게시판에 특정 골프클럽의 운영상 불합리성을 비난하는 글을 게시하면서 위 클럽담당자에 대하여 '한심하고 불쌍한 인간'이라는 등 경멸적 표현을 한 경우, 모욕죄가 성립하지 않는다.(대판 2008도1433)

제2절 외국사례 및 대응방안

1. 외국사례

영국의 국립범죄수사국은 2016년 12월 전 국민을 대상으로 '인식 제고' 캠페인을 벌인 바 있다. 당시 수사국은 웹캠을 사용한 공격 및 협박이 1년에만 수천 건씩 발생한다고 발표했었다. 심지어 최근 몇 년 사이에 영국에서 발생한 자살 사건 중 네 건이 성적인 협박 범죄로 인한 것이라는 주장도 존재한다.

미국 뉴저지주 럿거스대에 재학했던 라비는 대학 기숙사에서 룸메이트의 동성애 장면을 웹캠으로 널리 알려 자살케 하여 30일 징역 선고를 받았다.

2. 예방 및 대응방안

학생들 상대 발생되는 사이버불링은 처벌보다는 예방이 우선이다. 교사와 학생간의 밀접한 애착관계와 흥미 있는 학교환경 조성이 중요하다. 그리고 피해를 외부에 알릴 수 있는 채널을 구축하고, 학생들 스스로가 대처할 수 있는 능력도 키워야 한다. 피해사례에 대한 역할극이나 가해학생의 행동변화를 유도하는 임파워먼트(empowerment) 교육도 필요하다. 사이버불링이 상대방에게 정신적인 큰 고통을 준다는 것을 주지시키고, 피해발생시 방관하지 않고, 제지 또는 주변에 알릴 수 있는 용기도 심어줘야 한다. 작은 사건이 추후 예상하지 못한 엄청난 결과로 이어질 수 있다는 나비효과(Butterfly Effect)가 발생 되지 않도록 해야 한다.

대응방안으로는 상대방의 글에 감정적으로 대응하지 않아야 하며, 가해자의 행위를 원하지 않는다는 의사를 밝힌다. 또한 피해사실에 대한 증거자료를 수집해야 한다. 정보통신윤리위원회에 피해구제를 요청하고, 정보통신사업자에게 해당 글의 삭제를 요청한다. 각종 증거자료를 저장하고, 사이버 전담반에 신고하는 절차에 따라야 한다.

제4장 사이버 스토킹

제1절 사이버 스토킹

1. 사이버 스토킹 내용

'사이버 스토킹'이란 이메일, 소셜네트워크(SNS) 등 정보통신망을 이용해 악의적이고 지속적으로 상대방의 공포심이나 불안감을 유발하는 행위를 말한다. 주로 유명인을 상대로 많이 일어났던 사이버 스토킹은 최근 스마트폰 보급률이 높아지고, SNS가 확산되면서 일반인 사이에서도 발생하고 있다. 스토킹은 특정한 사람의 의사에 반하여 반복적으로 미행하거나 편지·전화·컴퓨터 통신 등을 통해 반복적이고 일상적으로 말·글·사진·그림 등을 전달함으로써 공포감이나 불안감을 유발하는 행위이다. 사이버 스토킹은 이 가운데 전화·이동통신·이메일·인터넷 게시판·대화방 등 정보통신망을 이용해 부호·문자·음향·화상·영상 등을 지속적이고 반복적으로 보내 괴롭히는 것을 일컫는다.

사이버 스토킹이 성립하기 위해서는 행위가 정보통신망을 통해 이루어져야 하고, 상대의 의사와 관계없이 의도적·반복적·지속적으로 이루어져야 하며, 통상적인 판단력을 지닌 사람이면 누구나 자신 또는 가족의 생명, 신체의 안전에 위협을 느낄 만한 행동이 있어야 한다. ① 언제 어디서든 상대방을 괴롭힐 수 있고 ② 불특정 다수의 제3자들로 하여금 쉽게 상대방을 괴롭히거나 위협하게 할 수 있으며 ③ 직접 대면함으로써 생길 수 있는 위험이 줄어들고 ④ 순식간에 불특정 다수의 사람들에게 전달할 수 있다는 점에서 오프라인에서 이루어지는 스토킹과 다르다.

2. 사이버 스토킹 통계

사례를 살펴보면 60대 남성 차 모씨는 SNS를 이용해 일면식도 없는 여성 B씨에게 지속해서 성적 수치심을 일으키는 '자기 만나고 싶어', '자기 섹시해' 등의 메시지를 약 한 달 동안 보냈고, 차 씨는 결국 성폭력 범죄의 처벌 등에 관한 특례법 위반(통신매체이용음란) 혐의로 기소돼 징역 4월에 집행유예 1년을 선고 받았다.

한국 사이버 성폭력 대응센터가 2017년 사이버 성폭력 피해 상담사례를 분석한 결과, 피해자의 93.7%가 여성이었다. 이어 사이버 성폭력 가해자를 보면, 전 애인과 가해자가 누군지 알 수 없는 경우가 각각 34.5%로 가장 많았다. 또한 상담 피해자의 60%가 경찰 신고조차 하지 않은 것으로 조사됐다. 또한 온라인 대화의 특성상 명백한 위협성, 피해자의 분명한 거절 표현 여부 등 정보통신망법 위반 기준 적용이 어렵기 때문에 단속된 사이버 스토킹의 상당수가 범칙금 10만 원이하의 경범죄로 다뤄지고 있다.

정보통신망 이용촉진 및 정보보호 등에 관한 법률에서는 사이버 스토킹을 하는 자에서 대해서 1년 이하의 징역 또는 1,000만 원 이하의 벌금에 처하도록 하고 있다. 또 전기통신사업법에서는 이와 관련해 정보통신부 장관의 명령을 위반한 자는 2년 이하의 징역 또는 1억 원 이하의 벌금에 처하도록 되어 있으며, 피해자가 명시한 의사에 반할 경우에는 처벌을 행사할 수 없는 반의사불벌죄이다.

제2절 사이버 스토킹 외국사례 및 우리나라 처벌법

1. 외국사례

미국에선 비틀즈 멤버였던 존 레넌과 디자이너 지아니 베르사체가 스토커에 의해 살해됐고, 배우 조디 포스터의 극성팬이 그녀의 관심을 끌기 위해 레이건 미국 대통령을 저격한 사건도 있었다. 1989년에는 여배우 레베카 쉐퍼가 남성 스토커에 의해 살해되기도 했다. 이 같은 스토킹의 위험성 때문에 미국 등 선진국에선 오래전부터 사회적·법률적 대책이 마련됐다. 미국에선 1990년 캘리포니아주를 시작으로 49개주가 차례로 반(反)스토킹법을 제정했고 98년 제정된 연방 반(反)스토킹법은 사이버 스토킹도 처벌대상에 포함시켰다. 일본도 2000년 스토커 규제법을 제정했다.

2. 우리나라 처벌 법률

'성폭력범죄의처벌 및 피해자보호에관한법률 제14조'는 '자기 또는 다른사람의 성적욕망을 유발하거나 만족시킬 목적으로 전화·우편·컴퓨터 기타 통신매체를 통하여 성적수치심이나 혐오감을 일으키는 말이나 음향, 글이나 도서, 영상 또는 물건을 상대방에게 도달하게 한 자는 1년 이하의 징역 또는 300만 원 이하의 벌금에 처한다'고 규정하고 있다.

'경범죄처벌법 제1조 제53호'에 '정당한 이유 없이 다른 사람에게 전화 또는 편지를 여러 차례 되풀이하여 괴롭힌 사람은 10만 원 이하의 벌금, 구류 또는 과료에 처한다'고 규정되어 있다.

'정보통신망이용촉진및정보보호등에관한법률제65조 제1항 제3호'에 '정보통신망을 통하여 공포심이나 불안감을 유발하는 말, 음향, 글, 화상 또는 영상을 반복적으로 상대방에게 도달하게 한 자를 1년 이하의 징역 또는 1천만 원 이하의 벌금으로 처벌한다'고 규정되어 있다.

제3절 사이버폭력 범죄에 따른 형사법적 접근

1. 협박죄

- 협박죄는 해악을 고지하여 개인의 의사결정의 자유를 제한하는 범죄이다.
- 협박죄 보호법익은 의사결정의 자유이며, 추상적위험범이다. (판례)
- 미수범 처벌규정이 있다. 해악의 내용은 상대방에 대한 것이든 상대방과 밀접한 관계에 있는 제3자에 대한 것이든 불문한다. 이때 제3자에는 자연인뿐만 아니라 법인도 포함된다. (판례)
- 존속협박죄(부진정 신분범, 반의사불벌죄), 특수협박죄(불법가중, 반의사불벌죄 아님), 상습협박죄(책임가중, 반의사불벌죄 아님)

2. 형법상 신분

- 형법상 신분이란 범죄와 관련된 사람의 속성을 말한다. 예컨대 공무원이 뇌물을 받으면 일반사인과 달리 공무원이라는 신분 때문에 뇌물수수죄로 처

벌되고, 절도의 습성을 가진자가 절도를 하면 상습이라는 신분 때문에 상습 절도죄로 가중처벌된다.

- 진정신분(신분이 있어야 범죄가 성립): 수뢰죄(공무원), 위증죄(선서한 증인), 횡령·배임죄, 유기죄, 허위진단서작성죄, 업무상비밀누설죄, 업무상과실장물죄 등
- 부진정신분(신분이 있으면 형벌이 가감): 존속협박, 존속살해, 존속유기, 영아유기, 영아살해, 업무상횡령·배임죄, 업무상과실치사상죄 등

3. 공갈죄

- 공갈죄는 사람을 공갈하여 재물의 교부를 받거나 재산상의 이익을 취득하거나 제3자로 하여금 취득하게 하는 범죄이다. 재산권 이외에 피공갈자의 의사결정의 자유도 부차적인 보호법익이 된다. 보호정도는 침해범이다.
- 공갈죄는 상습처벌가능, 미수처벌가능하다.
- 특수공갈죄도 상습처벌가능, 미수처벌가능하다.

(관련판례)

- 자사 신문에 사과광고를 싣지 않으면 불리한 기사를 계속 게재하겠다고 하여 사과광고를 게재토록 하면서 과다한 광고료를 받은 행위는 공갈죄에 해당한다. (대판 96도1959)
- 해악의 고지가 비록 정당한 권리의 실현 수단으로 사용된 경우라고 하여도 그 권리실현의 수단방법이 사회통념상 허용되는 정도나 범위를 넘는 것인 이상 공갈죄의 실행에 착수한 것으로 보아야 한다. (대판94도2422)

제 5 편

수사기법 및 압수·수색

제1장 디지털 포렌식

1. 디지털 포렌식 내용

• 전자증거(Electronic Evidence)는 전자기기에 저장되어 있거나 전자기기에 의해 전송되는 수사상 가치가 있는 정보와 데이터를 의미하며, 디지털 증거(Digital Evidenve)는 0과 1이라는 디지털 형태로 저장되거나 전송되는 증거가치를 지니는 정보를 의미한다. 전자적으로 처리되는 디지털증거는 불가시성(Latent, invisible and unreadable), 취급상의 취약성(Fragile and easily altered destroted), 디지털(Digital)신호로 조합된 증거, 초국경성(Trans-border), 대량성(Massive) 등을 가지고 있으므로 증거자료의 수집, 분석, 보존 등의 과정에서 특별한 절차와 기법을 따라야 한다.

• 불가시성(Latent, invisible and unreadable)은 눈에 보이지 않는 0과 1의 조합인 디지털형태로 저장되어 잠재성, 은닉성, 불가독성을 갖기 때문에 그 적발과 증명이 곤란하다.

• 취급상의 취약성(Fragile and easily altered destroyed)은 디지털 증거는 변조나 손상이 쉽고 변조 되었을 경우, 변조사실을 찾아내기 어렵기 때문에 사후에 법정에서 조작 여부, 증거 획득절차의 적정성 등의 문제가 발생할 수 있다.

디지털(Digital)신호로 조합된 증거는 0과 1의 디지털 신호로 되어 있어 원본과 동일한 내용으로 쉽게 복제할 수 있으며, 전문가에 의하더라도 원본과 복제본의 구별이 쉽지 않다.

- 대량성(Massive)은 기업의 전산 회계자료, 데이터베이스 자료나 파일서버의 문서자료 등은 데이터(Data)의 규모가 수백 기가바이트에 이를 만큼 그 양이 방대하여 특별한 도구나 전문 인력을 사용하지 않고 범죄의 단서나 증거를 찾는다는 것은 거의 불가능하다.

- 초국경성(Trans-border)은 인터넷을 통하여 전송되거나 저장되기 때문에 장소적 제한을 받지 않고 원거리 또는 타국의 서버나 컴퓨터에 존재할 수 있다.

- 디지털 포렌식이란 사전적으로는 pc나 노트북, 스마트폰, 태블릿pc 등 각종 it기기와 인터넷 서버에 남아있는 각종 디지털 정보를 분석해 범죄 단서를 찾는 수사 기법을 의미한다. 데이터추출, 데이터 선정, 데이터 결합, 결과보고서 작성 이렇게 4단계 과정을 거쳐 보다 효과적인 수사를 위한 정보 추출을 시도하는 것이다. 디지털 포렌식은 저작권 보호부터 기업간 소송 등에도 활용되며 사건 관련자들의 이메일, 통화내역, 계좌 정보, 입출금 내역 등을 추적 및 확인하는 데 결정적인 역할을 담당하고 있다. 이러한 기법은 의외로 우리 생활 곳곳에서 활용되기도 한다. 각종 영화, tv프로그램 등 디지털 콘텐츠를 다운로드 받을 수 있는 온라인 사이트에서 활동하는 '헤비업로더 (영리를 목적으로 불법 저작물, 혹은 불법 복제한 콘텐츠를 대량 유포해 이득을 챙기는 사람을 일컫는 말)' 수사가 대표적인 사례다. 이처럼 디지털 포렌식 기법의 활용도가 점차 커지면서 기술력 향상을 위한 노력도 이어지고 있다. 선진국에 비해 다소 늦은 출발을 했지만 국내의 디지털 포렌식 기술력 역시 글로벌 수준에 근접하고 있는 중이다.

- 컴퓨터 포렌식은 데스크탑, 노트북, 외장HDD, SSD, USB 등 디지털 저장매체에 대한 압수·수색 및 삭제·변경된 내역을 복원하는 방법을 통해 중요한 디지털증거를 획득, 분석한다.
- 데이터베이스 포렌식은 기업·기관에서 활용하는 정보기반시스템에 저장

된 전자정보(회계, 이메일, 전자결재, 업무데이터베이스 등)를 수집하고, 전자정보의 삭제·변경된 내역을 복원하는 방법을 통해 디지털증거를 획득 및 분석한다.

- 모바일 포렌식은 스마트폰, 태블릿PC와 같은 모바일기기는 메신저, 인터넷 접속, 파일 저장 등 다양한 기능을 갖춰 분석의 필요성이 높으며, 디지털증거 확보의 중요 수단이 되고 있다. 모바일기기에 저장된 문자메시지, 통화내역, 인터넷 기록, 사진 등의 데이터를 수집하여 디지털증거를 획득하고 분석한다.

디지털 증거에 대한 압수·수색에 대해 규정해 놓은 규범가운데 가장 대표적인 것이 유럽평의회의 사이버범죄 방지협약이라고 할 것이다. 사이버범죄방지협약에서는 원격지 압수·수색(Transborder access during search and premises)이다. 원격지 압수·수색은 영장을 가지고 서버의 소재지로 가서 적법한 방법으로 획득한 계정 암호를 가지고 서버 내의 디지털 증거를 탐색하는 것이다. 미국은 연방 형사소송규칙 제41조와 저장 "저장정보통신법: Stored Communication Act(18. U.S.C.§2703)"에서 디지털 증거의 수집을 위한 근거 규정을 두고 있다. 먼저 제41조의 규정에 물건의 개념에 정보(Information)를 포함함으로서 디지털 증거의 압수·수색을 명확히 하였다. 또한 최근 좀비컴퓨터 사건에서와 같이 범죄자가 해킹툴을 사용하여 여러 지역의 컴퓨터들이 좀비 컴퓨터가 되었고, 그로 인해 디지털 증거의 저장위치를 알 수 없는 경우에도 디지털 증거를 수집할 수 있도록 원격 수색영장을 발부할 수 있도록 하였다. 또한 저장정보통신법에서는 클라우드 컴퓨팅이나 서버를 운영하고 있는 ISP(Internet Service Provider)에 대해 정보제출명령을 할 수 있도록 규정하고 있다. 독일도 우리나라나 일본과 같이 압수·수색의 대상을 유체물로 보고 있다. 그러므로 디지털 증거의 수집도 그런 개념을 근간으로 해서 가능하게 된다. 그러나 디지털 증거의 경우 물리적으로는 다른 곳에 있지만, 압수·수색되는 장소에서 압수·수색이 필요한 경우가 늘 나타나게 된다. 그래서 독일 형사소송법 제110조 제3항에서는 피수색자에 대한 정보저장매체를 수색하는 경우 공간적으로는 분리되어 있는 저장매체까지 수색할 수 있도록 하고 있다. 다만, 그 경우에도 자료의 멸실 우려가 있어야 하고, 형사소송절차에서 의미를 가지는 자료로 한정된다는 제한을 두고 있다. 또한 이는 비공개적으로 피수색자의 동의가 없거나 고지를 하지 않은 상태에서는 할 수 없다. 그리고 적어도 해당 규정은 독일 내에서만 적용되며, 다른 나라의 서버에 있는 정보까지 미치지는 않는 것으로 보고 있다.

2. 디지털 증거에 대한 법령 및 규칙

(1) 형소법 제106조, 107조

제106조(압수)

① 법원은 필요한 때에는 피고사건과 관계가 있다고 인정할 수 있는 것에 한정하여 증거물 또는 몰수할 것으로 사료하는 물건을 압수할 수 있다. 단, 법률에 다른 규정이 있는 때에는 예외로 한다. 〈개정 2011. 7. 18.〉

② 법원은 압수할 물건을 지정하여 소유자, 소지자 또는 보관자에게 제출을 명할 수 있다.

③ 법원은 압수의 목적물이 컴퓨터용디스크, 그 밖에 이와 비슷한 정보저장매체(이하 이 항에서 "정보저장매체등"이라 한다)인 경우에는 기억된 정보의 범위를 정하여 출력하거나 복제하여 제출받아야 한다. 다만, 범위를 정하여 출력 또는 복제하는 방법이 불가능하거나 압수의 목적을 달성하기에 현저히 곤란하다고 인정되는 때에는 정보저장매체등을 압수할 수 있다. 〈신설 2011. 7. 18.〉

④ 법원은 제3항에 따라 정보를 제공받은 경우 「개인정보 보호법」 제2조제3호에 따른 정보주체에게 해당 사실을 지체 없이 알려야 한다. 〈신설 2011. 7. 18.〉

제107조(우체물의 압수)

① 법원은 필요한 때에는 피고사건과 관계가 있다고 인정할 수 있는 것에 한정하여 우체물 또는 「통신비밀보호법」 제2조제3호에 따른 전기통신(이하 "전기통신"이라 한다)에 관한 것으로서 체신관서, 그 밖의 관련 기

관 등이 소지 또는 보관하는 물건의 제출을 명하거나 압수를 할 수 있다. 〈개정 2011. 7. 18.〉

② 삭제 〈2011. 7. 18.〉

③ 제1항에 따른 처분을 할 때에는 발신인이나 수신인에게 그 취지를 통지하여야 한다. 단, 심리에 방해될 염려가 있는 경우에는 예외로 한다. 〈개정 2011. 7. 18.〉

2011년 형사소송법 개정으로 무체물인 디지털증거가 압수, 수색의 대상이 될 수 있는가에 대해서, 형사소송법 제106조 제3항 2과 개정된 제107조의 해석상 디지털정보도 압수의 대상이 되었다고 본다. 동법 제106조 제1항은 압수의 대상에 정보를 포함하지 않는 기존의 입장을 유지하고 있어 무체물인 정보는 압수의 직접 대상이 될 수 없다는 견해도 있으나, 다수의 견해는 정보도 이제 압수의 대상이 되었다고 판단하고 있다. 형사소송법의 개정과 관계없이 디지털증거의 특성상 제기되는 많은 문제점들이 여전히 남아 있다. 피고사건 관련성, 영장주의, 압수, 수색 대상의 특정, 적법절차의 원칙 등을 적용함에 있어 유체물과 다른 매체독립성, 무체정보성, 대량성, 네트워크 관련성 등 디지털증거만의 특성을 구분할 필요가 있는 것이다. 그리고 디지털증거가 법정에서 증거능력을 인정받기 위해서는 수집, 분석과정에 원본의 훼손이 없어야 하고, 신뢰성과 진성성이 보장되어야 한다.

(2) 디지털 증거 수집 및 처리에 대한 규칙[1)]

제1장 총칙

제1조(목적) 이 규칙은 디지털 증거의 수집, 운반, 분석 및 보관 등 전 과정에서 디지털 증거분석관 및 수사관이 준수하여야 할 기본원칙 및 업무처리절차를 규정함으로써 인권을 보호하고 실체적 진실의 발견에 기여함을 목적으로 한다.

제2조(정의) 이 규칙에서 사용하는 용어의 뜻은 다음과 같다.

1. "디지털 데이터"란 전자적 방법으로 저장되어 있거나 네트워크 및 유·무선 통신 등을 통해 전송 중인 정보를 말한다.

---

1) [시행 2017. 9. 1.] [경찰청훈령 제845호, 2017. 8. 28., 일부개정]

2. “디지털 저장매체”란 컴퓨터용 디스크, 그 밖에 이와 비슷한 정보저장매체를 말한다.
3. “디지털 증거”란 「형사소송법」 제106조 및 제215조부터 제218조까지의 규정에 따라 압수한 디지털 데이터를 말한다.
4. “디지털 증거분석 의뢰물(이하 ”분석의뢰물“이라 한다)”이란 범죄사실을 규명하기 위해 디지털 증거분석관에게 분석의뢰된 디지털 데이터, 복제본 또는 디지털 저장매체를 말한다.
5. “복제본”이란 디지털 저장매체 내에 들어 있는 디지털 데이터 전부를 하드카피 또는 이미징 등의 기술적 방법으로 다른 디지털 저장매체에 저장한 것을 말한다.
6. “디지털 증거분석관(이하 ”증거분석관“이라 한다)”이란 제5조의 규정에 따라 선발된 자로서 분석의뢰물에 대한 증거분석 업무 및 디지털 데이터 또는 디지털 저장매체 자체에 대한 압수·수색·검증 지원 업무를 수행하는 자를 말한다.

제3조(인권보호 원칙) 디지털 증거의 수집, 운반, 분석 및 보관 업무를 수행하는 자는 개인의 인권을 존중하고 사건 관계인의 명예를 훼손하지 않도록 주의하여야 하며, 직무상 알게 된 비밀을 지켜야 한다.

제4조(증거수집 및 처리의 원칙) ① 출력·복제된 디지털 증거는 원본과 동일성이 유지되어야 한다. ② 디지털 증거는 수집 시부터 송치 시까지 변경 또는 훼손되지 않도록 주의하여야 한다.

제5조(증거분석관의 자격 및 선발) 증거분석관은 다음 각 호의 어느 하나에 해당하는 자 중에서 선발한다.
1. 경찰 교육기관의 디지털 포렌식 관련 전문교육을 수료한 자
2. 국가 또는 공공기관의 디지털 포렌식 관련 분야에서 3년 이상 근무한 자
3. 디지털 포렌식, 컴퓨터공학, 전자공학, 정보보호공학 등 관련 분야 대학원 과정을 이수하여 석사 이상의 학위를 소지한 자
4. 디지털 포렌식, 컴퓨터공학, 전자공학, 정보보호공학 등 관련 분야 학사학위를 소지하고, 해당 분야 전문교육 과정을 수료하거나 자격증을 소지한 자

제6조(디지털 증거분석의 처리체계)

① 경찰청 사이버안전국 디지털포렌식센터는 다음 각 호의 경우 디지털 증거분석업무를 수행한다.

1. 경찰청 각 부서에서 증거분석을 요청한 경우
2. 고도의 기술이나 특정 분석장비 등이 필요하여 지방경찰청에서 증거분석이 곤란한 경우
3. 법원, 수사기관, 중앙행정기관, 국외 기관 등에서 증거분석을 요청하고 그 정당성과 필요성이 인정되는 경우
4. 그 밖에 상당한 이유로 경찰청에서 증거분석을 하여야 할 필요성이 인정되는 경우

② 지방경찰청 사이버안전과(사이버안전과가 설치되지 않은 지방경찰청은 수사과)는 다음 각 호의 경우 디지털 증거분석업무를 수행한다.

1. 지방경찰청 각 부서 및 경찰서에서 증거분석을 요청한 경우
2. 관할 내 법원, 수사기관, 행정기관 등에서 증거분석을 요청하고 그 정당성과 필요성이 인정되는 경우
3. 그 밖에 상당한 이유로 지방경찰청에서 증거분석을 하여야 할 필요성이 인정되는 경우

제7조(다른 법령과의 관계) 경찰의 디지털 증거의 수집, 운반, 분석 및 보관 등의 업무에 대하여 다른 법령 및 규칙에 특별한 규정이 있는 경우를 제외하고는 이 규칙에 따른다.

제2장 디지털 증거의 수집

제8조(과잉금지의 원칙) 디지털 데이터의 수집은 수사목적을 달성하는데 필요한 최소한의 범위에서 이루어져야 한다.

제9조(지원요청 및 처리)

① 수사과정에서 디지털 데이터의 압수·수색·검증이 필요한 경우 경찰청 각 부서는 경찰청 디지털포렌식센터장에게, 지방경찰청 각 부서 및 경찰서의 수사부서는 지방경찰청 사이버안전과장(사이버안전과가 설치되지 않은 지방경

찰청은 수사과장)에게 압수·수색·검증에 관한 지원을 요청할 수 있다.

② 경찰청 디지털포렌식센터장 또는 지방경찰청 사이버안전과장(사이버안전과가 설치되지 않은 지방경찰청은 수사과장)은 압수·수색·검증에 관한 지원을 요청받은 경우에는 지원의 타당성과 필요성을 검토한 후, 지원여부를 결정하여 통보하여야 한다.

③ 압수·수색·검증과정을 지원하는 증거분석관은 성실한 자세로 기술적 지원을 하고, 수사관은 압수·수색·검증영장 및 제10조 각 호의 내용을 증거분석관에게 사전에 충실히 제공하는 등 수사의 목적이 달성될 수 있도록 상호 협력하여야 한다.

제10조(영장 집행의 준비) 디지털 데이터를 압수·수색·검증하고자 할 때에는 사전에 다음 각 호의 사항을 고려하여야 한다.

1. 사건의 개요, 압수·수색·검증 장소 및 대상
2. 압수·수색·검증할 컴퓨터 시스템의 네트워크 구성 형태, 시스템 운영체제, 서버 및 대용량 저장장치, 전용 소프트웨어
3. 압수대상자가 사용 중인 디지털 저장매체
4. 압수·수색·검증에 소요되는 인원 및 시간
5. 디지털 증거분석 전용 노트북, 쓰기방지 장치 및 하드디스크 복제장치, 복제용 하드디스크, 하드디스크 운반용 박스, 정전기 방지장치 등 압수·수색·검증에 필요한 장비

제11조(디지털 데이터의 압수·수색·검증)

① 수사관은 압수·수색·검증 현장에서 디지털 데이터를 압수하는 경우에는 범죄사실과 관계가 있다고 인정할 수 있는 범위를 정하여 출력하거나 복제하는 방법으로 압수하여야 한다.

② 수사관은 압수·수색·검증현장에서 제1항의 방법이 불가능하거나 현저히 곤란한 경우에는 복제본을 획득하여 외부로 반출한 후, 제1항의 방법으로 디지털 데이터를 압수할 수 있다.

③ 수사관은 압수·수색·검증현장에서 제1항 및 제2항의 방법이 불가능하거나 현저히 곤란한 경우에는 디지털 저장매체 원본을 외부로 반출한 후, 제1항

또는 제2항의 방법으로 디지털 데이터를 압수할 수 있다.

④ 수사관은 제1항부터 제3항까지의 규정에 따라 디지털 데이터를 압수하는 경우에는 피의자나 변호인, 소유자, 소지자 또는 「형사소송법」 제123조에 정한 참여인(이하 "피압수자등"이라고 한다)의 참여권을 보장하여야 한다.

⑤ 수사관과 증거분석관은 제1항부터 제3항까지의 규정에 따라 디지털 데이터를 압수하는 경우에는 데이터 고유 식별값(이하 "해시값"이라고 한다) 확인 등 디지털 증거의 동일성, 무결성을 담보할 수 있는 적절한 방법과 조치를 취하여야 한다.

제11조의2(디지털 저장매체 자체의 압수·수색·검증)

① 수사관은 다음 각 호의 사유가 존재하고 디지털 저장매체 자체를 압수·수색·검증할 수 있도록 영장에 기재되어 있는 경우에는 디지털 저장매체를 압수할 수 있다.

1. 도박·음란·기타 불법사이트 운영 사건 등 디지털 저장매체에 저장된 원본 디지털 데이터가 다시 범죄에 이용될 우려가 있는 경우
2. 디지털 저장매체에 음란물 또는 사생활 보호의 대상이 되는 내용 등이 담겨져 있어 유포 시 개인의 인격에 상당한 피해가 우려되는 경우
3. 불법 또는 정당하지 않은 방법으로 취득한 디지털 데이터가 디지털 저장매체에 저장되어 있는 경우
4. 디지털 저장매체 또는 디지털 저장매체가 포함된 존재 자체가 범죄의 증명에 필요한 경우
5. 그 밖에 제11조의 방법에 따른 압수가 불가능하거나 압수의 목적을 달성하기에 현저히 곤란한 경우

② 제1항의 경우 디지털 저장매체의 압수에 관하여는 범죄수사규칙(경찰청 훈령 제774호)을, 디지털 저장매체에 저장된 디지털 데이터에 관하여는 제11조제5항을 각 준용한다.

제12조(확인서 등)

① 수사관은 제11조제1항에 따라 디지털 데이터를 압수하는 경우에는 해시값을 확인한 후 별지 제1호서식의 전자정보 확인서를 작성하여야 한다.

② 수사관은 제11조제2항에 따라 획득한 복제본을 반출하는 경우에는 해시값 확인 및 참여권 고지 후 별지 제3호서식의 복제본 반출(획득) 확인서를 작성하여야 한다. 이 경우 복제본 반출 이후 디지털 데이터를 압수할 때에는 제1항을 따른다.

③ 수사관은 제11조제3항에 따라 디지털 저장매체 원본을 반출하는 경우에는 원본 봉인 및 참여권 고지 후 별지 제4호서식의 원본 반출 확인서 또는 별지 제5호서식의 원본 반출 확인서(모바일기기)를 작성하여야 한다. 이 경우 원본 반출 이후 디지털 데이터를 압수하는 때에는 제1항을, 복제본을 획득할 때에는 제2항을 각 따른다.

④ 제3항 후단 중 원본 반출 이후 복제본을 획득하는 경우 피압수자등이 복제본 획득과정에 참여하지 않거나 참여를 철회할 때에는 별지 제3호서식의 복제본 반출(획득) 확인서 작성을 생략할 수 있다.

⑤ 수사관 또는 증거분석관은 제11조제2항 또는 제11조제3항에 따른 압수·수색·검증 과정에서 피압수자등이 참여를 철회하는 경우에는 별지 제6호서식의 참여철회 확인서를 작성하도록 하여야 한다.

⑥ 수사관은 제11조제3항에 따라 반출한 디지털 저장매체 원본을 반환하는 경우에는 별지 제7호서식의 반출 원본 저장매체 인수증을 작성하도록 하여야 한다.

⑦ 수사관은 제11조에 따라 디지털 데이터를 압수한 경우에 압수증명서 및 상세목록의 교부를 제12조제1항에 따라 작성한 별지 제1호서식의 전자정보 확인서 교부로 갈음할 수 있다.

⑧ 그 외 압수·수색·검증과 관련된 서류의 작성은 범죄수사규칙(경찰청훈령 제774호)의 규정을 준용한다.

제13조(임의제출)

① 피압수자가 임의로 제출한 디지털 데이터의 압수에 관하여는 제11조를 준용한다. 이 경우 수사관은 제11조제2항 또는 제11조제3항의 사유가 없더라도 피압수자의 동의가 있으면 각 해당 규정에서 정하는 방법으로 압수할 수 있다.

② 제1항의 경우 해시값 확인, 참여권 고지, 확인서 작성 등에 관하여는 제12조의 규정을 준용한다. 다만, 별지 제1호서식의 전자정보 확인서는 별지 제2호서식의 전자정보 확인서(간이)로 대체할 수 있다.

③ 피압수자가 임의로 제출한 디지털 저장매체 자체의 압수에 관하여는 제11조의2의 규정을 준용한다.

제3장 디지털 증거분석 의뢰 및 수행

제14조(증거분석 의뢰)

① 수사관은 디지털 증거분석을 의뢰하는 경우 분석의뢰물을 봉인하여야 한다. 이 경우 충격, 자기장, 습기 및 먼지 등에 의해 손상되지 않도록 안전하게 보관할 수 있는 용기에 담아 직접 운반하거나 등기우편 등 신뢰할 수 있는 방법으로 송부하여야 한다.

② 제1항의 경우 수사관은 제12조에 따라 작성한 서류 사본 등 분석의뢰물과 관련된 서류 및 정보를 증거분석관에게 제공하여야 한다.

제15조(증거분석 의뢰접수) 경찰청 디지털포렌식센터장 및 지방경찰청 사이버안전과장(사이버안전과가 설치되지 않은 지방청은 수사과장)은 의뢰사항, 분석의뢰물, 관련 서류 등을 확인한 후 증거분석 의뢰를 접수하여야 한다.

제16조(신뢰성 확보 조치)

① 의뢰 받은 분석의뢰물의 증거분석은 제5조에 의해 선발된 증거분석관이 하여야 한다.

② 디지털 증거의 수집 및 분석 시에는 정확성과 신뢰성이 있는 과학적 기법, 장비 및 프로그램을 사용하여야 한다.

제17조(분석의뢰물의 분석)

① 증거분석관은 분석의뢰물이 변경되지 않도록 쓰기방지 장치 등을 사용하여 분석의뢰물과 동일한 복제본을 획득한 후 분석의뢰물과 복제본의 해시값을 기록하여야 한다.

② 증거분석관은 제1항의 방법으로 획득한 복제본을 이용하여 증거분석을 수행하여야 한다. 다만, 수사상 긴박한 사정이 있거나 복제본을 획득할 수 없

는 불가피한 사정이 있는 경우에는 의뢰받은 분석의뢰물을 직접 분석할 수 있다.

제18조(증거분석실 등의 출입제한) 디지털 증거분석실 또는 증거물 보관실은 증거분석관 등 관계자 외 출입을 제한한다.

제19조(결과보고서 작성) 증거분석관은 분석을 종료한 때에는 지체없이 디지털 증거분석 결과보고서를 작성하여야 한다.

제20조(필요적 기재사항) 증거분석관은 다음 각 호의 사항을 결과보고서에 기재하여야 한다.

1. 사건번호 등 분석의뢰정보 및 분석의뢰자정보
2. 증거분석관의 소속 부서 및 성명
3. 분석의뢰물의 정보 및 의뢰 요청사항
4. 분석의뢰물의 접수일시 및 접수자 등 이력정보
5. 분석에 사용된 장비·도구 및 준비과정
6. 증거분석으로 획득한 자료 등 분석과정 및 결과

제21조(임의적 기재사항) 증거분석관은 필요한 경우 다음 각 호의 사항을 결과보고서에 기재할 수 있다.

1. 상세분석 결과
2. 분석과정을 기록한 사진 및 영상자료의 첨부
3. 그 밖에 분석과정에서 행한 조치 등 특이사항

제22조(분석결과 통보) 증거분석관은 분석결과를 분석의뢰자에게 신속하게 통보하고, 증거분석이 완료된 분석의뢰물 등을 제14조제1항 후단에 따라 반환하여야 한다.

제22조의2(추가분석의뢰) 수사관은 제22조의 분석결과와 관련하여 필요한 때에는 추가분석을 요청할 수 있다. 이 경우 추가분석의 의뢰 및 수행에 관하여는 제14조부터 제22조까지의 규정을 준용한다.

제23조(보관 및 삭제·폐기)

① 분석의뢰물, 제17조제1항의 복제본, 증거분석을 통해 획득한 디지털 데이터(디지털 증거를 포함한다)는 항온·항습·무정전·정전기차단시스템이 설치된 장소에 보관함을 원칙으로 한다. 이 경우 열람제한을 설정하는 등 보안유지에 필요한 조치를 병행하여야 한다.

② 증거분석관과 수사관은 디지털 증거에 대한 압수절차를 완료한 경우 지체없이 보관하고 있는 디지털 데이터 중 제12조제1항 또는 제13조제2항의 전자정보 확인서에서 제외된 디지털 데이터를 삭제·폐기하여야 한다.

제24조(재검토기한) 「훈령·예규 등의 발령 및 관리에 관한 규정」(대통령훈령 제334호)에 따라 이 규칙 발령 후의 법령이나 현실여건의 변화 등을 검토하여 이 규칙의 폐지, 개정 등의 조치를 해야 하는 기한은 2020년 8월 31일까지로 한다.

제2장 컴퓨터통신관련 범죄 수사 기법

제1절 컴퓨터 통신관련 수사

1. 컴퓨터 통신수사

컴퓨터통신서비스업체와의 유기적인 협조체계, 해킹 등 컴퓨터 시스템 불법침해행위는 전문적 지식이 없이는 관련 증거확보 및 추적이 곤란하므로 첩보 입수시 해당 컴퓨터 시스템 운영자 및 외부전문가 등의 도움을 얻어 증거자료로 확보하고 경로를 따라 추적, 컴퓨터 통신이용 판매사기는 통신서비스의 '팝니다' 등을 이용하는 경우가 많으므로 수시로 광고란을 검색할 필요가 있다. 음란 CD 및 불법복제물은 심야 시간대를 이용하여 집중적으로 광고 문구를 게시한 후 바로 삭제하므로 시기를 놓치지 않아야 하며, 음란물, 북제물 판매자는 타인의 아이디를 도용하거나 타인의 신상정보를 이용하여 아이디를 등록하고 호출 또는 전자메일로만 연락을 교환하는 경우가 대부분이므로 유의해야 한다. 통신협박의 경우에는 사용 아이디 추적 및 메일 등을 면밀히 검토하고 피해자 등을 통하여 범인이 남긴 연락처 등을 조회해야 한다.

2. PC통신을 통한 불법복제물 판매 행위에 대한 수사

PC통신 광고란에 용의점이 있는 광고가 게재된 것을 발견하면 파일화시켜 1차 증거를 확보, 광고주의 연락처를 전화국, 이동통신 등 관계기관에 조회하여 그 주거지 및 인적사항을 파악, 협의점이 별견되어 압수, 수색을 할 경우에는 현장에 있는 관련자들을 신속히 분리시켜 CD복제기 등 증거물 은폐에 대비, 압수, 수색시 불법복제물의 확보도 중요하지만 범죄의 규모, 대상 그리고 복제물의 유통경로가 담겨져 있는 판매장부의 확보가 무엇보다도 중요하다. 이때 불법복제범은 대개 컴퓨터 숙련자들이므로 판매장부를 컴퓨터 안에 파일화시켜 숨겨두고 있는 경우가 많고, 관련자들은 일체 컴퓨터를 만지지 못하도록 통제하는 것이 중요하다.

제2절 탐문 등 관련 수사

1. 환경조사 분석 수사기법

장기실종사건은 48시간을 기준으로 하고 있으나, 2015년 7월 25일 기준으로 경찰에 장기미제로 남아있는 실종아동 등은 1,098명이다. 시간이 많이 경과함에 따라 장기 실종사건은 실종과 관련된 증거물, 목격자, 과학분석 자료 등 단서확보에 어려움이 많다. 이 경우에는 실종자를 대상으로 한 환경조사 분석 기법을 통해 추적해야 한다.

환경조사 분석기법은 실종사건이 처음 발생했을 당시 실종일시 및 장소, 목격자, 참고인, 실종된 실종자의 얼굴, 보호시설 입소자료, 실종자 이름, 가족관계, 말투, 기억하는 집구조, 신체적인 특징, 실종당시 착의상태, 추정하는 고향, 친인척, 다니던 학교, 유치원, 친구의 이름, 기억하는 주변시설 등 실종자가 알고 있는 또는 진술하는 내용을 객관적으로 파악하고 목록화여 지속적으로 하나하나 추적하고 분석하는 과학적인 추적수사 기법이다. 이러한 단서를 목록화 하는데에는 개인의 생각이 아닌 실종자와 실종가족들을 중심으로 목록화 하여야 한다. 이렇게 작성된 목록은 향후 실종자를 발견하는데 중요한 역할을 한다.

(1) 목록자료 분석방법

작성된 목록을 살펴보면

1) 실종일시 및 장소

실종자는 언제 어디에서 실종되었는지를 일시 및 장소를 명확하게 확인해야 한다. 왜냐하면 현장은 중요한 단서가 있기 때문이다. 그 실종 현장이 확인되면 CCTV, 증거물, 새로운 목격자, 범죄여부를 확인 할 수 있다. 여기서 발견된 새로운 내용은 목록에 추가되어 계속 재확인되어야 한다. 쉽게 설명하면 추적단서 목록은 새로운 사실이 나올 때 마다 추가되어야 하고 사실이 확인 될 때 까지 추적수사가 이루어진다.

2) 목격자

사건의 목격자는 중요하다. 그 목격자가 사건관련 용의자가 될 수 있으며, 진실을 알고 있을 가능성이 있어서 철저하게 그 목격자의 직업, 성격, 거주지, 현장에 있었던 이유, 실종자와의 관계 등이 확인되어야 한다. 새로운 사항이 발견된다면 새로운 사항은 목록에 추가하여 확인 추적수사가 이루어져야 한다.

3) 참고인

실종자와 실종사건과 관계된 인물은 모두 참고인에 해당한다. 관련 인물 하나하나 확인하고 이들의 진술을 청취하여 실종사건과 연관관계를 파악하여야 한다.

4) 실종된 실종자의 얼굴

어린시절 실종된 경우에 실종자의 얼굴은 중요한 단서가 된다. 세월이 흘러도 눈, 코, 입 등 기본 얼굴구조의 형태는 크게 변하지 않기 때문에 사진을 철저하게 구현하여 유사매칭 등을 통해 실종자를 발견하도록 힘써야 한다.

5) 보호시설 입소자료

실종자의 나이, 친인척관계, 미아 및 기아 가능성을 확인하여 주변 보호시설자료를 철저하게 확인하여야 한다.

6) 실종자 이름

실종자의 이름은 중요한 단서이다. 홍길동이라는 이름을 실종자가 알고 있는 경우, 또는 친인척을 통해 보내진 경우에 같은 이름을 계속 사용하는 경우가 많이 있으며, 향후 발견했을 때 유사한 이름을 사용하는 경우가 많다.

7) 가족관계, 말투, 집구조 등

실종자가 기억하는 가족관계를 통해 유사자의 호적등본을 확인하여 가족을 추정할 수도 있다. 따라서 어린시절 기억하는 가족관계, 말투, 집구조 등을 통해 호적자료 및 본적지를 추정할 수도 있다.

8) 실종당시 착의상태

실종당시 및 발견당시에 착의 상태를 통해 미아인지, 기아인지, 유기아동인지 평가가 가능하기 때문에 착의상태를 명확하게 파악하여 향후 추적수사에 이용하여야 한다.

9) 추정하는 고향, 친인척, 다니던 학교, 유치원, 친구의 이름, 기억하는 주변시설 등 기타 자료

목록화 하는 자료는 모두 철저하게 시간을 가지고 확인될 때까지 철저하게 추적이 이루어져야 한다. 목록화는 실종자를 발견 할 때까지 지속되어야 한다. 목록화를 통해 발견된 내용을 향후 모두 종합하여 실종사건 결론이 가능하다.

2. 발견사례

환경조사 분석기법을 통해 가족을 찾은 사례를 보면, 2015년 7월 24일 14시경에 경찰청 실종아동찾기센터에서 가족상봉을 한 임00(42세, 남)의 사례이다.

임씨는 1982년 9월경에 어머니와 잠시 서울에 왔다가 길을 잃고 고아원에서 자랐으며, 성인이 되어서 2010년 9월 21일에 서울경찰청 중부경찰서에 가족찾기 신청을 했다. 그 이후 경찰청 장기실종추적팀에서 환경조사 분석기법을 이용해서 실종아동의 가족을 추적하였다.

추적 목록에 있었던

1) 보호시설에서 발견당시 사진, 2) 가족으로 2명의 형과 3명의 누나가 있었던 사실, 3) 가족 중에 석순이라는 형제가 있었다는 기억, 4) 어린 시절 비가 많이 와서 살던 동네 앞 다리가 물에 잠겼던 사실, 5) 집에서 소를 키웠던 기억, 6) 발견당시 입고 있던 옷을 근거로 추적을 하여 가족으로 추정되는 사람을 발견하였다.

명확한 확인을 위하여 유전자 검사를 실시한바,

99.9%가 일치한다는 통보를 받고 7남매간 극적인 상봉을 주선하였다. 이러한 체계적인 분석기법을 이용하여 장기실종아동을 추적을 하였다. 그러나 주의할 점은 맹목적으로 일부자료를 가지고 하는 환경분석기법이 아닌 종합적이고 과학적인 목록을 통해 분석이 가능하도록 사전조사 및 추적수사를 보다 철저히 할 필요가 있다는 것이다.

제3장 디지털 증거의 압수·수색

디지털 증거 압수·수색 핵심

○ 핵심요소

최근 중요 사건 해결에 디지털 증거가 핵심 요소가 되고 있으나, 절차상의 위법을 이유로 법원이 증거능력을 부인하는 사례 발생

- (수범 사례) '16. 3월 생후 2개월 된 영아 폭행치사 사건 관련 스마트폰 문자 및 인터넷 검색 결과를 분석, 정황 및 행적을 발견하여 범죄 입증에 기여
- (부인 사례) '15. 1월 청산가리를 이용한 내연남의 처 살해사건 관련, 피의자의 컴퓨터·휴대폰 압수 시 '참여권이 보장 되지 않았다' 는 이유로 증거능력 부정
  ⇨ 피의자 참여시키고 스마트폰 등 재압수한 부분에 한하여 증거 인정

○ 핵심 사항

- 【압수방법】 범죄 관련성 인정되는 부분에 한하여 출력·복제
  ①현장에서 선별 압수 → ②현장에서 복제 → ③원본 반출 순
- 【동일성 유지】 △복제하여 압수할 때에는 해시값* 확인·서명 △원본을 반출하여 압수할 때에는 봉인하고 확인·서명
  * 통합포털 게시판에서 '폴-해시' (스마트폰 및 PC 버전)를 내려 받아 사용
- 【참여권 보장】 압수현장, 원본 반출, 봉인 및 해제, 복제 및 범죄 관련성 선별 등 각 과정에 대해 참여권 보장

채증자료 증거능력 제고를 위한 「유관기능 협업」 강화

- 제주지법, '제주 민군복합항 건설공사 방해' 판결(1심)에서 동영상 원본이 없고, 원본 해시값도 없다며 '증거능력' 부정
  ※ 〈해시값〉 암호학적 해시 함수의 출력값 ⇨ '디지털 데이터의 지문' 역할
- 同 판결을 토대로 채증자료 증거 '부동의', '원본 해시값 추출' 등 채증자료의 증거능력 제고

○ '디지털증거의 증거능력' 인정범위

- (압수자료) 피압수자의 참여·확인 등 적법절차를 준수하고, '원본 해시값'이 있으면 증거능력 인정
- (채증자료) 채증대상 동의·참여인 진술 없이 채증경찰관이 불법행위 장면을 촬영 ⇨ 채증경찰관 등의 증언으로 갈음

⇨ 그간 채증자료는 '엄격한 증명'을 요구하지 않았으나, 원본 동일성이 강조되고 있는 추세인 만큼 '원본 해시값 추출' 등 대안 모색

○ 정보전산시스템 성능개선으로 '해시값 추출기능' 구축
⇨ '폴해시'(사이버) 활용

- 〈폴해시〉 폴더(메모리칩) 전체 파일의 리스트 형식으로 추출 / 파일별 리스트·채증자(코드) 등까지 현출, 증거능력 제고

대법원 결정(2011모1839) 및 법원영장 별지 변경 관련

전자정보 압수·수색

전자정보 압수·수색 관련 대법원 결정 및 법원 영장 별지 변경 관련 동일성·무결성 등 증거능력 유지

Ⅰ. 배경

○ (대법원 결정) '범죄관련성', '참여권 보장', '압수목록 교부' 등 절차준수 원칙, 별건 사건 관련 적법압수절차 요건 제시

○ (법원영장 변경) 전자정보 관련 용어변경, 참여권 보장 범위 구체화 및 상세목록 교부

Ⅱ. 대법원 결정('15.7.16. 2011모1839)

○ 전자정보 압수 원칙 및 참여권 보장

- 전자정보 압수 시 혐의사실과의 관련성 구분 없이 임의로 출력·복제하는 것은 위법한 압수이므로, 혐의사실과 관련된 정보만 출력·복제
- 저장매체 또는 복제본을 수사관 사무실 등으로 옮겨 복제·탐색·출력하는 경우에도 참여권 보장

※ 또는 피압수자 측이 참여하지 아니한다는 의사를 명시적으로 표시 필요

〈 사실관계 판단 〉

▸ 디지털증거 압수 과정
- 제1처분: 전자정보파일 전부를 '이미징'으로 복제
- 제2처분: 복제본을 강력부 검사의 외장하드에 재복제
- 제3처분: 제1영장(배임관련)과 무관한 정보 출력

▸ 법원의 판단
- 제1처분 합법: 참여권 보장 및 원본의 조기 반환을 위한 조치
- 제2 · 3처분 위법: 참여권을 미보장 및 제1영장과 무관한 정보를 재복제 · 출력

☞ 법원은 압수 · 수색 과정 전체를 하나의 절차로 파악하여 비록 제1처분이 위법하지 않다고 하더라도 제2 · 3처분이 위법한 경우 전체 압수 · 수색 취소

○ 별건 사건관련 전자정보 압수절차

- 압수 · 수색 종료 전 별도 전자정보를 우연히 발견한 경우, 추가 탐색을 중지하고 별도 범죄에 대한 영장 발부 필요
- 추가 압수 시, 최초 압수 · 수색의 피압수자의 참여권을 보장하고 압수한 전자정보 목록 교부 필요

〈 사실관계 판단 〉

▸ 디지털증거 압수 과정
- 제2처분으로 획득한 정보탐색 중 별건 정보(약사법 등 위반) 발견 및 출력
- 위 자료로 제2영장(약사법 등 위반 관련) 발부받아 추가 압수

▸ 법원의 판단
- 위법한 제2처분으로 획득한 정보에 기한 압수물로 위법
- 또한, 제2영장 집행 당시, 참여권 미보장 및 압수목록 미교부로 위법

Ⅲ. 영장 변경사항

○ 변경 전 후 비교(서울중앙지법)

내용		변경 前	변경 後*
일반론		압수대상 및 방법을 제한하는 내용의 별지를 영장 뒷면에 첨부	압수대상 및 방법을 제한하는 주요 내용을 영장 본문에 명시하고, 별지로 첨부하는 내용을 개선함
압수 목적물 (영장 본문)		"컴퓨터, 노트북, 외장 하드디스크, USB 등 저장매체"	추가로 아래 문구 명시 "저장매체에 저장된 범죄사실 관련 전자정보로 압수대상을 제한함"
전자정보 압수목록 교부 + 혐의 무관 정보 폐기	영장본문	언급 없음	"전자정보의 탐색·복제·출력 완료 후 지체 없이 압수대상 전자정보의 상세목록을 교부하고, 목록에서 제외된 전자정보를 폐기할 것"
	별지내용	- 압수한 전자정보 목록 교부 - 혐의사실과 관련 없는 전자정보 삭제 · 폐기	"압수 대상 전자정보의 상세목록 교부" "목록에서 제외된 전자정보를 삭제 · 폐기 또는 반환하고 그 취지를 통지하여야 함"
참여권 보장	영장본문	언급 없음	"압수수색의 전체 과정(저장매체 또는 그 복제본의 탐색·출력·복제 포함)에 걸쳐 피압수자의 참여권이 보장될 것"
	별지내용	- 압수 · 수색의 전체 과정을 통하여 피압수자 등의 참여권 보장	피압수자의 참여권 보장이 필요한 압수 · 수색 과정을 구체적으로 명시함 "압수 · 수색의 전체 과정(복제본의 획득, 저장매체 또는 복제본에 대한 탐색·복제·출력 과정 포함)에 걸쳐 피압수자 등의 참여권 보장"

*시행일시 : '15. 8. 1. ~

❑ 영장별지 주요 변경내용

○ 전자정보를 압수대상 또는 압수물로 명시

- 형사소송법은 제106조 3항은 '압수의 목적물이 컴퓨터용 디스크, 그 밖에 이와 비슷한 정보저장매체'라고 규정

- 변경 영장은 '압수물 중 저장매체 부분은 저장된 범죄사실 관련 전자정보로 압수대상을 제한함'이라고 명시

○ **전자정보 관련 용어 변경**

- 범위를 정한 출력·복사 → 범위를 정한 출력·복제
- 하드카피·이미징(복제) → 하드카피·이미징 등 형태(복제본)

○ **참여권 보장범위 구체화**

- 복제본의 획득, 저장매체 또는 복제본에 대한 탐색·복제·출력과정 포함

○ **압수대상 전자정보 상세목록 교부**

- '최종적으로 압수하는 출력물 또는 전자정보 사본의 교부로 갈음' 문구 삭제하고, 상세목록 교부하도록 변경

○ **압수목록에서 제외된 전자정보 삭제·폐기 및 그 취지 통지**

- '복제한 저장매체를 보전할 필요성이 소멸된 후' 문구 삭제
- 전자정보 상세목록에 삭제·폐기하였다는 취지를 명시함으로써 통지 갈음 가능

Ⅵ. 압수·수색 유의사항

❑ 일반적 유의사항

○ 혐의사실과 관계가 있는 것에 한정하여 압수(형소법 제106조 제1항)

○ 전자정보 압수방법 준수(형소법 제106조 제3항, 2009모1190)

- (원칙) 정보의 범위를 정하여 출력·복제
- (예외) 복제본 또는 원본 저장매체를 반출하여 관련파일 출력·복제

※ ① 범위를 정한 출력·복제 → ② 복제본 반출 → ③ 원본 반출의 단계 준수

【전자정보 압수 · 수색 절차】

압수방법	압수현장	사무실·분석실	핵심조치사항	양식
범위를 정한 현장압수	범위를 정한 탐색·출력·복제		해시값 확인 압수목록교부	붙임1
현장에서 전체복제하여 반출	전체복제 (하드카피·이미징)		해시값 확인 참여권 고지	붙임2
		범위를 정한 탐색·출력·복제	참여권 보장 해시값 확인 압수목록교부	붙임1, 1-1
현장에서 원본반출	원본반출	①	원본 봉인 참여권 고지	붙임3
	②	전체복제 (하드카피·이미징)	참여권 보장 해시값 확인 참여권 고지	붙임2
		범위를 정한 탐색·출력·복제	참여권 보장 해시값 확인 압수목록교부	붙임1, 1-1

※ ① 원본반출 → 전체복제 → 범위를 정한 탐색 · 출력 · 복제 과정 전체를 거치는 경우

② 원본반출 후 (전체복제를 생략하고) 범위를 정한 탐색 · 출력 · 복제하는 경우

※ 붙임 양식 대신 수사보고 등의 방법으로 핵심조치사항 기록 및 확인 가능

- (사유 명시) 예외 사유에 해당하는 경우, 그 사유를 명확히 하여 압수 · 수색 과정의 정당성을 확보

≪ 전자정보 압수時 예외사유 (예시) ≫

▲ 현장에서 전체 복제하여 반출

- ▸ 컴퓨터포맷, 파일암호화 등 증거의 삭제 또는 은닉의 흔적이 있는 경우
- ▸ 사건의 특성상 전자정보에 대한 종합적인 관련성 분석이 필요한 경우
- ▸ 피압수자 또는 참여인이 협조하지 않거나 협조를 기대할 수 없는 경우
- ▸ 범위를 정한 탐색·출력·복제에 의한 집행이 피압수자 또는 참여인의 영업활동이나 사생활의 평온을 침해하는 경우

▲ 현장에서 원본반출

- ▸ 전자정보가 저장된 정보저장매체 등을 현장에서 복제 또는 출력할 수 있는 장비가 미개발되어 있거나 저장매체의 특성상 적합한 장비의 구비가 어려운 경우
- ▸ 해당 전자정보를 복제하는 시간이 과도하게 소요되거나 전자정보를 담을 수 있는 저장매체가 없는 경우
- ▸ 피압수인, 참여인, 기타 관계인 등의 위력 등에 의해 정상적인 압수·수색이 곤란한 경우
- ▸ 압수수색 현장에 전력공급이 원활치 않는 등 현실적으로 압수·수색이 곤란한 경우
- ▸ 압수·수색 현장에서 복제의 집행이 피압수자 등의 영업활동이나 사생활의 평온을 현저히 침해할 우려가 있는 경우

– (원본압수) 직접 범죄에 사용되거나 몰수의 대상물인 경우 범죄반복의 방지와 범죄로 인한 이익취득을 금지하기 위해 원본 압수

※ 영장 신청 시 몰수 대상물 등 원본압수의 필요성 소명, 영장발부

≪ 정보저장매체 원본압수사유 (예시) ≫

- ▸ 도박·음란·기타 불법사이트 운영 사건 등 원본이 다시 범죄에 이용될 우려가 있는 경우
- ▸ 전자정보 저장매체에 아동·청소년 음란물 또는 사생활 보호의 대상이 되는 내용 등을 담고 있어 유포시 개인의 인격에 상당한 피해가 우려되는 경우
- ▸ 불법 또는 정당하지 않은 방법으로 취득한 타인의 영업비밀에 관한 내용이 포함되어 있는 경우
- ▸ 전자정보 저장매체 및 전자정보 저장매체가 포함된 존재 자체가 범죄의 증명에 필요한 경우

○ 해시값 확인*, 봉인, 압수·수색과정의 촬영 등 현장상황에 따라 적절한 전자정보 동일성 확보조치 이행 [붙임1·1-1·2·3]

* ① 원본과 복제본의 해시값 비교 또는 ② 복제 및 해시값 생성과정에 피압수자를 참여시켜 복제본의 해시값 확인 또는 ③ 피압수자에게 내용의 수정·변경이 없음을 확인하도록 한 후 복제본의 해시값 확인 등의 방법으로 동일성 확보

○ 원본 반출 → 하드카피·이미징(전체복제) → 범위를 정한 탐색·출력·복제의 과정을 거치는 경우에는 각각 단계별로 확인서 교부 필요

❑ 참여권 관련 유의사항

○ 원본 또는 복제본을 외부로 반출하여 해당 파일을 출력 또는 복제하는 과정 역시 압수·수색과정에 포함, 참여권 보장 필요

○ 하드디스크, USB 등 매체 원본 또는 복제본을 사무실로 반출하여 압수하는 경우, 참여권 고지 후 확인서를 2부 작성(1부 피압수자에게 교부)하여 논란 최소화 [붙임2·3]

※ 압수하는 매체 각각에 대한 참여권 고지 필요(부산고법 2012노667)

○ 참여의사를 밝힌 경우, 피압수자에게 ①봉인해제 및 복제, ②탐색·출력 등 각 절차에 대한 일시·장소를 통지하고 기록유지 [붙임4]

※ 증거분석을 의뢰한 경우에는 분석팀과 일시·장소 상의 후 통지

○ 불참의사를 밝힌 경우, 압수·수색과정에 대한 사진 또는 캠코더 촬영, 제3자 참여 등 동일성·무결성 유지를 위한 조치 이행

※ 각 조치사항에 대해서는 수사보고 또는 분석결과보고에 기록

❑ 압수목록 교부 등 압수종료 시 유의사항

○ 혐의사실과 관련된 전자정보의 탐색·출력이 완료된 후에는 지체없이, ① 상세목록 교부, ②제외정보 삭제·폐기 또는 반환 및 통지

※ '지체없이'란, 시간적 즉시성이 강하게 요구되지만 정당하거나 합리적인 이유에 따른 지체는 허용되는 것으로, 사정이 허락하는 한 가장 신속하게 해야 한다는 의미

- (전자정보 상세목록 교부) 저장매체별로 압수대상 전자정보의 상세목록 및 확인서를 2부 작성한 후, 1부 피압수자에게 교부 [붙임1, 1-1]

※ [붙임1, 1-1] 목록 대신 해시생성 프로그램(Pol-Hash 등)으로 생성되는 목록으로 대체 가능

- (제외정보 삭제 등) 상세목록 교부 시, 목록에서 제외된 전자정보는 삭제·폐기 또는 반환하고 그 취지통지(붙임1, 1-1. 확인서 교부로 갈음 가능)

○ 상세목록 교부 후, 압수조서 및 압수목록 작성 [붙임5 작성예시 참고]

❑ 별건 정보 압수 관련 유의사항

○ 혐의사실과 관련된 전자정보 탐색 중 별도의 범죄혐의와 관련된 전자정보(이하 '별건 정보')를 우연히 발견한 경우, 별건 정보에 대한 탐색을 중지하고 별도의 범죄혐의에 대한 압수·수색영장(제2영장) 신청

※ 甲의 공직선거법 위반 범행의 영장 집행 중 乙, 丙사이의 대화가 녹음된 녹음파일(공직선거법 위반)을 압수한 사안에서, 영장에 기재된 '피의자'인 甲의 혐의사실과 무관한 이상, '관계있는 것'에 해당하지 않음(2013노7101)

- 기존 영장(제1영장)의 범죄혐의와 관련된 전자정보 탐색은 진행하고, '제2영장' 집행 전 '제1영장'에 의한 압수·수색이 종료되는 경우에는 원본 또는 복제본 보관
- 보관한 원본 또는 복제본은 '제2영장' 집행완료 또는 영장기각 시 삭제·폐기 또는 반환하고 그 취지 통보

※ '제2영장'에 의한 압수·수색 전 목록을 교부하는 경우에는, [붙임 1, 1-1] 확인서에서 '제외 전자정보 삭제·폐기 문구' 삭제 후 교부하고, '제2영장' 집행완료 후 '제1영장'관련 삭제·폐기 부분 별도 통지

○ '제2영장'으로 최초 압수한 전자정보에 대한 압수·수색을 진행하는 경우에도, 피압수자의 참여권을 보장한 후 전자정보 탐색·복제·출력하고, 압수대상 전자정보 상세목록 교부

❑ 전자정보 압수·수색관련 수사관 및 분석관 업무분장 원칙

- ❍ 참여권 일시·장소의 통지, 참여권 고지 등 피압수자와 관계된 업무는 수사관이 수행
- ❍ 범위를 정하는 탐색 등의 과정은 원칙적으로 수사관의 업무이고, 분석관은 이에 대한 기술적 보조를 할 수 있음

  ※ 필요시 수사관과 분석관이 한 장소에서 함께 범위를 정한 탐색작업 수행
- ❍ 수사관은 분석의뢰 시, 가능한 영장사본을 원본 또는 복제본과 함께 제출하고, '혐의사실과의 관련성' 등 범위를 구체화하여 분석의뢰

붙임 1. 전자정보 확인서(범위를 정한 복제用) - 피압수자 등 참여

전자정보 확인서(범위를 정한 복제用 - 피압수자 등 참여)

※ 저장매체별 작성

<table>
<tr><td>수집종류</td><td colspan="2">[ ] 임의제출 [ ] 압수·수색·검증영장 [ ] 기타</td></tr>
<tr><td>일시·장소</td><td colspan="2">※반출 후, 사무실(분석실)에서 복제하는 경우 사무실 기재</td></tr>
<tr><td rowspan="5">세부정보</td><td>저 장 매 체 명</td><td></td></tr>
<tr><td>모 델 명</td><td></td></tr>
<tr><td>일 련 번 호</td><td></td></tr>
<tr><td>비 고</td><td>※ 실제시간과의 오차 등 기재</td></tr>
<tr><td colspan="2">위 저장매체에서 범위를 정하여 복제한 파일은 별지 상세목록과 같고, 별지 전자정보 상세목록에서 제외된 전자정보는 삭제·폐기함</td></tr>
<tr><td>피압수자
(제출자)</td><td colspan="2">성 명 : 생년월일 : 연락처 :</td></tr>
<tr><td>참여자</td><td colspan="2">피압수자와의 관계 :
성 명 : 생년월일 : 연락처 :</td></tr>
<tr><td colspan="3">본인은 위 저장매체의 (봉인이 이상 없음을 확인하고 / 복제본의 해시값의 변동이 없음을 확인하고) 탐색·복제·출력과정에 참여하여, 전자정보 상세목록에 기재된 전자정보의 해시값을 생성하기까지 저장장치 내의 내용이 수정·변경되지 않았음을 확인하였고, 상세목록을 교부받았음

201 . . .

피압수자 : (날인 또는 서명)
참 여 인 : (날인 또는 서명)</td></tr>
<tr><td colspan="3">위 피압수자 등을 압수·수색과정에 참여시키고 상세목록을 교부하였음.
(교부하였으나 정당한 이유없이 기명날인 또는 서명을 거부함).

201. . .

○○경찰서 경○ ○○○ (인)</td></tr>
</table>

전자정보 상세목록

1	파 일 명	
	해시값(해시종류)	
2	파 일 명	
	해시값(해시종류)	
3	파 일 명	
	해시값(해시종류)	
4	파 일 명	
	해시값(해시종류)	
5	파 일 명	
	해시값(해시종류)	
6	파 일 명	
	해시값(해시종류)	
7	파 일 명	
	해시값(해시종류)	
8	파 일 명	
	해시값(해시종류)	
9	파 일 명	
	해시값(해시종류)	
10	파 일 명	
	해시값(해시종류)	
11	파 일 명	
	해시값(해시종류)	
12	파 일 명	
	해시값(해시종류)	
13	파 일 명	
	해시값(해시종류)	

붙임 1-1. 전자정보 확인서(범위를 정한 복제用) – 피압수자 등 불참

전자정보 확인서(범위를 정한 복제用–피압수자 등 불참)

※ 저장매체별 작성

<table>
<tr><td>수집종류</td><td colspan="2">[ ] 임의제출 [ ] 압수·수색·검증영장 [ ] 기타</td></tr>
<tr><td>일시·장소</td><td colspan="2">※반출 후, 사무실(분석실)에서 복제하는 경우 사무실 기재</td></tr>
<tr><td rowspan="5">세부정보</td><td>저 장 매 체 명</td><td></td></tr>
<tr><td>모 델 명</td><td></td></tr>
<tr><td>일 련 번 호</td><td></td></tr>
<tr><td>비 고</td><td>※ 실제시간과의 오차 등 기재</td></tr>
<tr><td colspan="2">위 저장매체에서 범위를 정하여 복제한 파일은 별지 상세목록과 같고, 별지 전자정보 상세목록에서 제외된 전자정보는 삭제·폐기함</td></tr>
<tr><td>피압수자
(제출자)</td><td colspan="2">성 명 : 생년월일 : 연락처 :</td></tr>
<tr><td>불참사유</td><td colspan="2">[ ] 피압수자가 위 저장매체 또는 복제본의 탐색·복제·출력과정에 불참하겠다는 명시적인 의사표시를 하였음
[ ] 기타( )</td></tr>
<tr><td colspan="3">본인은 전자정보 상세목록에 기재된 전자정보가 위 저장매체 또는 복제본에 저장되었던 전자정보로 원본의 내용이 수정·변경되지 않았음을 확인하였고, 전자정보의 해시값을 확인하였음

201 . . .

위 확인인 : (날인 또는 서명)</td></tr>
<tr><td colspan="3">위 피압수자 등에게 전자정보 상세목록을 교부하였음(교부하였으나 정당한 이유없이 기명날인 또는 서명을 거부함).

201 . . .

○○경찰서 경○ ○○○ (인)</td></tr>
</table>

전자정보 상세목록

1	파　일　명	
	해시값(해시종류)	
2	파　일　명	
	해시값(해시종류)	
3	파　일　명	
	해시값(해시종류)	
4	파　일　명	
	해시값(해시종류)	
5	파　일　명	
	해시값(해시종류)	
6	파　일　명	
	해시값(해시종류)	
7	파　일　명	
	해시값(해시종류)	
8	파　일　명	
	해시값(해시종류)	
9	파　일　명	
	해시값(해시종류)	
10	파　일　명	
	해시값(해시종류)	
11	파　일　명	
	해시값(해시종류)	
12	파　일　명	
	해시값(해시종류)	
13	파　일　명	
	해시값(해시종류)	

붙임 2. 전자정보 확인서(전체복제-하드카피 · 이미징用)

전자정보 확인서(전체복제-하드카피 · 이미징用)

※ 피압수자별 작성

<table>
<tr><td>수집종류</td><td colspan="4">[ ] 임의제출 [ ] 압수 · 수색 · 검증영장 [ ] 기타</td></tr>
<tr><td>일시·장소</td><td colspan="4">※반출 후, 사무실(분석실)에서 복제하는 경우 사무실 기재</td></tr>
<tr><td rowspan="4">세부정보</td><td>저장매체명</td><td>별지기재와 같음</td><td>모 델 명</td><td>별지기재와 같음</td></tr>
<tr><td>일 련 번 호</td><td>별지기재와 같음</td><td>해 시 종 류</td><td>별지기재와 같음</td></tr>
<tr><td>해 시 값</td><td colspan="3">별지기재와 같음</td></tr>
<tr><td>비 고</td><td colspan="3">별지기재와 같음</td></tr>
<tr><td>피압수자
(제출자)</td><td colspan="4">성 명 : 생년월일 : 연락처 :</td></tr>
<tr><td>참여자</td><td colspan="4">피압수자와의 관계 :
성 명 : 생년월일 : 연락처 :</td></tr>
</table>

본인은 위 저장매체의 (봉인이 이상이 없음을 확인한 후 봉인해제,) 복제본의 획득 및 해시값 생성과정에 참여하여 위 해시값을 생성하기까지 저장장치 내의 어떠한 내용도 수정 · 변경되지 않았음을 확인하였고, 복제본의 탐색 · 복제 · 출력과정에 참여할 수 있음을 고지 받았습니다.

본인은 복제본의 탐색 · 복제 · 출력과정에

[ ] 참여하겠습니다.

[ ] 참여하지 않겠습니다.

201 . . .

피압수자 : (날인 또는 서명)

참 여 인 : (날인 또는 서명)

위 피압수자 등을 압수 · 수색과정에 참여시키고 참여권을 고지하였음(참여권을 고지하였으나 정당한 이유없이 기명날인 또는 서명을 거부함).

201 . . .

○○경찰서 경○ ○○○ (인)

전체복제(하드카피 · 이미징) 전자정보 목록

1	저장매체명		모델명	
	일 련 번 호		해시종류	
	해 시 값			
	비 고	※ 실제시간과의 오차 등 기재		
2	저장매체명		모델명	
	일 련 번 호		해시종류	
	해 시 값			
	비 고	※ 실제시간과의 오차 등 기재		
3	저장매체명		모델명	
	일 련 번 호		해시종류	
	해 시 값			
	비 고	※ 실제시간과의 오차 등 기재		
4	저장매체명		모델명	
	일 련 번 호		해시종류	
	해 시 값			
	비 고	※ 실제시간과의 오차 등 기재		
5	저장매체명		모델명	
	일 련 번 호		해시종류	
	해 시 값			
	비 고	※ 실제시간과의 오차 등 기재		
6	저장매체명		모델명	
	일 련 번 호		해시종류	
	해 시 값			
	비 고	※ 실제시간과의 오차 등 기재		

붙임 3. 전자정보 확인서(현장 반출用)

전자정보 확인서(현장 반출用)

※ 피압수자별 작성

<table>
<tr><td>수집종류</td><td colspan="4">[ ] 임의제출 [ ] 압수·수색·검증영장 [ ] 기타</td></tr>
<tr><td>일시·장소</td><td colspan="4"></td></tr>
<tr><td rowspan="3">세부정보</td><td>저 장 매 체 명</td><td>별지기재와 같음</td><td>모 델 명</td><td>별지기재와 같음</td></tr>
<tr><td>일 련 번 호</td><td colspan="3">별지기재와 같음</td></tr>
<tr><td>비 고</td><td colspan="3">별지기재와 같음</td></tr>
<tr><td>피압수자
(제출자)</td><td colspan="4">성 명 : 생년월일 : 연락처 :</td></tr>
<tr><td>참여자</td><td colspan="4">피압수자와의 관계 :
성 명 : 생년월일 : 연락처 :</td></tr>
</table>

본인은 위 저장매체의 봉인과정에 참여하여 봉인에 이상이 없음을 확인하였고, 저장매체의 봉인 해제, 복제본의 획득, 저장매체 또는 복제본에 대한 탐색·복제 · 출력과정에 참여할 수 있음을 고지 받았습니다.

본인은 저장매체의 봉인 해제, 복제본의 획득, 저장매체 또는 복제본에 대한 탐색 · 복제 · 출력과정에

[ ] 참여하겠습니다.

[ ] 참여하지 않겠습니다.

2015. . .

피압수자 : (날인 또는 서명)

참 여 인 : (날인 또는 서명)

위 피압수자 등을 압수 · 수색과정에 참여시키고 참여권을 고지하였음(참여권을 고지하였으나 정당한 이유없이 기명날인 또는 서명을 거부함).

2015. . .

○○경찰서 경○ ○○○ (인)

압수(반출) 저장매체 목록

1	저장매체명	
	모 델 명	
	일련번호	
	비 고	※ 실제시간과의 오차 등 기재
2	저장매체명	
	모 델 명	
	일련번호	
	비 고	
3	저장매체명	
	모 델 명	
	일련번호	
	비 고	
4	저장매체명	
	모 델 명	
	일련번호	
	비 고	
5	저장매체명	
	모 델 명	
	일련번호	
	비 고	
6	저장매체명	
	모 델 명	
	일련번호	
	비 고	

붙임 4. 전자정보 압수·수색 참여일시 통지관리표

전자정보 압수·수색 참여일시 통지관리표

□ 기본사항

<table>
<tr><td>사건번호</td><td></td><td>죄 명</td><td></td></tr>
<tr><td>피압수자</td><td></td><td>참 여 자</td><td></td></tr>
<tr><td>통지대상</td><td colspan="3">피압수자와의 관계 :
성 명 : 생년월일 :
주 소 :
연락처 : (휴대폰 - -)
이메일 :</td></tr>
<tr><td>원하는 통지방법</td><td colspan="3">구두, 우편, 전화, FAX, E-mail, 기타
(연락처 :)</td></tr>
</table>

※ 원하는 통지방법 중 하나를 선택 표시하고, 해당 연락처를 기재

□ 참여일시 통지현황

연번	통지일시	주요내용(참여 일시·장소 등)	방 법	비 고	확인

붙임 5. 압수조서 및 압수목록 작성 예시

압 수 조 서 (전자정보)

○○○에 대한 ○○ 피의사건에 관하여 20 . . . : ~ . . : , 서울 서대문구 세종대로 00 2층, 서울 종로구 ○○지방청 증거분석팀, 서울 동대문구 ○○경찰서 수사팀에서 사법경찰관 경○ ○○○은 사법경찰리 경○ ○○○을 참여하게 하고, 별지 목록의 전자정보를 다음과 같이 압수하다.

압 수 경 위

201 . . . : 서울 서대문구 세종대로 00 2층 피의자의 주거지에서 피의자 ○○○에게 압수수색영장(제2015-00000호)를 제시하고 참여하게 한 뒤 수색한바, 컴퓨터(하드디스크), USB 등 압수목록과 같은 정보저장매체를 발견하였다.

현장에서 저장매체의 복제본 획득이 현저히 곤란하여(수사보고(저장매체 반출) 참고), 피의자 ○○○에게 참여권을 고지하고 저장매체를 봉인한 후 압수현장에서 반출하였다.

201 . . . : 서울 종로구 ○○지방청 증거분석팀에서 피의자 ○○○의 참여 하에 저장매체를 복제하여 각 복제본의 해시값을 확인하였다. (수사보고(저장매체 하드카피·이미징) 참고)

201 . . . : 서울 동대문구 ○○경찰서 수사팀에서 피의자 ○○○의 참여하에 혐의사실과 관련된 전자정보를 특정하여 해시값을 확인한 후, 붙임 세부목록의 전자정보를 압수하였다.

참여인	성 명	주민등록번호	주 소	서명 또는 날인
	○○○	○○○○○	서울 서대문구 세종대로 00, 2층	

201 . . .

○○경찰서

사법경찰관 경○ ○○○ ㊞

사법경찰리 경○ ○○○ ㊞

<table>
<tr><th colspan="9">압 수 목 록</th></tr>
<tr><th>번호</th><th>품 종</th><th>수량</th><th colspan="2">소지자 또는 제출자</th><th colspan="2">소 유 자</th><th>경찰
의견</th><th>비고</th></tr>
<tr><td rowspan="4">1</td><td rowspan="4">USB(SanDisk, 32GB)에 저장된 전자정보</td><td rowspan="4">9</td><td>성 명</td><td></td><td>성 명</td><td></td><td rowspan="4"></td><td rowspan="4">세부
목록
붙임
참고</td></tr>
<tr><td>주 소</td><td></td><td>주 소</td><td></td></tr>
<tr><td>주민등록
번호</td><td></td><td>주민등록
번호</td><td></td></tr>
<tr><td>전화번호</td><td></td><td>전화번호</td><td></td></tr>
<tr><td rowspan="4">2</td><td rowspan="4">하드디스크(삼성, HD103UJ,17843 214)에 저장된 전자정보</td><td rowspan="4">25</td><td>성 명</td><td></td><td>성 명</td><td></td><td rowspan="4"></td><td rowspan="4">세부
목록
붙임
참고</td></tr>
<tr><td>주 소</td><td></td><td>주 소</td><td></td></tr>
<tr><td>주민등록
번호</td><td></td><td>주민등록
번호</td><td></td></tr>
<tr><td>전화번호</td><td></td><td>전화번호</td><td></td></tr>
</table>

○ (품종) 최종적으로 압수하는 전자정보가 저장되었던 저장매체를 최대한 특정(모델명, 일련번호 등)하여 기재

○ (수량) 최종적으로 압수하는 전자정보의 파일 갯수 기재

○ (비고) ‘세부목록 붙임참고’ 기재

※ 붙임1, 1-1. 전자정보 확인서(범위를 정한 복제用)의 전자정보 상세목록 첨부 후 간인

○ 그 외 기재사항은 일반 압수물과 동일

정보통신기반 보호법

[시행 2018. 5. 22] [법률 제15376호, 2018. 2. 21, 일부개정]

제1장 총칙

제1조(목적) 이 법은 전자적 침해행위에 대비하여 주요정보통신기반시설의 보호에 관한 대책을 수립·시행함으로써 동 시설을 안정적으로 운용하도록 하여 국가의 안전과 국민생활의 안정을 보장하는 것을 목적으로 한다.

제2조(정의) 이 법에서 사용하는 용어의 정의는 다음과 같다. 〈개정 2007. 12. 21.〉

1. "정보통신기반시설"이라 함은 국가안전보장·행정·국방·치안·금융·통신·운송·에너지 등의 업무와 관련된 전자적 제어·관리시스템 및 「정보통신망 이용촉진 및 정보보호 등에 관한 법률」 제2조제1항제1호의 규정에 의한 정보통신망을 말한다.
2. "전자적 침해행위"라 함은 정보통신기반시설을 대상으로 해킹, 컴퓨터바이러스, 논리·메일폭탄, 서비스거부 또는 고출력 전자기파 등에 의하여 정보통신기반시설을 공격하는 행위를 말한다.
3. "침해사고"란 전자적 침해행위로 인하여 발생한 사태를 말한다.

제2장 주요정보통신기반시설의 보호체계

제3조(정보통신기반보호위원회) ① 제8조의 규정에 의하여 지정된 주요정보통신기반시설(이하 "주요정보통신기반시설"이라 한다)의 보호에 관한 사항을 심의하기 위하여 국무총리 소속하에 정보통신기반보호위원회(이하 "위원회"라 한다)를 둔다.

② 위원회의 위원은 위원장 1인을 포함한 25인 이내의 위원으로 구성한다.

③ 위원회의 위원장은 국무조정실장이 되고, 위원회의 위원은 대통령령이 정하는 중앙행정기관의 차관급 공무원과 위원장이 위촉하는 자로 한다. 〈개정 2007. 12. 21., 2008. 2. 29., 2013. 3. 23.〉

④ 위원회의 효율적인 운영을 위하여 위원회에 공공분야와 민간분야를 각각 담당하는 실무위원회를 둔다. 〈개정 2007. 12. 21.〉

⑤ 위원회 및 실무위원회의 구성·운영 등에 관하여 필요한 사항은 대통령령

으로 정한다.

제4조(위원회의 기능) 위원회는 다음 각호의 사항을 심의한다. 〈개정 2007. 12. 21., 2018. 2. 21.〉

1. 주요정보통신기반시설 보호정책의 조정에 관한 사항
2. 제6조제1항에 따른 주요정보통신기반시설에 관한 보호계획의 종합·조정에 관한 사항
3. 제6조제1항에 따른 주요정보통신기반시설에 관한 보호계획의 추진 실적에 관한 사항
4. 주요정보통신기반시설 보호와 관련된 제도의 개선에 관한 사항

4의2. 제8조제5항에 따른 주요정보통신기반시설의 지정 및 지정 취소에 관한 사항

4의3. 제8조의2제1항 후단에 따른 주요정보통신기반시설의 지정 여부에 관한 사항

5. 그 밖에 주요정보통신기반시설 보호와 관련된 주요 정책사항으로서 위원장이 부의하는 사항

제5조(주요정보통신기반시설보호대책의 수립 등) ① 주요정보통신기반시설을 관리하는 기관(이하 "관리기관"이라 한다)의 장은 제9조제1항의 규정에 의한 취약점 분석·평가의 결과에 따라 소관 주요정보통신기반시설 및 관리정보를 안전하게 보호하기 위한 예방, 백업, 복구 등 물리적·기술적 대책을 포함한 관리대책(이하 "주요정보통신기반시설보호대책"이라 한다)을 수립·시행하여야 한다. 〈개정 2015. 1. 20.〉

② 관리기관의 장은 제1항의 규정에 의하여 주요정보통신기반시설보호대책을 수립한 때에는 이를 주요정보통신기반시설을 관할하는 중앙행정기관(이하 "관계중앙행정기관"이라 한다)의 장에게 제출하여야 한다. 다만, 관리기관의 장이 관계중앙행정기관의 장인 경우에는 그러하지 아니하다.

③ 지방자치단체의 장이 관리·감독하는 관리기관의 주요정보통신기반시설보호대책은 지방자치단체의 장이 행정안전부장관에게 제출하여야 한다. 〈개정 2008. 2. 29., 2013. 3. 23., 2014. 11. 19., 2017. 7. 26.〉

④ 관리기관의 장은 소관 주요정보통신기반시설의 보호에 관한 업무를 총괄하는 자(이하 "정보보호책임자"라 한다)를 지정하여야 한다. 다만, 관리기관의 장이 관계중앙행정기관의 장인 경우에는 그러하지 아니하다.

⑤ 정보보호책임자의 지정 및 업무 등에 관하여 필요한 사항은 대통령령으로 정한다.

제5조의2(주요정보통신기반시설보호대책 이행 여부의 확인) ① 과학기술정보통신부장관과 국가정보원장 등 대통령령으로 정하는 국가기관의 장(이하 "국가정보원장등" 이라 한다)은 관리기관에 대하여 주요정보통신기반시설보호대책의 이행 여부를 확인할 수 있다. 〈개정 2008. 2. 29., 2013. 3. 23., 2017. 7. 26.〉

② 과학기술정보통신부장관과 국가정보원장등은 제1항에 따른 확인을 위하여 필요한 경우 관계중앙행정기관의 장에게 제5조제2항에 따라 제출받은 주요정보통신기반시설보호대책 등의 자료 제출을 요청할 수 있다. 〈개정 2008. 2. 29., 2013. 3. 23., 2017. 7. 26.〉

③ 과학기술정보통신부장관과 국가정보원장등은 제1항에 따라 확인한 주요정보통신기반시설보호대책의 이행 여부를 관계중앙행정기관의 장에게 통보할 수 있다. 〈개정 2008. 2. 29., 2013. 3. 23., 2017. 7. 26.〉

④ 제1항에 따른 주요정보통신기반시설보호대책 이행 여부의 확인절차 등에 관하여 필요한 사항은 대통령령으로 정한다.

[본조신설 2007. 12. 21.]

제6조(주요정보통신기반시설보호계획의 수립 등) ① 관계중앙행정기관의 장은 제5조제2항의 규정에 의하여 제출받은 주요정보통신기반시설보호대책을 종합·조정하여 소관분야에 대한 주요정보통신기반시설에 관한 보호계획(이하 "주요정보통신기반시설보호계획"이라 한다)을 수립·시행하여야 한다.

② 관계중앙행정기관의 장은 전년도 주요정보통신기반시설보호계획의 추진실적과 다음 연도의 주요정보통신기반시설보호계획을 위원회에 제출하여 그 심의를 받아야 한다. 다만, 위원회의 위원장이 보안이 요구된다고 인정하는 사항에 대하여는 그러하지 아니하다.

③ 주요정보통신기반시설보호계획에는 다음 각호의 사항이 포함되어야 한다. 〈개정 2015. 1. 20.〉

1. 주요정보통신기반시설의 취약점 분석·평가에 관한 사항
2. 주요정보통신기반시설 및 관리 정보의 침해사고에 대한 예방, 백업, 복구대책에 관한 사항

3. 그 밖에 주요정보통신기반시설의 보호에 관하여 필요한 사항

④ 과학기술정보통신부장관과 국가정보원장은 협의하여 주요정보통신기반시설보호대책 및 주요정보통신기반시설보호계획의 수립지침을 정하여 이를 관계중앙행정기관의 장에게 통보할 수 있다. 〈개정 2007. 12. 21., 2008. 2. 29., 2013. 3. 23., 2017. 7. 26.〉

⑤ 관계중앙행정기관의 장은 소관분야의 주요정보통신기반시설의 보호에 관한 업무를 총괄하는 자(이하 "정보보호책임관"이라 한다)를 지정하여야 한다.

⑥ 주요정보통신기반시설보호계획의 수립·시행에 관한 사항과 정보보호책임관의 지정 및 업무 등에 관하여 필요한 사항은 대통령령으로 정한다.

제7조(주요정보통신기반시설의 보호지원) ① 관리기관의 장이 필요하다고 인정하거나 위원회의 위원장이 특정 관리기관의 주요정보통신기반시설보호대책의 미흡으로 국가안전보장이나 경제사회전반에 피해가 우려된다고 판단하여 그 보완을 명하는 경우 해당 관리기관의 장은 과학기술정보통신부장관과 국가정보원장등 또는 필요한 경우 대통령령이 정하는 전문기관의 장에게 다음 각 호의 업무에 대한 기술적 지원을 요청할 수 있다.
〈개정 2007. 12. 21., 2008. 2. 29., 2013. 3. 23., 2017. 7. 26.〉

1. 주요정보통신기반시설보호대책의 수립
2. 주요정보통신기반시설의 침해사고 예방 및 복구
3. 제11조에 따른 보호조치 명령·권고의 이행

② 국가안전보장에 중대한 영향을 미치는 다음 각 호의 주요정보통신기반시설에 대한 관리기관의 장이 제1항에 따라 기술적 지원을 요청하는 경우 국가정보원장에게 우선적으로 그 지원을 요청하여야 한다. 다만, 국가안전보장에 현저하고 급박한 위험이 있고, 관리기관의 장이 요청할 때까지 기다릴 경우 그 피해를 회복할 수 없을 때에는 국가정보원장은 관계중앙행정기관의 장과 협의하여 그 지원을 할 수 있다. 〈개정 2007. 12. 21.〉

1. 도로·철도·지하철·공항·항만 등 주요 교통시설
2. 전력, 가스, 석유 등 에너지·수자원 시설
3. 방송중계·국가지도통신망 시설
4. 원자력·국방과학·첨단방위산업관련 정부출연연구기관의 연구시설

③ 국가정보원장은 제1항 및 제2항에 불구하고 금융 정보통신기반시설 등 개

인정보가 저장된 모든 정보통신기반시설에 대하여 기술적 지원을 수행하여서는 아니된다. 〈개정 2007. 12. 21.〉

제3장 주요정보통신기반시설의 지정 및 취약점 분석

제8조(주요정보통신기반시설의 지정 등) ① 중앙행정기관의 장은 소관분야의 정보통신기반시설중 다음 각호의 사항을 고려하여 전자적 침해행위로부터의 보호가 필요하다고 인정되는 정보통신기반시설을 주요정보통신기반시설로 지정할 수 있다.

1. 당해 정보통신기반시설을 관리하는 기관이 수행하는 업무의 국가사회적 중요성
2. 제1호의 규정에 의한 기관이 수행하는 업무의 정보통신기반시설에 대한 의존도
3. 다른 정보통신기반시설과의 상호연계성
4. 침해사고가 발생할 경우 국가안전보장과 경제사회에 미치는 피해규모 및 범위
5. 침해사고의 발생가능성 또는 그 복구의 용이성

② 중앙행정기관의 장은 제1항의 규정에 의한 지정 여부를 결정하기 위하여 필요한 자료의 제출을 해당 관리기관에 요구할 수 있다.

③ 관계중앙행정기관의 장은 관리기관이 해당 업무를 폐지·정지 또는 변경하는 경우에는 직권 또는 해당 관리기관의 신청에 의하여 주요정보통신기반시설의 지정을 취소할 수 있다.

④ 지방자치단체의 장이 관리·감독하는 기관의 정보통신기반시설에 대하여는 행정안전부장관이 지방자치단체의 장과 협의하여 주요정보통신기반시설로 지정하거나 그 지정을 취소할 수 있다. 〈개정 2008. 2. 29., 2013. 3. 23., 2014. 11. 19., 2017. 7. 26.〉

⑤ 중앙행정기관의 장이 제1항 및 제3항의 규정에 의하여 지정 또는 지정 취소를 하고자 하는 경우에는 위원회의 심의를 받아야 한다. 이 경우 위원회는 제1항 및 제3항의 규정에 의하여 지정 또는 지정취소의 대상이 되는 관리기관의 장을 위원회에 출석하게 하여 그 의견을 들을 수 있다.

⑥ 중앙행정기관의 장은 제1항 및 제3항의 규정에 의하여 주요정보통신기반시설을 지정 또는 지정 취소한 때에는 이를 고시하여야 한다. 다만, 국가

안전보장을 위하여 필요한 경우에는 위원회의 심의를 받아 이를 고시하지 아니할 수 있다.

⑦ 주요정보통신기반시설의 지정 및 지정취소 등에 관하여 필요한 사항은 이를 대통령령으로 정한다.

제8조의2(주요정보통신기반시설의 지정 권고) ① 과학기술정보통신부장관과 국가정보원장등은 특정한 정보통신기반시설을 주요정보통신기반시설로 지정할 필요가 있다고 판단되는 경우에는 중앙행정기관의 장에게 해당 정보통신기반시설을 주요정보통신기반시설로 지정하도록 권고할 수 있다. 이 경우 지정 권고를 받은 중앙행정기관의 장은 위원회의 심의를 거쳐 지정 여부를 결정하여야 한다. 〈개정 2008. 2. 29., 2013. 3. 23., 2017. 7. 26., 2018. 2. 21.〉

② 과학기술정보통신부장관과 국가정보원장등은 제1항에 따른 권고를 위하여 필요한 경우에는 중앙행정기관의 장에게 해당 정보통신기반시설에 관한 자료를 요청할 수 있다. 〈개정 2008. 2. 29., 2013. 3. 23., 2017. 7. 26.〉

③ 제1항에 따른 주요정보통신기반시설의 지정 권고 절차, 그 밖에 필요한 사항은 대통령령으로 정한다.

[본조신설 2007. 12. 21.]

제9조(취약점의 분석·평가) ① 관리기관의 장은 대통령령이 정하는 바에 따라 정기적으로 소관 주요정보통신기반시설의 취약점을 분석·평가하여야 한다.

② 관리기관의 장은 제1항의 규정에 의하여 취약점을 분석·평가하고자 하는 경우에는 대통령령이 정하는 바에 따라 취약점을 분석·평가하는 전담반을 구성하여야 한다.

③ 관리기관의 장은 제1항의 규정에 의하여 취약점을 분석·평가하고자 하는 경우에는 다음 각호의 1에 해당하는 기관으로 하여금 소관 주요정보통신기반시설의 취약점을 분석·평가하게 할 수 있다. 다만, 이 경우 제2항의 규정에 의한 전담반을 구성하지 아니할 수 있다. 〈개정 2002. 12. 18., 2007. 12. 21., 2009. 5. 22., 2013. 3. 23., 2015. 6. 22.〉

1. 「정보통신망 이용촉진 및 정보보호 등에 관한 법률」 제52조의 규정에 의한 한국인터넷진흥원(이하 "인터넷진흥원"이라 한다)
2. 제16조의 규정에 의한 정보공유·분석센터(대통령령이 정하는 기준을 충

족하는 정보공유·분석센터에 한한다)

3. 「정보보호산업의 진흥에 관한 법률」 제23조에 따라 지정된 정보보호 전문서비스 기업
4. 「정부출연연구기관 등의 설립·운영 및 육성에 관한 법률」 제8조의 규정에 의한 한국전자통신연구원

④ 과학기술정보통신부장관은 관계중앙행정기관의 장 및 국가정보원장과 협의하여 제1항의 규정에 의한 취약점 분석·평가에 관한 기준을 정하고 이를 관계중앙행정기관의 장에게 통보하여야 한다. 〈개정 2008. 2. 29., 2013. 3. 23., 2017. 7. 26.〉

⑤ 주요정보통신기반시설의 취약점 분석·평가의 방법 및 절차 등에 관하여 필요한 사항은 대통령령으로 정한다.

제4장 주요정보통신기반시설의 보호 및 침해사고의 대응

제10조(보호지침) ① 관계중앙행정기관의 장은 소관분야의 주요정보통신기반시설에 대하여 보호지침을 제정하고 해당분야의 관리기관의 장에게 이를 지키도록 권고할 수 있다.

② 관계중앙행정기관의 장은 기술의 발전 등을 감안하여 제1항의 규정에 의한 보호지침을 주기적으로 수정·보완하여야 한다.

제11조(보호조치 명령 등) 관계중앙행정기관의 장은 다음 각 호의 어느 하나에 해당하는 경우 해당 관리기관의 장에게 주요정보통신기반시설의 보호에 필요한 조치를 명령 또는 권고할 수 있다.

1. 제5조제2항에 따라 제출받은 주요정보통신기반시설보호대책을 분석하여 별도의 보호조치가 필요하다고 인정하는 경우
2. 제5조의2제3항에 따라 통보된 주요정보통신기반시설보호대책의 이행 여부를 분석하여 별도의 보호조치가 필요하다고 인정하는 경우

[전문개정 2007. 12. 21.]

제12조(주요정보통신기반시설 침해행위 등의 금지) 누구든지 다음 각호의 1에 해당하는 행위를 하여서는 아니된다.

1. 접근권한을 가지지 아니하는 자가 주요정보통신기반시설에 접근하거나 접근권한을 가진 자가 그 권한을 초과하여 저장된 데이터를 조작·파괴·은닉 또는 유출하는 행위

2. 주요정보통신기반시설에 대하여 데이터를 파괴하거나 주요정보통신기반시설의 운영을 방해할 목적으로 컴퓨터바이러스·논리폭탄 등의 프로그램을 투입하는 행위

3. 주요정보통신기반시설의 운영을 방해할 목적으로 일시에 대량의 신호를 보내거나 부정한 명령을 처리하도록 하는 등의 방법으로 정보처리에 오류를 발생하게 하는 행위

제13조(침해사고의 통지) ① 관리기관의 장은 침해사고가 발생하여 소관 주요정보통신기반시설이 교란·마비 또는 파괴된 사실을 인지한 때에는 관계 행정기관, 수사기관 또는 인터넷진흥원(이하 "관계기관등"이라 한다)에 그 사실을 통지하여야 한다. 이 경우 관계기관등은 침해사고의 피해확산 방지와 신속한 대응을 위하여 필요한 조치를 취하여야 한다. 〈개정 2013. 3. 23.〉

② 정부는 제1항의 규정에 의하여 침해사고를 통지함으로써 피해확산의 방지에 기여한 관리기관에 예산의 범위안에서 복구비 등 재정적 지원을 할 수 있다.

제14조(복구조치) ① 관리기관의 장은 소관 주요정보통신기반시설에 대한 침해사고가 발생한 때에는 해당 정보통신기반시설의 복구 및 보호에 필요한 조치를 신속히 취하여야 한다.

② 관리기관의 장은 제1항의 규정에 의한 복구 및 보호조치를 위하여 필요한 경우 관계중앙행정기관의 장 또는 인터넷진흥원의 장에게 지원을 요청할 수 있다. 다만, 제7조제2항의 규정에 해당하는 경우에는 그러하지 아니하다. 〈개정 2013. 3. 23.〉

③ 관계중앙행정기관의 장 또는 인터넷진흥원의 장은 제2항의 규정에 의한 지원요청을 받은 때에는 피해복구가 신속히 이루어질 수 있도록 기술지원 등 필요한 지원을 하여야 하고, 피해확산을 방지할 수 있도록 관리기관의 장과 함께 적절한 조치를 취하여야 한다. 〈개정 2013. 3. 23.〉

제15조(대책본부의 구성등) ① 위원회의 위원장은 주요정보통신기반시설에 대하여 침해사고가 광범위하게 발생한 경우 그에 필요한 응급대책, 기술지원 및 피해복구 등을 수행하기 위한 기간을 정하여 위원회에 정보통신기반침해사고대책본부(이하 "대책본부"라 한다)를 둘 수 있다.

② 위원회의 위원장은 대책본부의 업무와 관련 있는 공무원의 파견을 관계

행정기관의 장에게 요청할 수 있다.

③ 위원회의 위원장은 침해사고가 발생한 정보통신기반시설을 관할하는 중앙행정기관의 장과 협의하여 대책본부장을 임명한다.

④ 대책본부장은 관계 행정기관의 장, 관리기관의 장 및 인터넷진흥원의 장에게 주요정보통신기반시설 침해사고의 대응을 위한 협력과 지원을 요청할 수 있다. 〈개정 2013. 3. 23.〉

⑤ 제4항의 규정에 의하여 협력과 지원을 요청받은 관계 행정기관의 장등은 특별한 사유가 없는 한 이에 응하여야 한다.

⑥ 대책본부의 구성·운영 등에 관하여 필요한 사항은 대통령령으로 정한다.

제16조(정보공유·분석센터) ① 금융·통신 등 분야별 정보통신기반시설을 보호하기 위하여 다음 각호의 업무를 수행하고자 하는 자는 정보공유·분석센터를 구축·운영할 수 있다.

1. 취약점 및 침해요인과 그 대응방안에 관한 정보 제공
2. 침해사고가 발생하는 경우 실시간 경보·분석체계 운영

② 삭제 〈2015. 12. 22.〉

③ 삭제 〈2015. 12. 22.〉

④ 정부는 제1항 각호의 업무를 수행하는 정보공유·분석센터의 구축을 장려하고 그에 대한 재정적·기술적 지원을 할 수 있다. 〈개정 2015. 12. 22.〉

⑤ 삭제 〈2015. 12. 22.〉

제5장 삭제 〈2009. 5. 22.〉

제17조 삭제 〈2009. 5. 22.〉

제18조 삭제 〈2009. 5. 22.〉

제19조 삭제 〈2009. 5. 22.〉

제20조 삭제 〈2009. 5. 22.〉

제21조 삭제 〈2009. 5. 22.〉

제22조 삭제 〈2009. 5. 22.〉

제23조 삭제 〈2009. 5. 22.〉

제6장 기술지원 및 민간협력 등

제24조(기술개발 등) ① 정부는 정보통신기반시설을 보호하기 위하여 필요한 기술의 개발 및 전문인력 양성에 관한 시책을 강구할 수 있다.

② 정부는 정보통신기반시설의 보호에 필요한 기술개발을 효율적으로 추진하기 위하여 필요한 때에는 정보보호 기술개발과 관련된 연구기관 및 민간단체로 하여금 이를 대행하게 할 수 있다. 이 경우 이에 소요되는 비용의 전부 또는 일부를 지원할 수 있다.

제25조(관리기관에 대한 지원) 정부는 관리기관에 대하여 주요정보통신기반시설을 보호하기 위하여 필요한 기술의 이전, 장비의 제공 그 밖의 필요한 지원을 할 수있다.

제26조(국제협력) ① 정부는 정보통신기반시설의 보호에 관한 국제적 동향을 파악하고 국제협력을 추진하여야 한다.

② 정부는 정보통신기반시설의 보호에 관한 국제협력을 촉진하기 위하여 관련기술 및 인력의 국제교류와 국제표준화 및 국제공동연구개발 등에 관한 사업을 지원할 수 있다.

제27조(비밀유지의무) 다음 각 호의 어느 하나에 해당하는 기관에 종사하는 자 또는 종사하였던 자는 그 직무상 알게된 비밀을 누설하여서는 아니된다. 다만, 다른 법률에 특별한 규정이 있는 경우에는 그러하지 아니하다. 〈개정 2007. 12. 21.〉

1. 제3조에 따른 위원회 및 실무위원회
2. 제9조제3항의 규정에 의하여 주요정보통신기반시설에 대한 취약점 분석·평가업무를 하는 기관
3. 제13조의 규정에 의하여 침해사고의 통지 접수 및 복구조치와 관련한 업무를 하는 관계기관 등
4. 제16조제1항 각호의 업무를 수행하는 정보공유·분석센터

제7장 벌칙

제28조(벌칙) ① 제12조의 규정을 위반하여 주요정보통신기반시설을 교란·마비 또는 파괴한 자는 10년 이하의 징역 또는 1억원 이하의 벌금에 처한다.

② 제1항의 미수범은 처벌한다.

제29조(벌칙) 제27조의 규정을 위반하여 비밀을 누설한 자는 5년 이하의 징역, 10년 이하의 자격정지 또는 5천만원 이하의 벌금에 처한다.

제30조(과태료) ① 다음 각 호의 어느 하나에 해당하는 자는 1천만원 이하의 과태료에처한다. 〈개정 2007. 12. 21.〉

1. 제11조에 따른 보호조치 명령을 위반한 자
2. 삭제 〈2015. 12. 22.〉
3. 삭제 〈2009. 5. 22.〉
4. 삭제 〈2009. 5. 22.〉
5. 삭제 〈2009. 5. 22.〉

② 제1항의 규정에 의한 과태료는 대통령령이 정하는 바에 따라 관계중앙행정기관의 장 또는 과학기술정보통신부장관(이하 "부과권자"라 한다)이 부과·징수한다. 〈개정 2008. 2. 29., 2009. 5. 22., 2013. 3. 23., 2017. 7. 26.〉

③ 삭제 〈2017. 3. 14.〉

④ 삭제 〈2017. 3. 14.〉

⑤ 삭제 〈2017. 3. 14.〉

부칙 〈제15376호, 2018. 2. 21.〉

이 법은 공포 후 3개월이 경과한 날부터 시행한다.

전기통신금융사기 피해 방지 및 피해금 환급에 관한 특별법(약칭: 통신사기피해환급법)

[시행 2018. 3. 13] [법률 제15472호, 2018. 3. 13, 일부개정]

제1조(목적) 이 법은 전기통신금융사기를 방지하기 위하여 정부의 피해 방지 대책 및 금융회사의 피해 방지 책임 등을 정하고, 전기통신금융사기의 피해자에 대한 피해금 환급을 위하여 사기이용계좌의 채권소멸절차와 피해금환급절차 등을 정함으로써 전기통신금융사기를 예방하고 피해자의 재산상 피해를 신속하게 회복하는 데 이바지하는 것을 목적으로 한다.

[전문개정 2014. 1. 28.]

제2조(정의) 이 법에서 사용하는 용어의 뜻은 다음과 같다. 〈개정 2014. 1. 28., 2016. 5. 29.〉

1. "금융회사"란 다음 각 목의 어느 하나에 해당하는 기관을 말한다.
   가. 「은행법」에 따른 은행
   나. 「한국산업은행법」에 따른 한국산업은행
   다. 「중소기업은행법」에 따른 중소기업은행
   라. 「한국수출입은행법」에 따른 한국수출입은행
   마. 「자본시장과 금융투자업에 관한 법률」에 따른 투자매매업자·투자중개업자·집합투자업자·신탁업자·증권금융회사·종합금융회사 및 명의개서대행회사
   바. 「상호저축은행법」에 따른 상호저축은행과 그 중앙회
   사. 「농업협동조합법」에 따른 농업협동조합과 그 중앙회 및 농협은행
   아. 「수산업협동조합법」에 따른 수산업협동조합과 그 중앙회 및 수협은행
   자. 「신용협동조합법」에 따른 신용협동조합과 그 중앙회
   차. 「새마을금고법」에 따른 금고와 그 중앙회
   카. 「보험업법」에 따른 보험회사
   타. 「우체국예금·보험에 관한 법률」에 따른 체신관서
   파. 그 밖에 금융업무를 행하는 기관으로서 대통령령으로 정하는 기관

2. "전기통신금융사기"란 「전기통신기본법」 제2조제1호에 따른 전기통신을 이용하여 타인을 기망(欺罔)·공갈(恐喝)함으로써 재산상의 이익을 취하거나 제3자에게 재산상의 이익을 취하게 하는 다음 각 목의 행위를 말한다. 다만, 재화의 공급 또는 용역의 제공 등을 가장한 행위는 제외하되, 대출의 제공·알선·중개를 가장한 행위는 포함한다.

가. 자금을 송금·이체하도록 하는 행위

나. 개인정보를 알아내어 자금을 송금·이체하는 행위

2의2. "전자금융거래"란 금융회사가 전자적 장치를 통하여 금융상품 및 서비스를 제공하고, 이용자가 금융회사의 종사자와 직접 대면하거나 의사소통을 하지 아니하고 자동화된 방식으로 이를 이용하는 거래를 말한다.

3. "피해자"란 전기통신금융사기로 인하여 재산상의 피해를 입은 자를 말한다.

4. "사기이용계좌"란 피해자의 자금이 송금·이체된 계좌 및 해당 계좌로부터 자금의 이전에 이용된 계좌를 말한다.

5. "피해금"이란 전기통신금융사기로 인하여 피해자의 계좌에서 사기이용계좌로 송금·이체된 금전을 말한다.

6. "피해환급금"이란 피해금을 환급하기 위하여 제9조에 따라 소멸된 채권을 기초로 하여 제10조에 따라 산정되어 금융회사가 피해자에게 지급하는 금전을 말한다.

7. "이용자"란 금융회사와 체결한 계약에 따라 전자금융거래를 이용하는 자를 말한다.

제2조의2(전기통신금융사기에 대한 대응 등) ① 금융위원회는 전기통신금융사기의 발생에 대비하고 그 피해를 최소화하기 위하여 다음 각 호의 업무를 수행한다.

1. 전기통신금융사기에 관한 정보의 수집·전파
2. 전기통신금융사기에 대한 예보·경보
3. 그 밖에 대통령령으로 정하는 전기통신금융사기 대응조치

② 금융위원회는 전기통신금융사기의 발생을 방지하기 위하여 필요하다고 인정하는 경우에는 연도별 피해환급금 지급액 및 사기이용계좌 발생건수를 고려하여 금융위원회가 정하는 기준에 해당하는 금융회사나 그 임직원에 대하여 다음 각 호의 사항을 권고·요구 또는 명령하거나 그 개선계획을

제출할 것을 명할 수 있다.

1. 금융회사 및 임직원에 대한 주의·경고·견책(譴責) 또는 감봉
2. 금융회사가 전자금융거래 업무를 수행함에 있어 안전성과 신뢰성을 확보하기 위한 전산인력, 전산시설 및 전자적 장치 등의 개선 또는 보완에 관한 사항

③ 금융위원회는 제1항 및 제2항에 따른 업무의 전부 또는 일부를 「금융위원회의 설치 등에 관한 법률」에 따라 설립된 금융감독원의 원장(이하 "금융감독원장"이라 한다)에게 위탁할 수 있다.

[본조신설 2014. 1. 28.]

제2조의3(국제협력) 정부는 전기통신금융사기 피해 방지를 위하여 다른 국가 또는 국제기구와 상호 협력하여야 한다.

[본조신설 2014. 1. 28.]

제2조의4(금융회사의 피해 방지 책임 등) ① 금융회사는 전기통신금융사기 피해 방지를 위하여 이용자가 다음 각 호의 어느 하나에 해당하는 행위를 하는 경우에는 대통령령으로 정하는 바에 따라 본인임을 확인하는 조치(이하 "본인확인조치"라 한다)를 하여야 한다. 다만, 법인인 이용자가 본인확인조치를 희망하지 아니하거나 이용자가 국외에 체류하는 등의 사유로 본인확인조치를 하기 어려운 경우로서 대통령령으로 정하는 경우에 해당하면 그러하지 아니하다. 〈개정 2016. 1. 27.〉

1. 해당 금융회사에 대출을 신청하는 경우
2. 해당 금융회사와 체결한 계약에 따라 가입한 저축성 예금·적금·부금 또는 그 밖에 대통령령으로 정하는 금융상품을 해지하는 경우

② 금융회사는 제1항을 위반하여 본인확인조치를 하지 않음으로써 이용자에게 손해가 발생한 경우에는 그 손해를 배상할 책임을 진다.

[본조신설 2014. 1. 28.]

제2조의5(이용자계좌에 대한 임시조치) ① 금융회사는 자체점검을 통하여 이용자의 계좌가 전기통신금융사기의 피해를 초래할 수 있는 의심거래계좌(이하 "피해의심거래계좌"라 한다)로 이용되는 것으로 추정할 만한 사정이 있다고 인정되면 해당 이용자 계좌의 전부 또는 일부에 대하여 이체 또는 송금을 지연시키거나 일시 정지하는 조치(이하 "임시조치"라 한다)를 하여야 한다.

② 금융회사는 제1항에 따라 임시조치를 한 경우 지체 없이 해당 이용자에게 임시조치에 관한 사항을 통지하고 본인확인조치를 하여야 한다.

③ 금융회사는 제2항에 따른 본인확인조치 결과 해당 이용자의 계좌가 피해의심거래계좌에 해당하지 아니하는 경우에는 제1항에 따른 임시조치를 해제하여야 한다.

[본조신설 2014. 1. 28.]

제3조(피해구제의 신청) ① 피해자는 피해금을 송금·이체한 계좌를 관리하는 금융회사 또는 사기이용계좌를 관리하는 금융회사에 대하여 사기이용계좌의 지급정지 등 전기통신금융사기의 피해구제를 신청할 수 있다.

② 제1항에 따라 피해구제의 신청을 받은 금융회사는 다른 금융회사의 사기이용계좌로 피해금이 송금·이체된 경우 해당 금융회사에 대하여 필요한 정보를 제공하고 지급정지를 요청하여야 한다.

③ 제1항에 따른 피해구제의 신청 및 제2항에 따른 지급정지의 요청에 관한 방법·절차 등에 필요한 사항은 대통령령으로 정한다.

제4조(지급정지) ① 금융회사는 다음 각 호의 어느 하나에 해당하는 경우 거래내역 등의 확인을 통하여 전기통신금융사기의 사기이용계좌로 의심할 만한 사정이 있다고 인정되면 즉시 해당 사기이용계좌의 전부에 대하여 지급정지 조치를 하여야 한다. 〈개정 2014. 1. 28.〉

1. 제3조제1항에 따른 피해구제 신청 또는 제3조제2항에 따른 지급정지 요청이 있는 경우
2. 수사기관 또는 「금융위원회의 설치 등에 관한 법률」에 따라 설립된 금융감독원(이하 "금융감독원"이라 한다) 등으로부터 사기이용계좌로 의심된다는 정보제공이 있는 경우
3. 제2조의5제2항에 따른 피해의심거래계좌에 대한 본인확인조치 결과 사기이용계좌로 추정되는 경우
4. 그 밖에 대통령령으로 정하는 경우

② 금융회사는 제1항에 따라 지급정지 조치를 한 경우 지체 없이 다음 각 호의 자에게 해당 지급정지 조치에 관한 사항을 통지하여야 한다. 다만, 제1호의 명의인의 소재를 알 수 없는 경우에는 금융회사의 인터넷 홈페이지 등에 지급정지 조치에 관한 사실을 공시하여야 한다. 〈개정 2014. 1. 28.〉

1. 제1항에 따라 지급정지된 사기이용계좌의 명의인(이하 "명의인"이라 한다)

2. 제3조제1항에 따라 피해구제신청을 한 피해자
3. 피해금을 송금·이체한 계좌를 관리하는 금융회사
4. 금융감독원
5. 수사기관. 다만, 제1항제2호에 따라 정보를 제공한 경우에 한정한다.

③ 금융회사는 제1항제1호 또는 제2호를 위반하여 지급정지를 이행하지 아니함으로써 이용자에게 손해가 발생한 경우에는 그 손해를 배상할 책임을 진다. 〈신설 2014. 1. 28.〉

④ 제1항 및 제2항에 따른 지급정지의 절차·통지 등에 필요한 사항은 대통령령으로 정한다. 〈개정 2014. 1. 28.〉

제4조의2(지급정지 이후 압류 금지 등) ① 누구든지 제4조에 따라 지급정지가 된 사기이용계좌의 채권 전부 또는 일부와 관련하여 다음 각 호의 어느 하나에 해당하는 행위를 할 수 없다. 다만, 제8조에 따라 지급정지가 종료된 후에는 그러하지 아니하다. 〈개정 2018. 3. 13.〉

1. 손해배상·부당이득반환청구소송 등의 제기
2. 「민사집행법」에 따른 압류·가압류 또는 가처분의 신청
3. 「국세징수법」에 따른 체납절차의 개시
4. 질권(質權)의 설정

② 제1항 본문에도 불구하고 명의인 또는 피해자는 그 상대방에 대하여 채무부존재확인·부당이득반환청구 소송 등을 제기할 수 있다. 〈신설 2018. 3. 13.〉

[본조신설 2016. 1. 27.]

제5조(채권소멸절차의 개시 공고) ① 금융회사는 제4조에 따라 지급정지 조치를 행한 경우 지체 없이 대통령령으로 정하는 바에 따라 금융감독원에 명의인의 채권이 소멸되는 절차(이하 "채권소멸절차"라 한다)를 개시하기 위한 공고를 요청하여야 한다. 다만, 명의인의 채권 전부 또는 일부가 다음 각 호의 어느 하나에 해당하는 경우에는 그러하지 아니하다. 〈개정 2016. 1. 27., 2018. 3. 13.〉

1. 제4조에 따라 지급정지 조치를 하기 전에 손해배상·부당이득반환 등의 청구소송이 제기되어 법원에 계속(係屬) 중인 경우
2. 제4조에 따라 지급정지 조치를 하기 전에 「민사집행법」에 따른 압류·가압류 또는 가처분의 명령이 집행된 경우

3. 제4조에 따라 지급정지 조치를 하기 전에 「국세징수법」에 따른 체납절차가 개시된 경우
4. 제4조에 따라 지급정지 조치를 하기 전에 질권이 설정된 경우
5. 지급정지된 후에 제4조의2제2항에 따라 명의인과 피해자 간 채무부존재확인·부당이득반환청구 소송 등이 제기되어 법원에 계속 중인 경우

② 금융감독원은 제1항에 따라 채권소멸절차 개시의 공고 요청을 받은 경우 지체 없이 대통령령으로 정하는 바에 따라 다음 각 호의 사항을 공고하여야 한다. 〈개정 2014. 1. 28.〉

1. 전기통신금융사기와 관련하여 채권소멸절차가 개시되었다는 취지
2. 사기이용계좌와 관련된 금융회사, 점포 및 예금 등의 종별 및 계좌번호
3. 명의인의 성명 또는 명칭
4. 공고 전 피해구제 신청에 따라 채권소멸대상에 해당하는 채권의 금액
5. 제6조에 따른 채권소멸절차 개시 이후의 피해구제 신청의 방법 및 절차
6. 제7조에 따른 명의인의 이의제기 방법 및 절차
7. 제13조의2제1항에 따른 전자금융거래제한대상자로 지정되었다는 취지와 이의제기 방법 및 절차
8. 그 밖에 대통령령으로 정하는 사항

③ 금융감독원은 제2항에 따라 채권소멸절차의 개시에 관한 공고를 한 경우 지체 없이 명의인에게 채권소멸절차의 개시에 관한 사실을 통지하여야 한다. 다만, 명의인의 소재를 알 수 없는 경우에는 제2항에 따른 공고로 명의인에 대한 통지가 이루어진 것으로 본다.

제6조(채권소멸절차 개시 이후의 피해구제) ① 제5조제2항에 따라 채권소멸절차 개시의 공고가 이루어진 사기이용계좌의 피해자로서 채권소멸절차 개시의 공고 전에 피해구제를 신청하지 아니한 자는 금융회사에 대하여 제5조제2항에 따른 공고일부터 2개월 이내에 피해구제의 신청을 할 수 있다.

② 제1항에 따른 피해구제 신청이 있는 경우 금융회사는 해당 거래내역 등을 확인하여 피해자로 인정된다고 판단하는 경우 금융감독원에 해당 피해금에 대한 채권소멸절차의 개시 공고를 요청하여야 한다.

③ 제2항에 따라 공고 요청을 받은 금융감독원은 지체 없이 해당 사항을 공고하여야 한다. 이 경우 채권소멸절차 개시의 공고 요청 및 공고에 관하

여는 제5조제1항 및 제2항을 준용한다.

④ 금융회사 및 금융감독원은 채권소멸절차 개시 공고 전에 피해구제의 신청을 하지 아니한 피해자가 제1항에 따라 피해구제의 신청을 할 수 있도록 필요한 정보를 제공하는 등 적극적인 노력을 하여야 한다.

제7조(지급정지 등에 대한 이의제기) ① 명의인은 다음 각 호의 어느 하나에 해당하는 경우에는 제4조제1항에 따른 지급정지 또는 제13조의2제3항에 따른 전자금융거래 제한이 이루어진 날부터 제5조제2항에 따른 공고일을 기준으로 2개월이 경과하기 전까지 금융회사에 지급정지, 전자금융거래 제한 및 채권소멸절차에 대하여 이의를 제기할 수 있다. 〈개정 2014. 1. 28., 2018. 3. 13.〉

1. 해당 계좌가 사기이용계좌가 아니라는 사실을 소명하는 경우
2. 제9조에 따라 소멸될 채권의 전부 또는 일부를 명의인이 재화 또는 용역의 공급에 대한 대가로 받았거나 그 밖에 정당한 권원에 의하여 취득한 것임을 객관적인 자료로 소명하는 경우. 다만, 해당 계좌가 전기통신금융사기에 이용된 사실을 사기이용계좌로 이용된 경위, 거래행태, 거래내역 등의 확인을 통하여 명의인이 알았거나 중대한 과실로 알지 못하였다고 인정되는 경우에는 그러하지 아니하다.

② 금융회사는 제1항에 따른 이의제기가 제1항 각 호의 어느 하나에 해당하는 경우 이를 접수하고 즉시 피해구제 신청을 한 피해자 및 금융감독원에 통지하여야 한다. 〈개정 2018. 3. 13.〉

③ 명의인의 이의제기 방법 및 절차 등에 필요한 사항은 대통령령으로 정한다.

[제목개정 2014. 1. 28.]

제8조(지급정지 등의 종료) ① 금융회사 및 금융감독원은 다음 각 호의 어느 하나에 해당하는 경우 사기이용계좌의 전부 또는 일부에 대하여 이 법에 따른 지급정지·채권소멸절차 및 명의인에 대한 전자금융거래 제한을 종료하여야 한다. 다만, 제1호에 해당하는 경우에는 전자금융거래 제한을 종료하지 아니 한다. 〈개정 2014. 1. 28., 2016. 1. 27., 2018. 3. 13.〉

1. 제5조제1항제1호부터 제4호까지의 어느 하나에 해당하는 사유가 발생한 경우

1의2. 제5조제1항제5호에 해당하는 사유가 발생한 경우

2. 제7조제1항에 따른 이의제기가 있는 경우
3. 금융감독원 또는 수사기관이 해당 계좌가 사기이용계좌가 아니라고 인정하는 경우
4. 피해환급금 지급이 종료된 경우
5. 그 밖에 대통령령으로 정하는 경우

② 금융회사는 제1항에도 불구하고 다음 각 호의 어느 하나에 해당하는 때에는 지급정지를 해제하지 아니한다. 〈개정 2018. 3. 13.〉

1. 제5조제1항제1호에 따라 소송이 법원에 계속 중인 경우

1의2. 제5조제1항제5호에 따라 소송이 법원에 계속 중인 경우(해당 사기이용계좌에 예치된 금액 중 전기통신금융사기 피해금에 한정한다)

2. 제7조제2항에 따라 명의인의 이의제기 사실을 피해자가 통보받은 날부터 2개월이 경과하기 전. 다만, 명의인이 제7조제1항제1호 또는 제2호에 해당함을 객관적인 자료로 충분히 소명하고 이에 상당한 이유가 있다고 인정되는 경우에는 지급정지를 해제할 수 있다.

③ 금융회사 또는 금융감독원은 제1항 및 제2항에 따라 지급정지 및 채권소멸절차를 종료한 경우 지체 없이 해당 명의인과 피해구제 신청을 한 피해자 및 관련 금융회사에 통지하여야 한다.

[제목개정 2014. 1. 28.]

제9조(채권의 소멸) ① 명의인의 채권(제5조제2항 및 제6조제3항에 따른 채권소멸절차 개시 공고가 이루어진 금액에 한한다)은 제5조제2항에 따른 최초의 채권소멸절차 개시의 공고일부터 2개월이 경과하면 소멸한다.

② 금융감독원은 제1항에 따라 명의인의 채권이 소멸된 경우 다음 각 호의 사항을 해당 명의인, 제3조 및 제6조에 따라 피해구제를 신청한 피해자 및 관련 금융회사에게 통지하여야 한다. 다만, 명의인의 소재를 알 수 없는 경우에는 금융감독원 및 해당 금융회사의 인터넷 홈페이지 등에 해당 사실을 공시하여야 한다.

1. 제1항에 따라 해당 명의인의 채권이 소멸되었다는 사실
2. 소멸되는 채권의 금액
3. 그 밖에 대통령령으로 정하는 사항

제10조(피해환급금의 결정·지급) ① 금융감독원은 제9조제1항에 따라 채권이

소멸된 날부터 14일 이내에 피해환급금을 지급받을 자 및 그 금액을 결정하여 그 내역을 제3조제1항 및 제6조제1항에 따라 피해구제를 신청한 피해자 및 금융회사에 통지하여야 하고, 통지를 받은 금융회사는 지체 없이 피해환급금을 피해자에게 지급하여야 한다.

② 제1항의 피해환급금은 총피해금액이 소멸채권 금액을 초과하는 경우 소멸채권 금액에 각 피해자의 피해금액의 총피해금액에 대한 비율을 곱한 금액으로 하며, 그 외의 경우에는 해당 피해금액으로 한다.

③ 금융감독원은 제2항에 따른 피해환급금의 결정을 위하여 금융회사에 필요한 자료의 제출을 요구할 수 있다.

④ 그 밖에 피해환급금의 결정 및 지급 등에 관하여 필요한 사항은 대통령령으로 정한다.

제11조(피해환급금을 지급받을 수 없는 자) 다음 각 호의 어느 하나에 해당하는 자는 피해환급금을 지급받을 수 없다.

1. 해당 전기통신금융사기로 인한 피해금의 전액 배상이 이루어진 경우의 피해자 및 그 승계인
2. 해당 전기통신금융사기 등과 관련하여 부당이득을 취한 자
3. 해당 전기통신금융사기 등에 공범으로 가담하였거나 자신에게 불법원인이 있는 자
4. 그 밖에 대통령령으로 정하는 자

제12조(손해배상청구권과의 관계) 피해자가 이 법에 따라 금융회사로부터 피해환급금을 지급받은 경우 해당 전기통신금융사기로 발생한 손해배상청구권 및 그 밖의 청구권은 환급을 받은 한도에서 소멸된다.

제13조(소멸채권 환급 청구) ① 제9조에 따라 채권이 소멸된 명의인이 다음 각 호의 요건을 모두 갖춘 경우에는 금융감독원에 소멸된 채권의 환급을 청구할 수 있다. 〈개정 2018. 3. 13.〉

1. 제7조제1항제1호 또는 제2호에 해당하는 경우
2. 제7조제1항에 따른 이의제기를 하지 못한 정당한 사유가 있는 경우

② 금융감독원은 제1항에 따른 환급금 지급을 위하여 대통령령으로 정하는 바에 따라 보험 또는 공제에 가입하여야 한다.

제13조의2(사기이용계좌의 명의인에 대한 전자금융거래 제한) ① 금융감독원은 제4조제2항에 따라 지급정지 조치에 관한 사항을 통지받은 경우 해당 명

의인을 전자금융거래가 제한되는 자(이하 이 조에서 "전자금융거래제한대상자"라 한다)로 지정하여야 한다. 〈개정 2016. 1. 27.〉

② 금융감독원은 제1항에 따라 명의인을 전자금융거래제한대상자로 지정한 경우 지체 없이 금융회사 및 명의인에게 이를 통지하여야 한다. 다만, 명의인의 소재를 알 수 없는 경우에는 제5조제2항에 따른 공고로 명의인에 대한 통지가 이루어진 것으로 본다.

③ 금융회사는 제2항에 따라 통지받은 전자금융거래제한대상자의 전자금융거래를 처리하여서는 아니 된다.

④ 금융감독원은 제1항에 따라 전자금융거래제한대상자로 지정된 자가 제8조제1항에 따라 전자금융거래의 제한이 해제된 때에는 전자금융거래제한대상자의 지정을 취소하고 이를 금융회사 및 명의인에게 통보하여야 한다.

[본조신설 2014. 1. 28.]

제13조의3(전기통신금융사기에 이용된 전화번호의 이용중지 등) ① 검찰총장, 경찰청장 또는 금융감독원장은 전기통신금융사기에 이용된 전화번호를 확인한 때에는 과학기술정보통신부장관에게 해당 전화번호에 대한 전기통신역무 제공의 중지를 요청할 수 있다. 〈개정 2017. 7. 26.〉

② 제1항에 따른 요청으로 전기통신역무 제공이 중지된 이용자는 전기통신역무 제공의 중지를 요청한 기관에 이의신청을 할 수 있다.

③ 제2항에 따른 이의신청의 절차 등에 필요한 사항은 대통령령으로 정한다.

[본조신설 2016. 1. 27.]

제14조(수수료) 금융감독원장은 피해환급금을 지급받은 피해자에 대하여 대통령령으로 정하는 바에 따라 수수료를 받을 수 있다.

제14조의2(포상금의 지급) ① 금융위원회는 전기통신금융사기의 사기이용계좌로 의심할 만한 사정을 수사기관 또는 금융감독원 등에 신고한 자에게 금융감독원장으로 하여금 금융감독원의 예산의 범위에서 포상금을 지급하게 할 수 있다.

② 제1항에 따른 포상금 지급대상자의 범위, 포상금 지급의 기준 및 절차 등에 필요한 사항은 금융위원회가 정하여 고시한다.

[본조신설 2014. 1. 28.]

제15조(계좌자료 제공 등에 대한 특례) ① 금융회사 및 금융감독원은 제3조제2

항, 제4조제2항, 제5조제1항·제2항, 제6조제2항부터 제4항까지, 제7조제2항, 제8조제3항, 제9조제2항, 제10조제3항 및 제13조의2제2항·제3항, 제16조에 따라 필요한 자료를 「금융실명거래 및 비밀보장에 관한 법률」 제4조에도 불구하고 요청·제공하거나 공고할 수 있다. 〈개정 2014. 1. 28., 2018. 3. 13.〉

② 금융감독원장은 제5조제3항, 제9조제2항, 제10조제1항, 제13조의2제2항에 따른 통지를 위하여 행정안전부장관에게 「주민등록법」에 따른 주민등록자료 제공을 요청할 수 있다. 이 경우 행정안전부장관은 특별한 사유가 없으면 이에 따라야 한다. 〈신설 2018. 3. 13.〉

제15조의2(벌칙) ① 전기통신금융사기를 목적으로 다음 각 호의 어느 하나에 해당하는 행위를 한 자는 10년 이하의 징역 또는 1억원 이하의 벌금에 처한다.

1. 타인으로 하여금 컴퓨터 등 정보처리장치에 정보 또는 명령을 입력하게 하는 행위
2. 취득한 타인의 정보를 이용하여 컴퓨터 등 정보처리장치에 정보 또는 명령을 입력하는 행위

② 제1항의 미수범은 처벌한다.

③ 상습적으로 제1항의 죄를 범한 자는 그 죄에 대하여 정하는 형의 2분의 1까지 가중한다.

[본조신설 2014. 1. 28.]

제16조(벌칙) 다음 각 호의 어느 하나에 해당하는 자는 3년 이하의 징역 또는 3천만원 이하의 벌금에 처한다.

1. 거짓으로 제3조제1항에 따른 피해구제를 신청한 자
2. 거짓으로 제3조제2항에 따른 지급정지를 요청한 자
3. 거짓으로 제6조제1항에 따른 피해구제를 신청한 자
4. 거짓으로 제7조제1항에 따른 이의제기를 한 자

제17조(양벌규정) 법인의 대표자나 법인 또는 개인의 대리인, 사용인, 그 밖의 종업원이 그 법인 또는 개인의 업무에 관하여 제15조의2 및 제16조의 위반행위를 하면 그 행위자를 벌하는 외에 그 법인 또는 개인에게도 해당 조문의 벌금형을 과(科)한다. 다만, 법인 또는 개인이 그 위반행위를 방지하기 위하여 해당 업무에 관하여 상당한 주의와 감독을 게을리하지 아니

한 경우에는 그러하지 아니하다. 〈개정 2014. 1. 28.〉

제18조(과태료) ① 다음 각 호의 어느 하나에 해당하는 자에게는 1천만원 이하의 과태료를 부과한다. 〈개정 2014. 1. 28.〉

1. 제2조의2제2항에 따른 개선계획을 제출·이행하지 아니한 금융회사
2. 제2조의4제1항을 위반하여 본인확인조치를 하지 아니한 금융회사
3. 제4조제1항제1호 또는 제2호를 위반하여 지급정지 등의 조치를 취하지 아니한 금융회사
4. 제5조제1항 또는 제6조제2항을 위반하여 채권소멸절차의 개시에 관한 공고 요청을 하지 아니한 금융회사
5. 제8조제1항을 위반하여 지급정지 및 채권소멸절차를 종료하지 아니한 금융회사
6. 제10조제1항을 위반하여 피해환급금을 피해자에게 지급하지 아니한 금융회사
7. 제13조의2제3항을 위반하여 전자금융거래를 처리한 금융회사

② 다음 각 호의 어느 하나에 해당하는 자에게는 500만원 이하의 과태료를 부과한다. 〈개정 2014. 1. 28.〉

1. 제3조제2항을 위반하여 지급정지 요청을 하지 아니한 금융회사
2. 제4조제2항 각 호 외의 부분 본문을 위반하여 해당 지급정지 조치에 관한 사항을 통지하지 아니한 금융회사
3. 제7조제2항을 위반하여 명의인의 이의제기를 피해자에게 통지하지 아니한 금융회사

③ 제1항 및 제2항에 따른 과태료는 대통령령으로 정하는 바에 따라 금융위원회가 부과·징수한다.

부칙 〈제15472호, 2018. 3. 13.〉

제1조(시행일) 이 법은 공포한 날부터 시행한다.

제2조(이의제기에 관한 적용례) 제7조제1항 및 제2항의 개정규정은 이 법 시행 당시 지급정지된 사기이용계좌부터 적용한다.

정보통신망 이용촉진 및 정보보호 등에 관한 법률(약칭: 정보통신망법)

[시행 2018. 12. 13] [법률 제15628호, 2018. 6. 12, 일부개정]

제1장 총칙

제1조(목적) 이 법은 정보통신망의 이용을 촉진하고 정보통신서비스를 이용하는 자의 개인정보를 보호함과 아울러 정보통신망을 건전하고 안전하게 이용할 수 있는 환경을 조성하여 국민생활의 향상과 공공복리의 증진에 이바지함을 목적으로 한다.

[전문개정 2008. 6. 13.]

제2조(정의) ① 이 법에서 사용하는 용어의 뜻은 다음과 같다. 〈개정 2004. 1. 29., 2007. 1. 26., 2007. 12. 21., 2008. 6. 13., 2010. 3. 22., 2014. 5. 28.〉

1. "정보통신망"이란 「전기통신사업법」 제2조제2호에 따른 전기통신설비를 이용하거나 전기통신설비와 컴퓨터 및 컴퓨터의 이용기술을 활용하여 정보를 수집·가공·저장·검색·송신 또는 수신하는 정보통신체제를 말한다.
2. "정보통신서비스"란 「전기통신사업법」 제2조제6호에 따른 전기통신역무와 이를 이용하여 정보를 제공하거나 정보의 제공을 매개하는 것을 말한다.
3. "정보통신서비스 제공자"란 「전기통신사업법」 제2조제8호에 따른 전기통신사업자와 영리를 목적으로 전기통신사업자의 전기통신역무를 이용하여 정보를 제공하거나 정보의 제공을 매개하는 자를 말한다.
4. "이용자"란 정보통신서비스 제공자가 제공하는 정보통신서비스를 이용하는 자를 말한다.
5. "전자문서"란 컴퓨터 등 정보처리능력을 가진 장치에 의하여 전자적인 형태로 작성되어 송수신되거나 저장된 문서형식의 자료로서 표준화된 것을 말한다.
6. "개인정보"란 생존하는 개인에 관한 정보로서 성명·주민등록번호 등에 의하여 특정한 개인을 알아볼 수 있는 부호·문자·음성·음향 및 영상 등의 정보(해당 정보만으로는 특정 개인을 알아볼 수 없어도 다른 정보와 쉽게

결합하여 알아볼 수 있는 경우에는 그 정보를 포함한다)를 말한다.

7. “침해사고”란 해킹, 컴퓨터바이러스, 논리폭탄, 메일폭탄, 서비스 거부 또는 고출력 전자기파 등의 방법으로 정보통신망 또는 이와 관련된 정보시스템을 공격하는 행위를 하여 발생한 사태를 말한다.

8. 삭제 〈2015. 6. 22.〉

9. “게시판”이란 그 명칭과 관계없이 정보통신망을 이용하여 일반에게 공개할 목적으로 부호·문자·음성·음향·화상·동영상 등의 정보를 이용자가 게재할 수 있는 컴퓨터 프로그램이나 기술적 장치를 말한다.

10. “통신과금서비스”란 정보통신서비스로서 다음 각 목의 업무를 말한다.

가. 타인이 판매·제공하는 재화 또는 용역(이하 “재화등”이라 한다)의 대가를 자신이 제공하는 전기통신역무의 요금과 함께 청구·징수하는 업무

나. 타인이 판매·제공하는 재화등의 대가가 가목의 업무를 제공하는 자의 전기통신역무의 요금과 함께 청구·징수되도록 거래정보를 전자적으로 송수신하는 것 또는 그 대가의 정산을 대행하거나 매개하는 업무

11. “통신과금서비스제공자”란 제53조에 따라 등록을 하고 통신과금서비스를 제공하는 자를 말한다.

12. “통신과금서비스이용자”란 통신과금서비스제공자로부터 통신과금서비스를 이용하여 재화등을 구입·이용하는 자를 말한다.

13. “전자적 전송매체”란 정보통신망을 통하여 부호·문자·음성·화상 또는 영상 등을 수신자에게 전자문서 등의 전자적 형태로 전송하는 매체를 말한다.

② 이 법에서 사용하는 용어의 뜻은 제1항에서 정하는 것 외에는 「국가정보화 기본법」에서 정하는 바에 따른다. 〈개정 2008. 6. 13., 2013. 3. 23.〉

제3조(정보통신서비스 제공자 및 이용자의 책무) ① 정보통신서비스 제공자는 이용자의 개인정보를 보호하고 건전하고 안전한 정보통신서비스를 제공하여 이용자의 권익보호와 정보이용능력의 향상에 이바지하여야 한다.

② 이용자는 건전한 정보사회가 정착되도록 노력하여야 한다.

③ 정부는 정보통신서비스 제공자단체 또는 이용자단체의 개인정보보호 및 정보통신망에서의 청소년 보호 등을 위한 활동을 지원할 수 있다.

[전문개정 2008. 6. 13.]

제4조(정보통신망 이용촉진 및 정보보호등에 관한 시책의 마련) ① 과학기술정

보통신부장관 또는 방송통신위원회는 정보통신망의 이용촉진 및 안정적 관리·운영과 이용자의 개인정보보호 등(이하 "정보통신망 이용촉진 및 정보보호등"이라 한다)을 통하여 정보사회의 기반을 조성하기 위한 시책을 마련하여야 한다. 〈개정 2011. 3. 29., 2013. 3. 23., 2017. 7. 26.〉

② 제1항에 따른 시책에는 다음 각 호의 사항이 포함되어야 한다.

1. 정보통신망에 관련된 기술의 개발·보급
2. 정보통신망의 표준화
3. 정보내용물 및 제11조에 따른 정보통신망 응용서비스의 개발 등 정보통신망의 이용 활성화
4. 정보통신망을 이용한 정보의 공동활용 촉진
5. 인터넷 이용의 활성화
6. 정보통신망을 통하여 수집·처리·보관·이용되는 개인정보의 보호 및 그와 관련된 기술의 개발·보급
7. 정보통신망에서의 청소년 보호
8. 정보통신망의 안전성 및 신뢰성 제고
9. 그 밖에 정보통신망 이용촉진 및 정보보호등을 위하여 필요한 사항

③ 과학기술정보통신부장관 또는 방송통신위원회는 제1항에 따른 시책을 마련할 때에는 「국가정보화 기본법」 제6조에 따른 국가정보화 기본계획과 연계되도록 하여야 한다. 〈개정 2011. 3. 29., 2013. 3. 23., 2017. 7. 26.〉

[전문개정 2008. 6. 13.]

제4조(정보통신망 이용촉진 및 정보보호등에 관한 시책의 마련) ① 과학기술정보통신부장관 또는 방송통신위원회는 정보통신망의 이용촉진 및 안정적 관리·운영과 이용자의 개인정보보호 등(이하 "정보통신망 이용촉진 및 정보보호등"이라 한다)을 통하여 정보사회의 기반을 조성하기 위한 시책을 마련하여야 한다. 〈개정 2011. 3. 29., 2013. 3. 23., 2017. 7. 26.〉

② 제1항에 따른 시책에는 다음 각 호의 사항이 포함되어야 한다. 〈개정 2018. 12. 24.〉

1. 정보통신망에 관련된 기술의 개발·보급
2. 정보통신망의 표준화
3. 정보내용물 및 제11조에 따른 정보통신망 응용서비스의 개발 등 정보통신

망의 이용 활성화

4. 정보통신망을 이용한 정보의 공동활용 촉진
5. 인터넷 이용의 활성화
6. 정보통신망을 통하여 수집·처리·보관·이용되는 개인정보의 보호 및 그와 관련된 기술의 개발·보급

6의2. 개인정보 처리에 따른 위험성 및 결과, 이용자의 권리 등을 명확하게 인지하지 못할 수 있는 만 14세 미만의 아동의 개인정보보호

7. 정보통신망에서의 청소년 보호
8. 정보통신망의 안전성 및 신뢰성 제고
9. 그 밖에 정보통신망 이용촉진 및 정보보호등을 위하여 필요한 사항

③ 과학기술정보통신부장관 또는 방송통신위원회는 제1항에 따른 시책을 마련할 때에는 「국가정보화 기본법」 제6조에 따른 국가정보화 기본계획과 연계되도록 하여야 한다. 〈개정 2011. 3. 29., 2013. 3. 23., 2017. 7. 26.〉

[전문개정 2008. 6. 13.]

[시행일 : 2019. 6. 25.] 제4조

제5조(다른 법률과의 관계) 정보통신망 이용촉진 및 정보보호등에 관하여는 다른 법률에서 특별히 규정된 경우 외에는 이 법으로 정하는 바에 따른다. 다만, 제4장의 개인정보의 보호에 관하여 이 법과 「개인정보 보호법」의 적용이 경합하거나 제7장의 통신과금서비스에 관하여 이 법과 「전자금융거래법」의 적용이 경합하는 때에는 이 법을 우선 적용한다.
〈개정 2018. 6. 12.〉

[전문개정 2008. 6. 13.]

제2장 정보통신망의 이용촉진

제6조(기술개발의 추진 등) ① 과학기술정보통신부장관은 정보통신망과 관련된 기술 및 기기의 개발을 효율적으로 추진하기 위하여 대통령령으로 정하는 바에 따라 관련 연구기관으로 하여금 연구개발·기술협력·기술이전 또는 기술지도 등의 사업을 하게 할 수 있다. 〈개정 2013. 3. 23., 2017. 7. 26.〉

② 정부는 제1항에 따라 연구개발 등의 사업을 하는 연구기관에는 그 사업에

드는 비용의 전부 또는 일부를 지원할 수 있다.

③ 제2항에 따른 비용의 지급 및 관리 등에 필요한 사항은 대통령령으로 정한다.

[전문개정 2008. 6. 13.]

제7조(기술관련 정보의 관리 및 보급) ① 과학기술정보통신부장관은 정보통신망과 관련된 기술 및 기기에 관한 정보(이하 이 조에서 "기술관련 정보"라 한다)를 체계적이고 종합적으로 관리하여야 한다. 〈개정 2013. 3. 23., 2017. 7. 26.〉

② 과학기술정보통신부장관은 기술관련 정보를 체계적이고 종합적으로 관리하기 위하여 필요하면 관계 행정기관 및 국공립 연구기관 등에 대하여 기술관련 정보와 관련된 자료를 요구할 수 있다. 이 경우 요구를 받은 기관의 장은 특별한 사유가 없으면 그 요구에 따라야 한다. 〈개정 2013. 3. 23., 2017. 7. 26.〉

③ 과학기술정보통신부장관은 기술관련 정보를 신속하고 편리하게 이용할 수 있도록 그 보급을 위한 사업을 하여야 한다. 〈개정 2013. 3. 23., 2017. 7. 26.〉

④ 제3항에 따라 보급하려는 정보통신망과 관련된 기술 및 기기의 범위에 관하여 필요한 사항은 대통령령으로 정한다.

[전문개정 2008. 6. 13.]

제8조(정보통신망의 표준화 및 인증) ① 과학기술정보통신부장관은 정보통신망의 이용을 촉진하기 위하여 정보통신망에 관한 표준을 정하여 고시하고, 정보통신서비스 제공자 또는 정보통신망과 관련된 제품을 제조하거나 공급하는 자에게 그 표준을 사용하도록 권고할 수 있다. 다만, 「산업표준화법」 제12조에 따른 한국산업표준이 제정되어 있는 사항에 대하여는 그 표준에 따른다. 〈개정 2013. 3. 23., 2017. 7. 26.〉

② 제1항에 따라 고시된 표준에 적합한 정보통신과 관련된 제품을 제조하거나 공급하는 자는 제9조제1항에 따른 인증기관의 인증을 받아 그 제품이 표준에 적합한 것임을 나타내는 표시를 할 수 있다.

③ 제1항 단서에 해당하는 경우로서 「산업표준화법」 제15조에 따라 인증을 받은 경우에는 제2항에 따른 인증을 받은 것으로 본다.

④ 제2항에 따른 인증을 받은 자가 아니면 그 제품이 표준에 적합한 것임을 나타내는 표시를 하거나 이와 비슷한 표시를 하여서는 아니 되며, 이와

비슷한 표시를 한 제품을 판매하거나 판매할 목적으로 진열하여서는 아니 된다.

⑤ 과학기술정보통신부장관은 제4항을 위반하여 제품을 판매하거나 판매할 목적으로 진열한 자에게 그 제품을 수거·반품하도록 하거나 인증을 받아 그 표시를 하도록 하는 등 필요한 시정조치를 명할 수 있다. 〈개정 2013. 3. 23., 2017. 7. 26.〉

⑥ 제1항부터 제3항까지의 규정에 따른 표준화의 대상·방법·절차 및 인증표시, 제5항에 따른 수거·반품·시정 등에 필요한 사항은 과학기술정보통신부령으로 정한다. 〈개정 2013. 3. 23., 2017. 7. 26.〉

[전문개정 2008. 6. 13.]

제9조(인증기관의 지정 등) ① 과학기술정보통신부장관은 정보통신망과 관련된 제품을 제조하거나 공급하는 자의 제품이 제8조제1항 본문에 따라 고시된 표준에 적합한 제품임을 인증하는 기관(이하 "인증기관"이라 한다)을 지정할 수 있다. 〈개정 2013. 3. 23., 2017. 7. 26.〉

② 과학기술정보통신부장관은 인증기관이 다음 각 호의 어느 하나에 해당하면 그 지정을 취소하거나 6개월 이내의 기간을 정하여 업무의 정지를 명할 수 있다. 다만, 제1호에 해당하는 경우에는 그 지정을 취소하여야 한다. 〈개정 2013. 3. 23., 2017. 7. 26.〉

1. 속임수나 그 밖의 부정한 방법으로 지정을 받은 경우
2. 정당한 사유 없이 1년 이상 계속하여 인증업무를 하지 아니한 경우
3. 제3항에 따른 지정기준에 미달한 경우

③ 제1항 및 제2항에 따른 인증기관의 지정기준·지정절차, 지정취소·업무정지의 기준 등에 필요한 사항은 과학기술정보통신부령으로 정한다. 〈개정 2013. 3. 23., 2017. 7. 26.〉

[전문개정 2008. 6. 13.]

제10조(정보내용물의 개발 지원) 정부는 국가경쟁력을 확보하거나 공익을 증진하기 위하여 정보통신망을 통하여 유통되는 정보내용물을 개발하는 자에게 재정 및 기술 등 필요한 지원을 할 수 있다.

[전문개정 2008. 6. 13.]

제11조(정보통신망 응용서비스의 개발 촉진 등) ① 정부는 국가기관·지방자치단체 및 공공기관이 정보통신망을 활용하여 업무를 효율화·자동화·고도

화하는 응용서비스(이하 "정보통신망 응용서비스"라 한다)를 개발·운영하는 경우 그 기관에 재정 및 기술 등 필요한 지원을 할 수 있다.

② 정부는 민간부문에 의한 정보통신망 응용서비스의 개발을 촉진하기 위하여 재정 및 기술 등 필요한 지원을 할 수 있으며, 정보통신망 응용서비스의 개발에 필요한 기술인력을 양성하기 위하여 다음 각 호의 시책을 마련하여야 한다.

1. 각급 학교나 그 밖의 교육기관에서 시행하는 인터넷 교육에 대한 지원
2. 국민에 대한 인터넷 교육의 확대
3. 정보통신망 기술인력 양성사업에 대한 지원
4. 정보통신망 전문기술인력 양성기관의 설립·지원
5. 정보통신망 이용 교육프로그램의 개발 및 보급 지원
6. 정보통신망 관련 기술자격제도의 정착 및 전문기술인력 수급 지원
7. 그 밖에 정보통신망 관련 기술인력의 양성에 필요한 사항

[전문개정 2008. 6. 13.]

제12조(정보의 공동활용체제 구축) ① 정부는 정보통신망을 효율적으로 활용하기 위하여 정보통신망 상호 간의 연계 운영 및 표준화 등 정보의 공동활용체제 구축을 권장할 수 있다.

② 정부는 제1항에 따른 정보의 공동활용체제를 구축하는 자에게 재정 및 기술 등 필요한 지원을 할 수 있다.

③ 제1항과 제2항에 따른 권장 및 지원에 필요한 사항은 대통령령으로 정한다.

[전문개정 2008. 6. 13.]

제13조(정보통신망의 이용촉진 등에 관한 사업) ① 과학기술정보통신부장관은 공공, 지역, 산업, 생활 및 사회적 복지 등 각 분야의 정보통신망의 이용촉진과 정보격차의 해소를 위하여 관련 기술·기기 및 응용서비스의 효율적인 활용·보급을 촉진하기 위한 사업을 대통령령으로 정하는 바에 따라 실시할 수 있다. 〈개정 2013. 3. 23., 2017. 7. 26.〉

② 정부는 제1항에 따른 사업에 참여하는 자에게 재정 및 기술 등 필요한 지원을 할 수 있다.

[전문개정 2008. 6. 13.]

제14조(인터넷 이용의 확산) 정부는 인터넷 이용이 확산될 수 있도록 공공 및 민간의 인터넷 이용시설의 효율적 활용을 유도하고 인터넷 관련 교육 및 홍보 등의 인터넷 이용기반을 확충하며, 지역별·성별·연령별 인터넷 이용격차를 해소하기 위한 시책을 마련하고 추진하여야 한다.

[전문개정 2008. 6. 13.]

제15조(인터넷 서비스의 품질 개선) ① 과학기술정보통신부장관은 인터넷 서비스 이용자의 권익을 보호하고 인터넷 서비스의 품질 향상 및 안정적 제공을 보장하기 위한 시책을 마련하여야 한다. 〈개정 2013. 3. 23., 2017. 7. 26.〉

② 과학기술정보통신부장관은 제1항에 따른 시책을 추진하기 위하여 필요하면 정보통신서비스 제공자단체 및 이용자단체 등의 의견을 들어 인터넷 서비스 품질의 측정·평가에 관한 기준을 정하여 고시할 수 있다. 〈개정 2013. 3. 23., 2017. 7. 26.〉

③ 정보통신서비스 제공자는 제2항에 따른 기준에 따라 자율적으로 인터넷 서비스의 품질 현황을 평가하여 그 결과를 이용자에게 알려줄 수 있다.

[전문개정 2008. 6. 13.]

제16조 삭제 〈2004. 1. 29.〉

제17조 삭제 〈2004. 1. 29.〉

제3장 삭제 〈2015. 6. 22.〉

제18조 삭제 〈2015. 6. 22.〉

제19조 삭제 〈2015. 6. 22.〉

제20조 삭제 〈2015. 6. 22.〉

제21조 삭제 〈2015. 6. 22.〉

제4장 개인정보의 보호

제1절 개인정보의 수집·이용 및 제공 등

제22조(개인정보의 수집·이용 동의 등) ① 정보통신서비스 제공자는 이용자의 개인정보를 이용하려고 수집하는 경우에는 다음 각 호의 모든 사항을 이용자에게 알리고 동의를 받아야 한다. 다음 각 호의 어느 하나의 사항을 변경하려는 경우에도 또한 같다.

1. 개인정보의 수집·이용 목적
2. 수집하는 개인정보의 항목
3. 개인정보의 보유·이용 기간

② 정보통신서비스 제공자는 다음 각 호의 어느 하나에 해당하는 경우에는 제1항에 따른 동의 없이 이용자의 개인정보를 수집·이용할 수 있다.

1. 정보통신서비스의 제공에 관한 계약을 이행하기 위하여 필요한 개인정보로서 경제적·기술적인 사유로 통상적인 동의를 받는 것이 뚜렷하게 곤란한 경우
2. 정보통신서비스의 제공에 따른 요금정산을 위하여 필요한 경우
3. 이 법 또는 다른 법률에 특별한 규정이 있는 경우

[전문개정 2008. 6. 13.]

제22조(개인정보의 수집·이용 동의 등) ① 정보통신서비스 제공자는 이용자의 개인정보를 이용하려고 수집하는 경우에는 다음 각 호의 모든 사항을 이용자에게 알리고 동의를 받아야 한다. 다음 각 호의 어느 하나의 사항을 변경하려는 경우에도 또한 같다.

1. 개인정보의 수집·이용 목적
2. 수집하는 개인정보의 항목
3. 개인정보의 보유·이용 기간

② 정보통신서비스 제공자는 다음 각 호의 어느 하나에 해당하는 경우에는 제1항에 따른 동의 없이 이용자의 개인정보를 수집·이용할 수 있다.

1. 정보통신서비스의 제공에 관한 계약을 이행하기 위하여 필요한 개인정보로서 경제적·기술적인 사유로 통상적인 동의를 받는 것이 뚜렷하게 곤란한 경우
2. 정보통신서비스의 제공에 따른 요금정산을 위하여 필요한 경우
3. 이 법 또는 다른 법률에 특별한 규정이 있는 경우

③ 정보통신서비스 제공자는 만 14세 미만의 아동에게 개인정보 처리와 관련한 사항의 고지 등을 하는 때에는 이해하기 쉬운 양식과 명확하고 알기 쉬운 언어를 사용하여야 한다. 〈신설 2018. 12. 24.〉

[전문개정 2008. 6. 13.]

[시행일 : 2019. 6. 25.] 제22조

제22조의2(접근권한에 대한 동의) ① 정보통신서비스 제공자는 해당 서비스를 제공하기 위하여 이용자의 이동통신단말장치 내에 저장되어 있는 정보 및 이동통신단말장치에 설치된 기능에 대하여 접근할 수 있는 권한(이하 "접근권한"이라 한다)이 필요한 경우 다음 각 호의 사항을 이용자가 명확하게 인지할 수 있도록 알리고 이용자의 동의를 받아야 한다.

1. 해당 서비스를 제공하기 위하여 반드시 필요한 접근권한인 경우

가. 접근권한이 필요한 정보 및 기능의 항목

나. 접근권한이 필요한 이유

2. 해당 서비스를 제공하기 위하여 반드시 필요한 접근권한이 아닌 경우

가. 접근권한이 필요한 정보 및 기능의 항목

나. 접근권한이 필요한 이유

다. 접근권한 허용에 대하여 동의하지 아니할 수 있다는 사실

② 정보통신서비스 제공자는 해당 서비스를 제공하기 위하여 반드시 필요하지 아니한 접근권한을 설정하는 데 이용자가 동의하지 아니한다는 이유로 이용자에게 해당 서비스의 제공을 거부하여서는 아니 된다.

③ 이동통신단말장치의 기본 운영체제(이동통신단말장치에서 소프트웨어를 실행할 수 있는 기반 환경을 말한다)를 제작하여 공급하는 자와 이동통신단말장치 제조업자 및 이동통신단말장치의 소프트웨어를 제작하여 공급하는 자는 정보통신서비스 제공자가 이동통신단말장치 내에 저장되어 있는 정보 및 이동통신단말장치에 설치된 기능에 접근하려는 경우 접근권한에 대한 이용자의 동의 및 철회방법을 마련하는 등 이용자 정보 보호에 필요한 조치를 하여야 한다.

④ 방송통신위원회는 해당 서비스의 접근권한의 설정이 제1항부터 제3항까지의 규정에 따라 이루어졌는지 여부에 대하여 실태조사를 실시할 수 있다. 〈신설 2018. 6. 12.〉

⑤ 제1항에 따른 접근권한의 범위 및 동의의 방법, 제3항에 따른 이용자 정보 보호를 위하여 필요한 조치 및 그 밖에 필요한 사항은 대통령령으로 정한다. 〈개정 2018. 6. 12.〉

[본조신설 2016. 3. 22.]

제23조(개인정보의 수집 제한 등) ① 정보통신서비스 제공자는 사상, 신념, 가

족 및 친인척관계, 학력(學歷)·병력(病歷), 기타 사회활동 경력 등 개인의 권리·이익이나 사생활을 뚜렷하게 침해할 우려가 있는 개인정보를 수집하여서는 아니 된다. 다만, 제22조제1항에 따른 이용자의 동의를 받거나 다른 법률에 따라 특별히 수집 대상 개인정보로 허용된 경우에는 필요한 범위에서 최소한으로 그 개인정보를 수집할 수 있다. 〈개정 2014. 5. 28.〉

② 정보통신서비스 제공자는 이용자의 개인정보를 수집하는 경우에는 정보통신서비스의 제공을 위하여 필요한 범위에서 최소한의 개인정보만 수집하여야 한다. 〈개정 2014. 5. 28.〉

③ 정보통신서비스 제공자는 이용자가 필요한 최소한의 개인정보 이외의 개인정보를 제공하지 아니한다는 이유로 그 서비스의 제공을 거부하여서는 아니 된다. 이 경우 필요한 최소한의 개인정보는 해당 서비스의 본질적 기능을 수행하기 위하여 반드시 필요한 정보를 말한다. 〈신설 2014. 5. 28.〉

[전문개정 2008. 6. 13.]

제23조의2(주민등록번호의 사용 제한) ① 정보통신서비스 제공자는 다음 각 호의 어느 하나에 해당하는 경우를 제외하고는 이용자의 주민등록번호를 수집·이용할 수 없다.

1. 제23조의3에 따라 본인확인기관으로 지정받은 경우
2. 법령에서 이용자의 주민등록번호 수집·이용을 허용하는 경우
3. 영업상 목적을 위하여 이용자의 주민등록번호 수집·이용이 불가피한 정보통신서비스 제공자로서 방송통신위원회가 고시하는 경우

② 제1항제2호 또는 제3호에 따라 주민등록번호를 수집·이용할 수 있는 경우에도 이용자의 주민등록번호를 사용하지 아니하고 본인을 확인하는 방법(이하 "대체수단"이라 한다)을 제공하여야 한다.

[전문개정 2012. 2. 17.]

제23조의3(본인확인기관의 지정 등) ① 방송통신위원회는 다음 각 호의 사항을 심사하여 대체수단의 개발·제공·관리 업무(이하 "본인확인업무"라 한다)를 안전하고 신뢰성 있게 수행할 능력이 있다고 인정되는 자를 본인확인기관으로 지정할 수 있다.

1. 본인확인업무의 안전성 확보를 위한 물리적·기술적·관리적 조치계획
2. 본인확인업무의 수행을 위한 기술적·재정적 능력
3. 본인확인업무 관련 설비규모의 적정성

② 본인확인기관이 본인확인업무의 전부 또는 일부를 휴지하고자 하는 때에는 휴지기간을 정하여 휴지하고자 하는 날의 30일 전까지 이를 이용자에게 통보하고 방송통신위원회에 신고하여야 한다. 이 경우 휴지기간은 6개월을 초과할 수 없다.

③ 본인확인기관이 본인확인업무를 폐지하고자 하는 때에는 폐지하고자 하는 날의 60일 전까지 이를 이용자에게 통보하고 방송통신위원회에 신고하여야 한다.

④ 제1항부터 제3항까지의 규정에 따른 심사사항별 세부 심사기준·지정절차 및 휴지·폐지 등에 관하여 필요한 사항은 대통령령으로 정한다.

[본조신설 2011. 4. 5.]

제23조의4(본인확인업무의 정지 및 지정취소) ① 방송통신위원회는 본인확인기관이 다음 각 호의 어느 하나에 해당하는 때에는 6개월 이내의 기간을 정하여 본인확인업무의 전부 또는 일부의 정지를 명하거나 지정을 취소할 수 있다. 다만, 제1호 또는 제2호에 해당하는 때에는 그 지정을 취소하여야 한다.

1. 거짓이나 그 밖의 부정한 방법으로 본인확인기관의 지정을 받은 경우
2. 본인확인업무의 정지명령을 받은 자가 그 명령을 위반하여 업무를 정지하지 아니한 경우
3. 지정받은 날부터 6개월 이내에 본인확인업무를 개시하지 아니하거나 6개월 이상 계속하여 본인확인업무를 휴지한 경우
4. 제23조의3제4항에 따른 지정기준에 적합하지 아니하게 된 경우

② 제1항에 따른 처분의 기준, 절차 및 그 밖에 필요한 사항은 대통령령으로 정한다.

[본조신설 2011. 4. 5.]

제24조(개인정보의 이용 제한) 정보통신서비스 제공자는 제22조 및 제23조제1항 단서에 따라 수집한 개인정보를 이용자로부터 동의받은 목적이나 제22조제2항 각 호에서 정한 목적과 다른 목적으로 이용하여서는 아니 된다.

[전문개정 2008. 6. 13.]

제24조의2(개인정보의 제공 동의 등) ① 정보통신서비스 제공자는 이용자의 개인정보를 제3자에게 제공하려면 제22조제2항제2호 및 제3호에 해당하는 경우 외에는 다음 각 호의 모든 사항을 이용자에게 알리고 동의를 받아야

한다. 다음 각 호의 어느 하나의 사항이 변경되는 경우에도 또한 같다.

1. 개인정보를 제공받는 자
2. 개인정보를 제공받는 자의 개인정보 이용 목적
3. 제공하는 개인정보의 항목
4. 개인정보를 제공받는 자의 개인정보 보유 및 이용 기간

② 제1항에 따라 정보통신서비스 제공자로부터 이용자의 개인정보를 제공받은 자는 그 이용자의 동의가 있거나 다른 법률에 특별한 규정이 있는 경우 외에는 개인정보를 제3자에게 제공하거나 제공받은 목적 외의 용도로 이용하여서는 아니 된다.

③ 제25조제1항에 따른 정보통신서비스 제공자등은 제1항에 따른 제공에 대한 동의와 제25조제1항에 따른 개인정보 처리위탁에 대한 동의를 받을 때에는 제22조에 따른 개인정보의 수집·이용에 대한 동의와 구분하여 받아야 하고, 이에 동의하지 아니한다는 이유로 서비스 제공을 거부하여서는 아니 된다. 〈신설 2011. 4. 5., 2016. 3. 22.〉

[전문개정 2008. 6. 13.]

제25조(개인정보의 처리위탁) ① 정보통신서비스 제공자와 그로부터 제24조의2제1항에 따라 이용자의 개인정보를 제공받은 자(이하 "정보통신서비스 제공자등"이라 한다)는 제3자에게 이용자의 개인정보를 수집, 생성, 연계, 연동, 기록, 저장, 보유, 가공, 편집, 검색, 출력, 정정(訂正), 복구, 이용, 제공, 공개, 파기(破棄), 그 밖에 이와 유사한 행위(이하 "처리"라 한다)를 할 수 있도록 업무를 위탁(이하 "개인정보 처리위탁"이라 한다)하는 경우에는 다음 각 호의 사항 모두를 이용자에게 알리고 동의를 받아야 한다. 다음 각 호의 어느 하나의 사항이 변경되는 경우에도 또한 같다.
〈개정 2016. 3. 22.〉

1. 개인정보 처리위탁을 받는 자(이하 "수탁자"라 한다)
2. 개인정보 처리위탁을 하는 업무의 내용

② 정보통신서비스 제공자등은 정보통신서비스의 제공에 관한 계약을 이행하고 이용자 편의 증진 등을 위하여 필요한 경우로서 제1항 각 호의 사항 모두를 제27조의2제1항에 따라 공개하거나 전자우편 등 대통령령으로 정하는 방법에 따라 이용자에게 알린 경우에는 개인정보 처리위탁에 따른 제1항의 고지절차와 동의절차를 거치지 아니할 수 있다. 제1항 각 호의 어느

하나의 사항이 변경되는 경우에도 또한 같다. 〈개정 2014. 5. 28., 2016. 3. 22.〉

③ 정보통신서비스 제공자등은 개인정보 처리위탁을 하는 경우에는 수탁자가 이용자의 개인정보를 처리할 수 있는 목적을 미리 정하여야 하며, 수탁자는 이 목적을 벗어나서 이용자의 개인정보를 처리하여서는 아니 된다. 〈개정 2016. 3. 22.〉

④ 정보통신서비스 제공자등은 수탁자가 이 장의 규정을 위반하지 아니하도록 관리·감독 및 교육하여야 한다. 〈개정 2016. 3. 22.〉

⑤ 수탁자가 개인정보 처리위탁을 받은 업무와 관련하여 이 장의 규정을 위반하여 이용자에게 손해를 발생시키면 그 수탁자를 손해배상책임에 있어서 정보통신서비스 제공자등의 소속 직원으로 본다. 〈개정 2016. 3. 22.〉

⑥ 정보통신서비스 제공자등이 수탁자에게 개인정보 처리위탁을 할 때에는 문서에 의하여야 한다. 〈신설 2016. 3. 22.〉

⑦ 수탁자는 개인정보 처리위탁을 한 정보통신서비스 제공자등의 동의를 받은 경우에 한하여 제1항에 따라 위탁받은 업무를 제3자에게 재위탁할 수 있다. 〈신설 2016. 3. 22.〉

[전문개정 2008. 6. 13.]

[제목개정 2016. 3. 22.]

제26조(영업의 양수 등에 따른 개인정보의 이전) ① 정보통신서비스 제공자등이 영업의 전부 또는 일부의 양도·합병 등으로 그 이용자의 개인정보를 타인에게 이전하는 경우에는 미리 다음 각 호의 사항 모두를 인터넷 홈페이지 게시, 전자우편 등 대통령령으로 정하는 방법에 따라 이용자에게 알려야 한다.

1. 개인정보를 이전하려는 사실
2. 개인정보를 이전받는 자(이하 "영업양수자등"이라 한다)의 성명(법인의 경우에는 법인의 명칭을 말한다. 이하 이 조에서 같다)·주소·전화번호 및 그 밖의 연락처
3. 이용자가 개인정보의 이전을 원하지 아니하는 경우 그 동의를 철회할 수 있는 방법과 절차

② 영업양수자등은 개인정보를 이전받으면 지체 없이 그 사실 및 영업양수자등의 성명·주소·전화번호 및 그 밖의 연락처를 인터넷 홈페이지 게시,

전자우편 등 대통령령으로 정하는 방법에 따라 이용자에게 알려야 한다. 〈개정 2014. 5. 28.〉

③ 영업양수자등은 정보통신서비스 제공자등이 이용자의 개인정보를 이용하거나 제공할 수 있는 당초 목적의 범위에서만 개인정보를 이용하거나 제공할 수 있다. 다만, 이용자로부터 별도의 동의를 받은 경우에는 그러하지 아니하다.

[전문개정 2008. 6. 13.]

제26조의2(동의를 받는 방법) 제22조제1항, 제23조제1항 단서, 제24조의2제1항·제2항, 제25조제1항, 제26조제3항 단서 또는 제63조제2항에 따른 동의(이하 "개인정보 수집·이용·제공 등의 동의"라 한다)를 받는 방법은 개인정보의 수집매체, 업종의 특성 및 이용자의 수 등을 고려하여 대통령령으로 정한다.

[전문개정 2008. 6. 13.]

제2절 개인정보의 관리 및 파기 등 〈신설 2007. 1. 26.〉

제27조(개인정보 보호책임자의 지정) ① 정보통신서비스 제공자등은 이용자의 개인정보를 보호하고 개인정보와 관련한 이용자의 고충을 처리하기 위하여 개인정보 보호책임자를 지정하여야 한다. 다만, 종업원 수, 이용자 수 등이 대통령령으로 정하는 기준에 해당하는 정보통신서비스 제공자등의 경우에는 지정하지 아니할 수 있다. 〈개정 2016. 3. 22.〉

② 제1항 단서에 따른 정보통신서비스 제공자등이 개인정보 보호책임자를 지정하지 아니하는 경우에는 그 사업주 또는 대표자가 개인정보 보호책임자가 된다. 〈개정 2016. 3. 22.〉

③ 개인정보 보호책임자의 자격요건과 그 밖의 지정에 필요한 사항은 대통령령으로 정한다. 〈개정 2016. 3. 22.〉

④ 개인정보 보호책임자는 개인정보 보호와 관련하여 이 법 및 다른 관계 법령의 위반 사실을 알게 된 경우에는 즉시 개선조치를 하여야 하며, 필요하면 소속 정보통신서비스 제공자등의 사업주 또는 대표자에게 개선조치를 보고하여야 한다. 다만, 제2항에 따라 사업주 또는 대표자가 개인정보 보호책임자가 되는 경우에는 개선조치 보고에 대한 사항을 적용하지 아니한다. 〈신설 2016. 3. 22.〉

[전문개정 2008. 6. 13.]

[제목개정 2016. 3. 22.]

제27조의2(개인정보 처리방침의 공개) ① 정보통신서비스 제공자등은 이용자의 개인정보를 처리하는 경우에는 개인정보 처리방침을 정하여 이용자가 언제든지 쉽게 확인할 수 있도록 대통령령으로 정하는 방법에 따라 공개하여야 한다. 〈개정 2016. 3. 22.〉

② 제1항에 따른 개인정보 처리방침에는 다음 각 호의 사항이 모두 포함되어야 한다. 〈개정 2012. 2. 17., 2016. 3. 22.〉

1. 개인정보의 수집·이용 목적, 수집하는 개인정보의 항목 및 수집방법
2. 개인정보를 제3자에게 제공하는 경우 제공받는 자의 성명(법인인 경우에는 법인의 명칭을 말한다), 제공받는 자의 이용 목적과 제공하는 개인정보의 항목
3. 개인정보의 보유 및 이용 기간, 개인정보의 파기절차 및 파기방법(제29조 제1항 각 호 외의 부분 단서에 따라 개인정보를 보존하여야 하는 경우에는 그 보존근거와 보존하는 개인정보 항목을 포함한다)
4. 개인정보 처리위탁을 하는 업무의 내용 및 수탁자(해당되는 경우에만 처리방침에 포함한다)
5. 이용자 및 법정대리인의 권리와 그 행사방법
6. 인터넷 접속정보파일 등 개인정보를 자동으로 수집하는 장치의 설치·운영 및 그 거부에 관한 사항
7. 개인정보 보호책임자의 성명 또는 개인정보보호 업무 및 관련 고충사항을 처리하는 부서의 명칭과 그 전화번호 등 연락처

③ 정보통신서비스 제공자등은 제1항에 따른 개인정보 처리방침을 변경하는 경우에는 그 이유 및 변경내용을 대통령령으로 정하는 방법에 따라 지체 없이 공지하고, 이용자가 언제든지 변경된 사항을 쉽게 알아 볼 수 있도록 조치하여야 한다. 〈개정 2016. 3. 22.〉

[전문개정 2008. 6. 13.]

[제목개정 2016. 3. 22.]

제27조의3(개인정보 유출등의 통지·신고) ① 정보통신서비스 제공자등은 개인정보의 분실·도난·유출(이하 "유출등"이라 한다) 사실을 안 때에는 지체 없이 다음 각 호의 모든 사항을 해당 이용자에게 알리고 방송통신위원회

또는 한국인터넷진흥원에 신고하여야 하며, 정당한 사유 없이 그 사실을 안 때부터 24시간을 경과하여 통지 · 신고해서는 아니 된다. 다만, 이용자의 연락처를 알 수 없는 등 정당한 사유가 있는 경우에는 대통령령으로 정하는 바에 따라 통지를 갈음하는 조치를 취할 수 있다. 〈개정 2014. 5. 28., 2016. 3. 22.〉

1. 유출등이 된 개인정보 항목
2. 유출등이 발생한 시점
3. 이용자가 취할 수 있는 조치
4. 정보통신서비스 제공자등의 대응 조치
5. 이용자가 상담 등을 접수할 수 있는 부서 및 연락처

② 제1항의 신고를 받은 한국인터넷진흥원은 지체 없이 그 사실을 방송통신위원회에 알려야 한다. 〈신설 2014. 5. 28.〉

③ 정보통신서비스 제공자등은 제1항 본문 및 단서에 따른 정당한 사유를 방송통신위원회에 소명하여야 한다. 〈신설 2014. 5. 28.〉

④ 제1항에 따른 통지 및 신고의 방법 · 절차 등에 관하여 필요한 사항은 대통령령으로 정한다. 〈개정 2014. 5. 28.〉

⑤ 정보통신서비스 제공자등은 개인정보의 유출등에 대한 대책을 마련하고 그 피해를 최소화할 수 있는 조치를 강구하여야 한다. 〈개정 2014. 5. 28., 2016. 3. 22.〉

[본조신설 2012. 2. 17.]

[제목개정 2016. 3. 22.]

제28조(개인정보의 보호조치) ① 정보통신서비스 제공자등이 개인정보를 처리할 때에는 개인정보의 분실 · 도난 · 유출 · 위조 · 변조 또는 훼손을 방지하고 개인정보의 안전성을 확보하기 위하여 대통령령으로 정하는 기준에 따라 다음 각 호의 기술적 · 관리적 조치를 하여야 한다. 〈개정 2016. 3. 22.〉

1. 개인정보를 안전하게 처리하기 위한 내부관리계획의 수립 · 시행
2. 개인정보에 대한 불법적인 접근을 차단하기 위한 침입차단시스템 등 접근통제장치의 설치 · 운영
3. 접속기록의 위조 · 변조 방지를 위한 조치
4. 개인정보를 안전하게 저장 · 전송할 수 있는 암호화기술 등을 이용한 보안

조치

5. 백신 소프트웨어의 설치·운영 등 컴퓨터바이러스에 의한 침해 방지조치
6. 그 밖에 개인정보의 안전성 확보를 위하여 필요한 보호조치

② 정보통신서비스 제공자등은 이용자의 개인정보를 처리하는 자를 최소한으로 제한하여야 한다. 〈개정 2016. 3. 22.〉

[전문개정 2008. 6. 13.]

제28조의2(개인정보의 누설금지) ① 이용자의 개인정보를 처리하고 있거나 처리하였던 자는 직무상 알게 된 개인정보를 훼손·침해 또는 누설하여서는 아니 된다. 〈개정 2016. 3. 22.〉

② 누구든지 그 개인정보가 누설된 사정을 알면서도 영리 또는 부정한 목적으로 개인정보를 제공받아서는 아니 된다.

[전문개정 2008. 6. 13.]

제29조(개인정보의 파기) ①정보통신서비스 제공자등은 다음 각 호의 어느 하나에 해당하는 경우에는 지체 없이 해당 개인정보를 복구·재생할 수 없도록 파기하여야 한다. 다만, 다른 법률에 따라 개인정보를 보존하여야 하는 경우에는 그러하지 아니하다. 〈개정 2012. 2. 17., 2014. 5. 28.〉

1. 제22조제1항, 제23조제1항 단서 또는 제24조의2제1항·제2항에 따라 동의를 받은 개인정보의 수집·이용 목적이나 제22조제2항 각 호에서 정한 해당 목적을 달성한 경우
2. 제22조제1항, 제23조제1항 단서 또는 제24조의2제1항·제2항에 따라 동의를 받은 개인정보의 보유 및 이용 기간이 끝난 경우
3. 제22조제2항에 따라 이용자의 동의를 받지 아니하고 수집·이용한 경우에는 제27조의2제2항제3호에 따른 개인정보의 보유 및 이용 기간이 끝난 경우
4. 사업을 폐업하는 경우

② 정보통신서비스 제공자등은 정보통신서비스를 1년의 기간 동안 이용하지 아니하는 이용자의 개인정보를 보호하기 위하여 대통령령으로 정하는 바에 따라 개인정보의 파기 등 필요한 조치를 취하여야 한다. 다만, 그 기간에 대하여 다른 법령 또는 이용자의 요청에 따라 달리 정한 경우에는 그에 따른다. 〈신설 2012. 2. 17., 2015. 12. 1.〉

③ 정보통신서비스 제공자등은 제2항의 기간 만료 30일 전까지 개인정보가

파기되는 사실, 기간 만료일 및 파기되는 개인정보의 항목 등 대통령령으로 정하는 사항을 전자우편 등 대통령령으로 정하는 방법으로 이용자에게 알려야 한다. 〈신설 2015. 12. 1.〉

[전문개정 2008. 6. 13.]

제29조의2(개인정보보호의 촉진 및 지원) ① 방송통신위원회는 정보통신서비스 제공자등의 자율적인 개인정보보호 활동을 촉진·지원하기 위하여 다음 각 호의 시책을 마련하여야 한다.

1. 개인정보보호를 위한 교육 및 홍보
2. 개인정보보호를 위한 자율적인 규약의 제정 및 시행 지원
3. 개인정보보호와 관련된 기관·단체의 육성 및 지원
4. 그 밖에 자율적 개인정보보호 활동을 지원하기 위하여 필요한 사항

② 제1항에 따른 시책 마련 등에 필요한 사항은 대통령령으로 정한다.

[본조신설 2018. 12. 24.]

[시행일 : 2019. 6. 25.] 제29조의2

제3절 이용자의 권리

제30조(이용자의 권리 등) ① 이용자는 정보통신서비스 제공자등에 대하여 언제든지 개인정보 수집·이용·제공 등의 동의를 철회할 수 있다.

② 이용자는 정보통신서비스 제공자등에 대하여 본인에 관한 다음 각 호의 어느 하나의 사항에 대한 열람이나 제공을 요구할 수 있고 오류가 있는 경우에는 그 정정을 요구할 수 있다.

1. 정보통신서비스 제공자등이 가지고 있는 이용자의 개인정보
2. 정보통신서비스 제공자등이 이용자의 개인정보를 이용하거나 제3자에게 제공한 현황
3. 정보통신서비스 제공자등에게 개인정보 수집·이용·제공 등의 동의를 한 현황

③ 정보통신서비스 제공자등은 이용자가 제1항에 따라 동의를 철회하면 지체 없이 수집된 개인정보를 복구·재생할 수 없도록 파기하는 등 필요한 조치를 하여야 한다. 〈개정 2014. 5. 28.〉

④ 정보통신서비스 제공자등은 제2항에 따라 열람 또는 제공을 요구받으면 지체 없이 필요한 조치를 하여야 한다.

⑤ 정보통신서비스 제공자등은 제2항에 따라 오류의 정정을 요구받으면 지체 없이 그 오류를 정정하거나 정정하지 못하는 사유를 이용자에게 알리는 등 필요한 조치를 하여야 하고, 필요한 조치를 할 때까지는 해당 개인정보를 이용하거나 제공하여서는 아니 된다. 다만, 다른 법률에 따라 개인정보의 제공을 요청받은 경우에는 그 개인정보를 제공하거나 이용할 수 있다.

⑥ 정보통신서비스 제공자등은 제1항에 따른 동의의 철회 또는 제2항에 따른 개인정보의 열람·제공 또는 오류의 정정을 요구하는 방법을 개인정보의 수집방법보다 쉽게 하여야 한다.

⑦ 영업양수자등에 대하여는 제1항부터 제6항까지의 규정을 준용한다. 이 경우 "정보통신서비스 제공자등"은 "영업양수자등"으로 본다.

[전문개정 2008. 6. 13.]

제30조의2(개인정보 이용내역의 통지) ① 정보통신서비스 제공자등으로서 대통령령으로 정하는 기준에 해당하는 자는 제22조 및 제23조제1항 단서에 따라 수집한 이용자 개인정보의 이용내역(제24조의2에 따른 제공 및 제25조에 따른 개인정보 처리위탁을 포함한다)을 주기적으로 이용자에게 통지하여야 한다. 다만, 연락처 등 이용자에게 통지할 수 있는 개인정보를 수집하지 아니한 경우에는 그러하지 아니하다. 〈개정 2016. 3. 22.〉

② 제1항에 따라 이용자에게 통지하여야 하는 정보의 종류, 통지 주기 및 방법, 그 밖에 이용내역 통지에 필요한 사항은 대통령령으로 정한다.

[본조신설 2012. 2. 17.]

제31조(법정대리인의 권리) ① 정보통신서비스 제공자등이 만 14세 미만의 아동으로부터 개인정보 수집·이용·제공 등의 동의를 받으려면 그 법정대리인의 동의를 받아야 한다. 이 경우 정보통신서비스 제공자는 그 아동에게 법정대리인의 동의를 받기 위하여 필요한 법정대리인의 성명 등 최소한의 정보를 요구할 수 있다.

② 법정대리인은 해당 아동의 개인정보에 대하여 제30조제1항 및 제2항에 따른 이용자의 권리를 행사할 수 있다.

③ 제2항에 따른 법정대리인의 동의 철회, 열람 또는 오류정정의 요구에 관

하여는 제30조제3항부터 제5항까지의 규정을 준용한다.

[전문개정 2008. 6. 13.]

제31조(법정대리인의 권리) ① 정보통신서비스 제공자등이 만 14세 미만의 아동으로부터 개인정보 수집·이용·제공 등의 동의를 받으려면 그 법정대리인의 동의를 받아야 하고, 대통령령으로 정하는 바에 따라 법정대리인이 동의하였는지를 확인하여야 한다. 이 경우 정보통신서비스 제공자는 그 아동에게 법정대리인의 동의를 받거나 법정대리인이 동의하였는지를 확인하기 위하여 필요한 법정대리인의 성명 등 최소한의 정보를 요구할 수 있다. 〈개정 2018. 12. 24.〉

② 법정대리인은 해당 아동의 개인정보에 대하여 제30조제1항 및 제2항에 따른 이용자의 권리를 행사할 수 있다.

③ 제2항에 따른 법정대리인의 동의 철회, 열람 또는 오류정정의 요구에 관하여는 제30조제3항부터 제5항까지의 규정을 준용한다.

[전문개정 2008. 6. 13.]

[시행일 : 2019. 6. 25.] 제31조

제32조(손해배상) ①이용자는 정보통신서비스 제공자등이 이 장의 규정을 위반한 행위로 손해를 입으면 그 정보통신서비스 제공자등에게 손해배상을 청구할 수 있다. 이 경우 해당 정보통신서비스 제공자등은 고의 또는 과실이 없음을 입증하지 아니하면 책임을 면할 수 없다. 〈개정 2016. 3. 22.〉

② 정보통신서비스 제공자등의 고의 또는 중대한 과실로 인하여 개인정보가 분실·도난·유출·위조·변조 또는 훼손된 경우로서 이용자에게 손해가 발생한 때에는 법원은 그 손해액의 3배를 넘지 아니하는 범위에서 손해배상액을 정할 수 있다. 다만, 정보통신서비스 제공자등이 고의 또는 중대한 과실이 없음을 증명한 경우에는 그러하지 아니하다. 〈신설 2016. 3. 22.〉

③ 법원은 제2항의 손해배상액을 정할 때에는 다음 각 호의 사항을 고려하여야 한다. 〈신설 2016. 3. 22.〉

1. 고의 또는 손해 발생의 우려를 인식한 정도
2. 위반행위로 인하여 입은 피해 규모
3. 위반행위로 인하여 정보통신서비스 제공자등이 취득한 경제적 이익
4. 위반행위에 따른 벌금 및 과징금

5. 위반행위의 기간·횟수 등

6. 정보통신서비스 제공자등의 재산상태

7. 정보통신서비스 제공자등이 이용자의 개인정보 분실·도난·유출 후 해당 개인정보를 회수하기 위하여 노력한 정도

8. 정보통신서비스 제공자등이 이용자의 피해구제를 위하여 노력한 정도

[전문개정 2008. 6. 13.]

제32조의2(법정손해배상의 청구) ① 이용자는 다음 각 호의 모두에 해당하는 경우에는 대통령령으로 정하는 기간 내에 정보통신서비스 제공자등에게 제32조에 따른 손해배상을 청구하는 대신 300만원 이하의 범위에서 상당한 금액을 손해액으로 하여 배상을 청구할 수 있다. 이 경우 해당 정보통신서비스 제공자등은 고의 또는 과실이 없음을 입증하지 아니하면 책임을 면할 수 없다. 〈개정 2016. 3. 22.〉

1. 정보통신서비스 제공자등이 고의 또는 과실로 이 장의 규정을 위반한 경우

2. 개인정보가 분실·도난·유출·위조·변조 또는 훼손된 경우

② 법원은 제1항에 따른 청구가 있는 경우에 변론 전체의 취지와 증거조사의 결과를 고려하여 제1항의 범위에서 상당한 손해액을 인정할 수 있다.

③ 제32조에 따라 손해배상을 청구한 이용자는 사실심의 변론이 종결되기 전까지 그 청구를 제1항에 따른 청구로 변경할 수 있다. 〈신설 2016. 3. 22.〉

[본조신설 2014. 5. 28.]

제32조의3(노출된 개인정보의 삭제·차단) ① 정보통신서비스 제공자등은 주민등록번호, 계좌정보, 신용카드정보 등 이용자의 개인정보가 정보통신망을 통하여 공중에 노출되지 아니하도록 하여야 한다.

② 정보통신서비스 제공자등은 방송통신위원회 또는 한국인터넷진흥원의 요청이 있는 경우 제1항의 노출된 개인정보에 대한 삭제·차단 등 필요한 조치를 취하여야 한다.

[본조신설 2016. 3. 22.]

제32조의3(손해배상의 보장) ① 정보통신서비스 제공자등은 제32조 및 제32조의2에 따른 손해배상책임의 이행을 위하여 보험 또는 공제에 가입하거나 준비금을 적립하는 등 필요한 조치를 하여야 한다.

② 제1항에 따른 가입 대상 사업자의 범위, 기준 등 필요한 사항은 대통령령으로 정한다.

[본조신설 2018. 6. 12.]

[종전 제32조의3은 제32조의4로 이동 <2018. 6. 12.>]

[시행일 : 2019. 6. 13.] 제32조의3

제32조의4(노출된 개인정보의 삭제 · 차단) ① 정보통신서비스 제공자등은 주민등록번호, 계좌정보, 신용카드정보 등 이용자의 개인정보가 정보통신망을 통하여 공중에 노출되지 아니하도록 하여야 한다.

② 정보통신서비스 제공자등은 방송통신위원회 또는 한국인터넷진흥원의 요청이 있는 경우 제1항의 노출된 개인정보에 대한 삭제 · 차단 등 필요한 조치를 취하여야 한다.

[본조신설 2016. 3. 22.]

[제32조의3에서 이동 <2018. 6. 12.>]

[시행일 : 2019. 6. 13.] 제32조의4

제32조의5(국내대리인의 지정) ① 국내에 주소 또는 영업소가 없는 정보통신서비스 제공자등으로서 이용자 수, 매출액 등을 고려하여 대통령령으로 정하는 기준에 해당하는 자는 다음 각 호의 사항을 대리하는 자(이하 "국내대리인"이라 한다)를 서면으로 지정하여야 한다.

1. 제27조에 따른 개인정보 보호책임자의 업무
2. 제27조의3제1항에 따른 통지 · 신고 및 같은 조 제3항에 따른 소명
3. 제64조제1항에 따른 관계 물품 · 서류 등의 제출

② 국내대리인은 국내에 주소 또는 영업소가 있는 자로 한다.

③ 제1항에 따라 국내대리인을 지정한 때에는 다음 각 호의 사항 모두를 제27조의2에 따른 개인정보 처리방침에 포함하여야 한다.

1. 국내대리인의 성명(법인의 경우에는 그 명칭 및 대표자의 성명을 말한다)
2. 국내대리인의 주소(법인의 경우에는 영업소 소재지를 말한다), 전화번호 및 전자우편 주소

④ 국내대리인이 제1항 각 호와 관련하여 이 법을 위반한 경우에는 정보통신

서비스 제공자등이 그 행위를 한 것으로 본다.

[본조신설 2018. 9. 18.]

[시행일 : 2019. 3. 19.] 제32조의5

제4절 삭제 〈2011. 3. 29.〉

제33조 삭제 〈2011. 3. 29.〉

제33조의2 삭제 〈2011. 3. 29.〉

제34조 삭제 〈2011. 3. 29.〉

제35조 삭제 〈2011. 3. 29.〉

제36조 삭제 〈2011. 3. 29.〉

제37조 삭제 〈2011. 3. 29.〉

제38조 삭제 〈2011. 3. 29.〉

제39조 삭제 〈2011. 3. 29.〉

제40조 삭제 〈2011. 3. 29.〉

제5장 정보통신망에서의 이용자 보호 등 〈개정 2007. 1. 26.〉

제41조(청소년 보호를 위한 시책의 마련 등) ① 방송통신위원회는 정보통신망을 통하여 유통되는 음란·폭력정보 등 청소년에게 해로운 정보(이하 "청소년유해정보"라 한다)로부터 청소년을 보호하기 위하여 다음 각 호의 시책을 마련하여야 한다.

1. 내용 선별 소프트웨어의 개발 및 보급
2. 청소년 보호를 위한 기술의 개발 및 보급
3. 청소년 보호를 위한 교육 및 홍보
4. 그 밖에 청소년 보호를 위하여 대통령령으로 정하는 사항

② 방송통신위원회는 제1항에 따른 시책을 추진할 때에는 「방송통신위원회의 설치 및 운영에 관한 법률」 제18조에 따른 방송통신심의위원회(이하 "심의위원회"라 한다), 정보통신서비스 제공자단체·이용자단체, 그 밖의 관련 전문기관이 실시하는 청소년 보호를 위한 활동을 지원할 수 있다.

[전문개정 2008. 6. 13.]

제42조(청소년유해매체물의 표시) 전기통신사업자의 전기통신역무를 이용하여 일반에게 공개를 목적으로 정보를 제공하는 자(이하 "정보제공자"라 한다) 중 「청소년 보호법」 제2조제2호마목에 따른 매체물로서 같은 법 제2조제3호에 따른 청소년유해매체물을 제공하려는 자는 대통령령으로 정하는 표시방법에 따라 그 정보가 청소년유해매체물임을 표시하여야 한다. 〈개정 2011. 9. 15.〉

[전문개정 2008. 6. 13.]

제42조의2(청소년유해매체물의 광고금지) 누구든지 「청소년 보호법」 제2조제2호마목에 따른 매체물로서 같은 법 제2조제3호에 따른 청소년유해매체물을 광고하는 내용의 정보를 정보통신망을 이용하여 부호·문자·음성·음향·화상 또는 영상 등의 형태로 같은 법 제2조제1호에 따른 청소년에게 전송하거나 청소년 접근을 제한하는 조치 없이 공개적으로 전시하여서는 아니 된다. 〈개정 2011. 9. 15.〉

[전문개정 2008. 6. 13.]

제42조의3(청소년 보호 책임자의 지정 등) ① 정보통신서비스 제공자 중 일일 평균 이용자의 수, 매출액 등이 대통령령으로 정하는 기준에 해당하는 자는 정보통신망의 청소년유해정보로부터 청소년을 보호하기 위하여 청소년 보호 책임자를 지정하여야 한다.

② 청소년 보호 책임자는 해당 사업자의 임원 또는 청소년 보호와 관련된 업무를 담당하는 부서의 장에 해당하는 지위에 있는 자 중에서 지정한다.

③ 청소년 보호 책임자는 정보통신망의 청소년유해정보를 차단·관리하고, 청소년유해정보로부터의 청소년 보호계획을 수립하는 등 청소년 보호업무를 하여야 한다.

④ 제1항에 따른 청소년 보호 책임자의 지정에 필요한 사항은 대통령령으로 정한다.

[전문개정 2008. 6. 13.]

제43조(영상 또는 음향정보 제공사업자의 보관의무) ① 「청소년 보호법」 제2조제2호마목에 따른 매체물로서 같은 법 제2조제3호에 따른 청소년유해매체물을 이용자의 컴퓨터에 저장 또는 기록되지 아니하는 방식으로 제공하는 것을 영업으로 하는 정보제공자 중 대통령령으로 정하는 자는 해당 정보를 보관하여야 한다. 〈개정 2011. 9. 15.〉

② 제1항에 따른 정보제공자가 해당 정보를 보관하여야 할 기간은 대통령령으로 정한다.

[전문개정 2008. 6. 13.]

제44조(정보통신망에서의 권리보호) ① 이용자는 사생활 침해 또는 명예훼손 등 타인의 권리를 침해하는 정보를 정보통신망에 유통시켜서는 아니 된다.

② 정보통신서비스 제공자는 자신이 운영·관리하는 정보통신망에 제1항에 따른 정보가 유통되지 아니하도록 노력하여야 한다.

③ 방송통신위원회는 정보통신망에 유통되는 정보로 인한 사생활 침해 또는 명예훼손 등 타인에 대한 권리침해를 방지하기 위하여 기술개발·교육·홍보 등에 대한 시책을 마련하고 이를 정보통신서비스 제공자에게 권고할 수 있다. 〈개정 2013. 3. 23., 2014. 5. 28.〉

[전문개정 2008. 6. 13.]

제44조의2(정보의 삭제요청 등) ① 정보통신망을 통하여 일반에게 공개를 목적으로 제공된 정보로 사생활 침해나 명예훼손 등 타인의 권리가 침해된 경우 그 침해를 받은 자는 해당 정보를 처리한 정보통신서비스 제공자에게 침해사실을 소명하여 그 정보의 삭제 또는 반박내용의 게재(이하 "삭제등"이라 한다)를 요청할 수 있다. 〈개정 2016. 3. 22.〉

② 정보통신서비스 제공자는 제1항에 따른 해당 정보의 삭제등을 요청받으면 지체 없이 삭제·임시조치 등의 필요한 조치를 하고 즉시 신청인 및 정보게재자에게 알려야 한다. 이 경우 정보통신서비스 제공자는 필요한 조치를 한 사실을 해당 게시판에 공시하는 등의 방법으로 이용자가 알 수 있도록 하여야 한다.

③ 정보통신서비스 제공자는 자신이 운영·관리하는 정보통신망에 제42조에 따른 표시방법을 지키지 아니하는 청소년유해매체물이 게재되어 있거나 제42조의2에 따른 청소년 접근을 제한하는 조치 없이 청소년유해매체물을 광고하는 내용이 전시되어 있는 경우에는 지체 없이 그 내용을 삭제하여야 한다.

④ 정보통신서비스 제공자는 제1항에 따른 정보의 삭제요청에도 불구하고 권리의 침해 여부를 판단하기 어렵거나 이해당사자 간에 다툼이 예상되는 경우에는 해당 정보에 대한 접근을 임시적으로 차단하는 조치(이하

"임시조치"라 한다)를 할 수 있다. 이 경우 임시조치의 기간은 30일 이내로 한다.

⑤ 정보통신서비스 제공자는 필요한 조치에 관한 내용·절차 등을 미리 약관에 구체적으로 밝혀야 한다.

⑥ 정보통신서비스 제공자는 자신이 운영·관리하는 정보통신망에 유통되는 정보에 대하여 제2항에 따른 필요한 조치를 하면 이로 인한 배상책임을 줄이거나 면제받을 수 있다.

[전문개정 2008. 6. 13.]

제44조의3(임의의 임시조치) ① 정보통신서비스 제공자는 자신이 운영·관리하는 정보통신망에 유통되는 정보가 사생활 침해 또는 명예훼손 등 타인의 권리를 침해한다고 인정되면 임의로 임시조치를 할 수 있다.

② 제1항에 따른 임시조치에 관하여는 제44조의2제2항 후단, 제4항 후단 및 제5항을 준용한다.

[전문개정 2008. 6. 13.]

제44조의4(자율규제) 정보통신서비스 제공자단체는 이용자를 보호하고 안전하며 신뢰할 수 있는 정보통신서비스를 제공하기 위하여 정보통신서비스 제공자 행동강령을 정하여 시행할 수 있다.

[전문개정 2008. 6. 13.]

제44조의4(자율규제) ① 정보통신서비스 제공자단체는 이용자를 보호하고 안전하며 신뢰할 수 있는 정보통신서비스를 제공하기 위하여 정보통신서비스 제공자 행동강령을 정하여 시행할 수 있다. 〈개정 2018. 12. 24.〉

② 정보통신서비스 제공자단체는 다음 각 호의 어느 하나에 해당하는 정보가 정보통신망에 유통되지 아니하도록 모니터링 등 자율규제 가이드라인을 정하여 시행할 수 있다. 〈신설 2018. 12. 24.〉

1. 청소년유해정보
2. 제44조의7에 따른 불법정보

③ 정부는 제1항 및 제2항에 따른 정보통신서비스 제공자단체의 자율규제를 위한 활동을 지원할 수 있다. 〈신설 2018. 12. 24.〉

[전문개정 2008. 6. 13.]

[시행일 : 2019. 3. 25.] 제44조의4

제44조의5(게시판 이용자의 본인 확인) ① 다음 각 호의 어느 하나에 해당하는 자가 게시판을 설치·운영하려면 그 게시판 이용자의 본인 확인을 위한 방법 및 절차의 마련 등 대통령령으로 정하는 필요한 조치(이하 "본인확인조치"라 한다)를 하여야 한다.

1. 국가기관, 지방자치단체, 「공공기관의 운영에 관한 법률」 제5조제3항에 따른 공기업·준정부기관 및 「지방공기업법」에 따른 지방공사·지방공단(이하 "공공기관등"이라 한다)
2. 삭제 〈2014. 5. 28.〉

② 삭제 〈2014. 5. 28.〉

③ 정부는 제1항에 따른 본인 확인을 위하여 안전하고 신뢰할 수 있는 시스템을 개발하기 위한 시책을 마련하여야 한다.

④ 공공기관등이 선량한 관리자의 주의로써 제1항에 따른 본인확인조치를 한 경우에는 이용자의 명의가 제3자에 의하여 부정사용됨에 따라 발생한 손해에 대한 배상책임을 줄이거나 면제받을 수 있다. 〈개정 2014. 5. 28.〉

[전문개정 2008. 6. 13.]

[2014. 5. 28. 법률 제12681호에 의하여 2012. 8. 23. 헌법재판소에서 위헌 결정된 이 조 제1항제2호를 삭제함.]

제44조의6(이용자 정보의 제공청구) ① 특정한 이용자에 의한 정보의 게재나 유통으로 사생활 침해 또는 명예훼손 등 권리를 침해당하였다고 주장하는 자는 민·형사상의 소를 제기하기 위하여 침해사실을 소명하여 제44조의10에 따른 명예훼손 분쟁조정부에 해당 정보통신서비스 제공자가 보유하고 있는 해당 이용자의 정보(민·형사상의 소를 제기하기 위한 성명·주소 등 대통령령으로 정하는 최소한의 정보를 말한다)를 제공하도록 청구할 수 있다.

② 명예훼손 분쟁조정부는 제1항에 따른 청구를 받으면 해당 이용자와 연락할 수 없는 등의 특별한 사정이 있는 경우 외에는 그 이용자의 의견을 들어 정보제공 여부를 결정하여야 한다.

③ 제1항에 따라 해당 이용자의 정보를 제공받은 자는 해당 이용자의 정보를 민·형사상의 소를 제기하기 위한 목적 외의 목적으로 사용하여서는 아니 된다.

④ 그 밖의 이용자 정보 제공청구의 내용과 절차에 필요한 사항은 대통령령으로 정한다.

[전문개정 2008. 6. 13.]

제44조의7(불법정보의 유통금지 등) ① 누구든지 정보통신망을 통하여 다음 각 호의 어느 하나에 해당하는 정보를 유통하여서는 아니 된다. 〈개정 2011. 9. 15., 2016. 3. 22., 2018. 6. 12.〉

1. 음란한 부호·문언·음향·화상 또는 영상을 배포·판매·임대하거나 공공연하게 전시하는 내용의 정보
2. 사람을 비방할 목적으로 공공연하게 사실이나 거짓의 사실을 드러내어 타인의 명예를 훼손하는 내용의 정보
3. 공포심이나 불안감을 유발하는 부호·문언·음향·화상 또는 영상을 반복적으로 상대방에게 도달하도록 하는 내용의 정보
4. 정당한 사유 없이 정보통신시스템, 데이터 또는 프로그램 등을 훼손·멸실·변경·위조하거나 그 운용을 방해하는 내용의 정보
5. 「청소년 보호법」에 따른 청소년유해매체물로서 상대방의 연령 확인, 표시의무 등 법령에 따른 의무를 이행하지 아니하고 영리를 목적으로 제공하는 내용의 정보
6. 법령에 따라 금지되는 사행행위에 해당하는 내용의 정보

6의2. 이 법 또는 개인정보 보호에 관한 법령을 위반하여 개인정보를 거래하는 내용의 정보

6의3. 총포·화약류(생명·신체에 위해를 끼칠 수 있는 폭발력을 가진 물건을 포함한다)를 제조할 수 있는 방법이나 설계도 등의 정보

7. 법령에 따라 분류된 비밀 등 국가기밀을 누설하는 내용의 정보
8. 「국가보안법」에서 금지하는 행위를 수행하는 내용의 정보
9. 그 밖에 범죄를 목적으로 하거나 교사(敎唆) 또는 방조하는 내용의 정보

② 방송통신위원회는 제1항제1호부터 제6호까지, 제6호의2 및 제6호의3의 정보에 대하여는 심의위원회의 심의를 거쳐 정보통신서비스 제공자 또는 게시판 관리·운영자로 하여금 그 처리를 거부·정지 또는 제한하도록 명할 수 있다. 다만, 제1항제2호 및 제3호에 따른 정보의 경우에는 해당 정보로 인하여 피해를 받은 자가 구체적으로 밝힌 의사에 반하여 그 처리의 거부·정지 또는 제한을 명할 수 없다. 〈개정 2016. 3. 22., 2018. 6. 12.〉

③ 방송통신위원회는 제1항제7호부터 제9호까지의 정보가 다음 각 호의 모두에 해당하는 경우에는 정보통신서비스 제공자 또는 게시판 관리·운영자에게 해당 정보의 처리를 거부·정지 또는 제한하도록 명하여야 한다. 〈개정 2016. 3. 22.〉

1. 관계 중앙행정기관의 장의 요청이 있었을 것
2. 제1호의 요청을 받은 날부터 7일 이내에 심의위원회의 심의를 거친 후 「방송통신위원회의 설치 및 운영에 관한 법률」 제21조제4호에 따른 시정 요구를 하였을 것
3. 정보통신서비스 제공자나 게시판 관리·운영자가 시정 요구에 따르지 아니하였을 것

④ 방송통신위원회는 제2항 및 제3항에 따른 명령의 대상이 되는 정보통신서비스 제공자, 게시판 관리·운영자 또는 해당 이용자에게 미리 의견제출의 기회를 주어야 한다. 다만, 다음 각 호의 어느 하나에 해당하는 경우에는 의견제출의 기회를 주지 아니할 수 있다.

1. 공공의 안전 또는 복리를 위하여 긴급히 처분을 할 필요가 있는 경우
2. 의견청취가 뚜렷이 곤란하거나 명백히 불필요한 경우로서 대통령령으로 정하는 경우
3. 의견제출의 기회를 포기한다는 뜻을 명백히 표시한 경우

[전문개정 2008. 6. 13.]

제44조의7(불법정보의 유통금지 등) ① 누구든지 정보통신망을 통하여 다음 각 호의 어느 하나에 해당하는 정보를 유통하여서는 아니 된다. 〈개정 2011. 9. 15., 2016. 3. 22., 2018. 6. 12.〉

1. 음란한 부호·문언·음향·화상 또는 영상을 배포·판매·임대하거나 공공연하게 전시하는 내용의 정보
2. 사람을 비방할 목적으로 공공연하게 사실이나 거짓의 사실을 드러내어 타인의 명예를 훼손하는 내용의 정보
3. 공포심이나 불안감을 유발하는 부호·문언·음향·화상 또는 영상을 반복적으로 상대방에게 도달하도록 하는 내용의 정보
4. 정당한 사유 없이 정보통신시스템, 데이터 또는 프로그램 등을 훼손·멸실·변경·위조하거나 그 운용을 방해하는 내용의 정보
5. 「청소년 보호법」에 따른 청소년유해매체물로서 상대방의 연령 확인, 표

시의무 등 법령에 따른 의무를 이행하지 아니하고 영리를 목적으로 제공하는 내용의 정보

6. 법령에 따라 금지되는 사행행위에 해당하는 내용의 정보

6의2. 이 법 또는 개인정보 보호에 관한 법령을 위반하여 개인정보를 거래하는 내용의 정보

6의3. 총포・화약류(생명・신체에 위해를 끼칠 수 있는 폭발력을 가진 물건을 포함한다)를 제조할 수 있는 방법이나 설계도 등의 정보

7. 법령에 따라 분류된 비밀 등 국가기밀을 누설하는 내용의 정보

8. 「국가보안법」에서 금지하는 행위를 수행하는 내용의 정보

9. 그 밖에 범죄를 목적으로 하거나 교사(敎唆) 또는 방조하는 내용의 정보

② 방송통신위원회는 제1항제1호부터 제6호까지, 제6호의2 및 제6호의3의 정보에 대하여는 심의위원회의 심의를 거쳐 정보통신서비스 제공자 또는 게시판 관리・운영자로 하여금 그 처리를 거부・정지 또는 제한하도록 명할 수 있다. 다만, 제1항제2호 및 제3호에 따른 정보의 경우에는 해당 정보로 인하여 피해를 받은 자가 구체적으로 밝힌 의사에 반하여 그 처리의 거부・정지 또는 제한을 명할 수 없다. 〈개정 2016. 3. 22., 2018. 6. 12.〉

③ 방송통신위원회는 제1항제7호부터 제9호까지의 정보가 다음 각 호의 모두에 해당하는 경우에는 정보통신서비스 제공자 또는 게시판 관리・운영자에게 해당 정보의 처리를 거부・정지 또는 제한하도록 명하여야 한다. 〈개정 2016. 3. 22., 2018. 12. 24.〉

1. 관계 중앙행정기관의 장의 요청[제1항제9호의 정보 중 「성폭력범죄의 처벌 등에 관한 특례법」 제14조에 따른 촬영물 또는 복제물(복제물의 복제물을 포함한다)에 대하여는 수사기관의 장의 요청을 포함한다]이 있었을 것

2. 제1호의 요청을 받은 날부터 7일 이내에 심의위원회의 심의를 거친 후 「방송통신위원회의 설치 및 운영에 관한 법률」 제21조제4호에 따른 시정 요구를 하였을 것

3. 정보통신서비스 제공자나 게시판 관리・운영자가 시정 요구에 따르지 아니하였을 것

④ 방송통신위원회는 제2항 및 제3항에 따른 명령의 대상이 되는 정보통신서비스 제공자, 게시판 관리・운영자 또는 해당 이용자에게 미리 의견제출

의 기회를 주어야 한다. 다만, 다음 각 호의 어느 하나에 해당하는 경우에는 의견제출의 기회를 주지 아니할 수 있다.

1. 공공의 안전 또는 복리를 위하여 긴급히 처분을 할 필요가 있는 경우
2. 의견청취가 뚜렷이 곤란하거나 명백히 불필요한 경우로서 대통령령으로 정하는 경우
3. 의견제출의 기회를 포기한다는 뜻을 명백히 표시한 경우

[전문개정 2008. 6. 13.]

[시행일 : 2019. 3. 25.] 제44조의7제3항제1호

제44조의8 삭제 〈2008. 2. 29.〉

제44조의8(대화형정보통신서비스에서의 아동 보호) 정보통신서비스 제공자는 만 14세 미만의 아동에게 문자·음성을 이용하여 사람과 대화하는 방식으로 정보를 처리하는 시스템을 기반으로 하는 정보통신서비스를 제공하는 경우에는 그 아동에게 부적절한 내용의 정보가 제공되지 아니하도록 노력하여야 한다.

[본조신설 2018. 12. 24.]

[시행일 : 2019. 6. 25.] 제44조의8

제44조의9 삭제 〈2008. 2. 29.〉

제44조의10(명예훼손 분쟁조정부) ① 심의위원회는 정보통신망을 통하여 유통되는 정보 중 사생활의 침해 또는 명예훼손 등 타인의 권리를 침해하는 정보와 관련된 분쟁의 조정업무를 효율적으로 수행하기 위하여 5명 이하의 위원으로 구성된 명예훼손 분쟁조정부를 두되, 그중 1명 이상은 변호사의 자격이 있는 자로 한다.

② 명예훼손 분쟁조정부의 위원은 심의위원회의 위원장이 심의위원회의 동의를 받아 위촉한다.

③ 명예훼손 분쟁조정부의 분쟁조정절차 등에 관하여는 제33조의2제2항, 제35조부터 제39조까지의 규정을 준용한다. 이 경우 "분쟁조정위원회"는 "심의위원회"로, "개인정보와 관련한 분쟁"은 "정보통신망을 통하여 유통되는 정보 중 사생활의 침해 또는 명예훼손 등 타인의 권리를 침해하는 정보와 관련된 분쟁"으로 본다.

④ 명예훼손 분쟁조정부의 설치·운영 및 분쟁조정 등에 관하여 그 밖의 필요한 사항은 대통령령으로 정한다.

[전문개정 2008. 6. 13.]

제6장 정보통신망의 안정성 확보 등

제45조(정보통신망의 안정성 확보 등) ① 정보통신서비스 제공자는 정보통신서비스의 제공에 사용되는 정보통신망의 안정성 및 정보의 신뢰성을 확보하기 위한 보호조치를 하여야 한다.

② 과학기술정보통신부장관은 제1항에 따른 보호조치의 구체적 내용을 정한 정보보호조치에 관한 지침(이하 "정보보호지침"이라 한다)을 정하여 고시하고 정보통신서비스 제공자에게 이를 지키도록 권고할 수 있다. 〈개정 2012. 2. 17., 2013. 3. 23., 2017. 7. 26.〉

③ 정보보호지침에는 다음 각 호의 사항이 포함되어야 한다. 〈개정 2016. 3. 22.〉

1. 정당한 권한이 없는 자가 정보통신망에 접근·침입하는 것을 방지하거나 대응하기 위한 정보보호시스템의 설치·운영 등 기술적·물리적 보호조치
2. 정보의 불법 유출·위조·변조·삭제 등을 방지하기 위한 기술적 보호조치
3. 정보통신망의 지속적인 이용이 가능한 상태를 확보하기 위한 기술적·물리적 보호조치
4. 정보통신망의 안정 및 정보보호를 위한 인력·조직·경비의 확보 및 관련 계획수립 등 관리적 보호조치

[전문개정 2008. 6. 13.]

제45조의2(정보보호 사전점검) ① 정보통신서비스 제공자는 새로이 정보통신망을 구축하거나 정보통신서비스를 제공하고자 하는 때에는 그 계획 또는 설계에 정보보호에 관한 사항을 고려하여야 한다.

② 과학기술정보통신부장관은 다음 각 호의 어느 하나에 해당하는 정보통신서비스 또는 전기통신사업을 시행하고자 하는 자에게 대통령령으로 정하는 정보보호 사전점검기준에 따라 보호조치를 하도록 권고할 수 있다. 〈개정 2013. 3. 23., 2017. 7. 26.〉

1. 이 법 또는 다른 법령에 따라 과학기술정보통신부장관의 인가·허가를 받거나 등록·신고를 하도록 되어 있는 사업으로서 대통령령으로 정하는 정

보통신서비스 또는 전기통신사업

2. 과학기술정보통신부장관이 사업비의 전부 또는 일부를 지원하는 사업으로서 대통령령으로 정하는 정보통신서비스 또는 전기통신사업

③ 제2항에 따른 정보보호 사전점검의 기준·방법·절차·수수료 등 필요한 사항은 대통령령으로 정한다.

[본조신설 2012. 2. 17.]

제45조의3(정보보호 최고책임자의 지정 등) ① 정보통신서비스 제공자는 정보통신시스템 등에 대한 보안 및 정보의 안전한 관리를 위하여 임원급의 정보보호 최고책임자를 지정할 수 있다. 다만, 종업원 수, 이용자 수 등이 대통령령으로 정하는 기준에 해당하는 정보통신서비스 제공자의 경우에는 정보보호 최고책임자를 지정하고 과학기술정보통신부장관에게 신고하여야 한다. 〈개정 2014. 5. 28., 2017. 7. 26.〉

② 제1항에 따른 신고의 방법 및 절차 등에 대해서는 대통령령으로 정한다. 〈신설 2014. 5. 28.〉

③ 정보보호 최고책임자는 다음 각 호의 업무를 총괄한다. 〈개정 2014. 5. 28.〉

1. 정보보호관리체계의 수립 및 관리·운영
2. 정보보호 취약점 분석·평가 및 개선
3. 침해사고의 예방 및 대응
4. 사전 정보보호대책 마련 및 보안조치 설계·구현 등
5. 정보보호 사전 보안성 검토
6. 중요 정보의 암호화 및 보안서버 적합성 검토
7. 그 밖에 이 법 또는 관계 법령에 따라 정보보호를 위하여 필요한 조치의 이행

④ 정보통신서비스 제공자는 침해사고에 대한 공동 예방 및 대응, 필요한 정보의 교류, 그 밖에 대통령령으로 정하는 공동의 사업을 수행하기 위하여 제1항에 따른 정보보호 최고책임자를 구성원으로 하는 정보보호 최고책임자 협의회를 구성·운영할 수 있다. 〈개정 2014. 5. 28.〉

⑤ 정부는 제4항에 따른 정보보호 최고책임자 협의회의 활동에 필요한 경비의 전부 또는 일부를 지원할 수 있다. 〈개정 2014. 5. 28., 2015. 6. 22.〉

[본조신설 2012. 2. 17.]

제45조의3(정보보호 최고책임자의 지정 등) ① 정보통신서비스 제공자는 정보통신시스템 등에 대한 보안 및 정보의 안전한 관리를 위하여 임원급의 정보보호 최고책임자를 지정하고 과학기술정보통신부장관에게 신고하여야 한다. 다만, 자산총액, 매출액 등이 대통령령으로 정하는 기준에 해당하는 정보통신서비스 제공자의 경우에는 정보보호 최고책임자를 지정하지 아니할 수 있다. 〈개정 2014. 5. 28., 2017. 7. 26., 2018. 6. 12.〉

② 제1항에 따른 신고의 방법 및 절차 등에 대해서는 대통령령으로 정한다. 〈신설 2014. 5. 28.〉

③ 제1항 본문에 따라 지정 및 신고된 정보보호 최고책임자(자산총액, 매출액 등 대통령령으로 정하는 기준에 해당하는 정보통신서비스 제공자의 경우로 한정한다)는 제4항의 업무 외의 다른 업무를 겸직할 수 없다. 〈신설 2018. 6. 12.〉

④ 정보보호 최고책임자는 다음 각 호의 업무를 총괄한다. 〈개정 2014. 5. 28., 2018. 6. 12.〉

1. 정보보호관리체계의 수립 및 관리·운영
2. 정보보호 취약점 분석·평가 및 개선
3. 침해사고의 예방 및 대응
4. 사전 정보보호대책 마련 및 보안조치 설계·구현 등
5. 정보보호 사전 보안성 검토
6. 중요 정보의 암호화 및 보안서버 적합성 검토
7. 그 밖에 이 법 또는 관계 법령에 따라 정보보호를 위하여 필요한 조치의 이행

⑤ 정보통신서비스 제공자는 침해사고에 대한 공동 예방 및 대응, 필요한 정보의 교류, 그 밖에 대통령령으로 정하는 공동의 사업을 수행하기 위하여 제1항에 따른 정보보호 최고책임자를 구성원으로 하는 정보보호 최고책임자 협의회를 구성·운영할 수 있다. 〈개정 2014. 5. 28., 2018. 6. 12.〉

⑥ 정부는 제5항에 따른 정보보호 최고책임자 협의회의 활동에 필요한 경비의 전부 또는 일부를 지원할 수 있다. 〈개정 2014. 5. 28., 2015. 6. 22., 2018. 6. 12.〉

⑦ 정보보호 최고책임자의 자격요건 등에 필요한 사항은 대통령령으로 정한다. 〈신설 2018. 6. 12.〉

[본조신설 2012. 2. 17.]

[시행일 : 2019. 6. 13.] 제45조의3

제46조(집적된 정보통신시설의 보호) ① 타인의 정보통신서비스 제공을 위하여 집적된 정보통신시설을 운영·관리하는 사업자(이하 "집적정보통신시설 사업자"라 한다)는 정보통신시설을 안정적으로 운영하기 위하여 대통령령으로 정하는 바에 따른 보호조치를 하여야 한다.

② 집적정보통신시설 사업자는 집적된 정보통신시설의 멸실, 훼손, 그 밖의 운영장애로 발생한 피해를 보상하기 위하여 대통령령으로 정하는 바에 따라 보험에 가입하여야 한다.

[전문개정 2008. 6. 13.]

제46조의2(집적정보통신시설 사업자의 긴급대응) ① 집적정보통신시설 사업자는 다음 각 호의 어느 하나에 해당하는 경우에는 이용약관으로 정하는 바에 따라 해당 서비스의 전부 또는 일부의 제공을 중단할 수 있다. 〈개정 2009. 4. 22., 2013. 3. 23., 2017. 7. 26.〉

1. 집적정보통신시설을 이용하는 자(이하 "시설이용자"라 한다)의 정보시스템에서 발생한 이상현상으로 다른 시설이용자의 정보통신망 또는 집적된 정보통신시설의 정보통신망에 심각한 장애를 발생시킬 우려가 있다고 판단되는 경우
2. 외부에서 발생한 침해사고로 집적된 정보통신시설에 심각한 장애가 발생할 우려가 있다고 판단되는 경우
3. 중대한 침해사고가 발생하여 과학기술정보통신부장관이나 한국인터넷진흥원이 요청하는 경우

② 집적정보통신시설 사업자는 제1항에 따라 해당 서비스의 제공을 중단하는 경우에는 중단사유, 발생일시, 기간 및 내용 등을 구체적으로 밝혀 시설이용자에게 즉시 알려야 한다.

③ 집적정보통신시설 사업자는 중단사유가 없어지면 즉시 해당 서비스의 제공을 재개하여야 한다.

[전문개정 2008. 6. 13.]

제46조의3 삭제 〈2012. 2. 17.〉

제47조(정보보호 관리체계의 인증) ① 과학기술정보통신부장관은 정보통신망

의 안정성·신뢰성 확보를 위하여 관리적·기술적·물리적 보호조치를 포함한 종합적 관리체계(이하 "정보보호 관리체계"라 한다)를 수립·운영하고 있는 자에 대하여 제4항에 따른 기준에 적합한지에 관하여 인증을 할 수 있다. 〈개정 2012. 2. 17., 2013. 3. 23., 2015. 12. 1., 2017. 7. 26.〉

② 「전기통신사업법」 제2조제8호에 따른 전기통신사업자와 전기통신사업자의 전기통신역무를 이용하여 정보를 제공하거나 정보의 제공을 매개하는 자로서 다음 각 호의 어느 하나에 해당하는 자는 제1항에 따른 인증을 받아야 한다. 〈신설 2012. 2. 17., 2015. 12. 1.〉

1. 「전기통신사업법」 제6조제1항에 따른 허가를 받은 자로서 대통령령으로 정하는 바에 따라 정보통신망서비스를 제공하는 자
2. 집적정보통신시설 사업자
3. 연간 매출액 또는 세입 등이 1,500억원 이상이거나 정보통신서비스 부문 전년도 매출액이 100억원 이상 또는 3개월간의 일일평균 이용자수 100만명 이상으로서, 대통령령으로 정하는 기준에 해당하는 자

③ 과학기술정보통신부장관은 제2항에 따라 인증을 받아야 하는 자가 과학기술정보통신부령으로 정하는 바에 따라 국제표준 정보보호 인증을 받거나 정보보호 조치를 취한 경우에는 제1항에 따른 인증 심사의 일부를 생략할 수 있다. 이 경우 인증 심사의 세부 생략 범위에 대해서는 과학기술정보통신부장관이 정하여 고시한다. 〈신설 2015. 12. 1., 2017. 7. 26.〉

④ 과학기술정보통신부장관은 제1항에 따른 정보보호 관리체계 인증을 위하여 관리적·기술적·물리적 보호대책을 포함한 인증기준 등 그 밖에 필요한 사항을 정하여 고시할 수 있다. 〈개정 2012. 2. 17., 2013. 3. 23., 2015. 12. 1., 2017. 7. 26.〉

⑤ 제1항에 따른 정보보호 관리체계 인증의 유효기간은 3년으로 한다. 다만, 제47조의5제1항에 따라 정보보호 관리등급을 받은 경우 그 유효기간 동안 제1항의 인증을 받은 것으로 본다. 〈신설 2012. 2. 17., 2015. 12. 1.〉

⑥ 과학기술정보통신부장관은 한국인터넷진흥원 또는 과학기술정보통신부장관이 지정한 기관(이하 "정보보호 관리체계 인증기관"이라 한다)으로 하여금 제1항 및 제2항에 따른 인증에 관한 업무로서 다음 각 호의 업무를 수행하게 할 수 있다. 〈신설 2012. 2. 17., 2013. 3. 23., 2015. 12. 1., 2017. 7. 26.〉

1. 인증 신청인이 수립한 정보보호 관리체계가 제4항에 따른 인증기준에 적

합한지 여부를 확인하기 위한 심사(이하 "인증심사"라 한다)

2. 인증심사 결과의 심의
3. 인증서 발급·관리
4. 인증의 사후관리
5. 정보보호 관리체계 인증심사원의 양성 및 자격관리
6. 그 밖에 정보보호 관리체계 인증에 관한 업무

⑦ 과학기술정보통신부장관은 인증에 관한 업무를 효율적으로 수행하기 위하여 필요한 경우 인증심사 업무를 수행하는 기관(이하 "정보보호 관리체계 심사기관"이라 한다)을 지정할 수 있다. 〈신설 2015. 12. 1., 2017. 7. 26.〉

⑧ 한국인터넷진흥원, 정보보호 관리체계 인증기관 및 정보보호 관리체계 심사기관은 정보보호 관리체계의 실효성 제고를 위하여 연 1회 이상 사후관리를 실시하고 그 결과를 과학기술정보통신부장관에게 통보하여야 한다. 〈신설 2012. 2. 17., 2013. 3. 23., 2015. 12. 1., 2017. 7. 26.〉

⑨ 제1항 및 제2항에 따라 정보보호 관리체계의 인증을 받은 자는 대통령령으로 정하는 바에 따라 인증의 내용을 표시하거나 홍보할 수 있다. 〈개정 2012. 2. 17., 2015. 12. 1.〉

⑩ 과학기술정보통신부장관은 다음 각 호의 어느 하나에 해당하는 사유를 발견한 경우에는 인증을 취소할 수 있다. 다만, 제1호에 해당하는 경우에는 인증을 취소하여야 한다. 〈신설 2012. 2. 17., 2013. 3. 23., 2015. 12. 1., 2017. 7. 26.〉

1. 거짓이나 그 밖의 부정한 방법으로 정보보호 관리체계 인증을 받은 경우
2. 제4항에 따른 인증기준에 미달하게 된 경우
3. 제8항에 따른 사후관리를 거부 또는 방해한 경우

⑪ 제1항 및 제2항에 따른 인증의 방법·절차·범위·수수료, 제8항에 따른 사후관리의 방법·절차, 제10항에 따른 인증취소의 방법·절차, 그 밖에 필요한 사항은 대통령령으로 정한다. 〈개정 2012. 2. 17., 2015. 12. 1.〉

⑫ 정보보호 관리체계 인증기관 및 정보보호 관리체계 심사기관 지정의 기준·절차·유효기간 등에 필요한 사항은 대통령령으로 정한다. 〈개정 2012. 2. 17., 2015. 12. 1.〉

[전문개정 2008. 6. 13.]

제47조(정보보호 관리체계의 인증) ① 과학기술정보통신부장관은 정보통신망의 안정성·신뢰성 확보를 위하여 관리적·기술적·물리적 보호조치를 포함한 종합적 관리체계(이하 "정보보호 관리체계"라 한다)를 수립·운영하고 있는 자에 대하여 제4항에 따른 기준에 적합한지에 관하여 인증을 할 수 있다. 〈개정 2012. 2. 17., 2013. 3. 23., 2015. 12. 1., 2017. 7. 26.〉

② 「전기통신사업법」 제2조제8호에 따른 전기통신사업자와 전기통신사업자의 전기통신역무를 이용하여 정보를 제공하거나 정보의 제공을 매개하는 자로서 다음 각 호의 어느 하나에 해당하는 자는 제1항에 따른 인증을 받아야 한다. 〈신설 2012. 2. 17., 2015. 12. 1., 2018. 12. 24.〉

1. 「전기통신사업법」 제6조제1항에 따른 등록을 한 자로서 대통령령으로 정하는 바에 따라 정보통신망서비스를 제공하는 자
2. 집적정보통신시설 사업자
3. 연간 매출액 또는 세입 등이 1,500억원 이상이거나 정보통신서비스 부문 전년도 매출액이 100억원 이상 또는 3개월간의 일일평균 이용자수 100만명 이상으로서, 대통령령으로 정하는 기준에 해당하는 자

③ 과학기술정보통신부장관은 제2항에 따라 인증을 받아야 하는 자가 과학기술정보통신부령으로 정하는 바에 따라 국제표준 정보보호 인증을 받거나 정보보호 조치를 취한 경우에는 제1항에 따른 인증 심사의 일부를 생략할 수 있다. 이 경우 인증 심사의 세부 생략 범위에 대해서는 과학기술정보통신부장관이 정하여 고시한다. 〈신설 2015. 12. 1., 2017. 7. 26.〉

④ 과학기술정보통신부장관은 제1항에 따른 정보보호 관리체계 인증을 위하여 관리적·기술적·물리적 보호대책을 포함한 인증기준 등 그 밖에 필요한 사항을 정하여 고시할 수 있다. 〈개정 2012. 2. 17., 2013. 3. 23., 2015. 12. 1., 2017. 7. 26.〉

⑤ 제1항에 따른 정보보호 관리체계 인증의 유효기간은 3년으로 한다. 다만, 제47조의5제1항에 따라 정보보호 관리등급을 받은 경우 그 유효기간 동안 제1항의 인증을 받은 것으로 본다. 〈신설 2012. 2. 17., 2015. 12. 1.〉

⑥ 과학기술정보통신부장관은 한국인터넷진흥원 또는 과학기술정보통신부장관이 지정한 기관(이하 "정보보호 관리체계 인증기관"이라 한다)으로 하여금 제1항 및 제2항에 따른 인증에 관한 업무로서 다음 각 호의 업무를 수행하게 할 수 있다. 〈신설 2012. 2. 17., 2013. 3. 23., 2015. 12. 1., 2017. 7. 26.〉

1. 인증 신청인이 수립한 정보보호 관리체계가 제4항에 따른 인증기준에 적합한지 여부를 확인하기 위한 심사(이하 "인증심사"라 한다)
2. 인증심사 결과의 심의
3. 인증서 발급·관리
4. 인증의 사후관리
5. 정보보호 관리체계 인증심사원의 양성 및 자격관리
6. 그 밖에 정보보호 관리체계 인증에 관한 업무

⑦ 과학기술정보통신부장관은 인증에 관한 업무를 효율적으로 수행하기 위하여 필요한 경우 인증심사 업무를 수행하는 기관(이하 "정보보호 관리체계 심사기관"이라 한다)을 지정할 수 있다. 〈신설 2015. 12. 1., 2017. 7. 26.〉

⑧ 한국인터넷진흥원, 정보보호 관리체계 인증기관 및 정보보호 관리체계 심사기관은 정보보호 관리체계의 실효성 제고를 위하여 연 1회 이상 사후관리를 실시하고 그 결과를 과학기술정보통신부장관에게 통보하여야 한다. 〈신설 2012. 2. 17., 2013. 3. 23., 2015. 12. 1., 2017. 7. 26.〉

⑨ 제1항 및 제2항에 따라 정보보호 관리체계의 인증을 받은 자는 대통령령으로 정하는 바에 따라 인증의 내용을 표시하거나 홍보할 수 있다. 〈개정 2012. 2. 17., 2015. 12. 1.〉

⑩ 과학기술정보통신부장관은 다음 각 호의 어느 하나에 해당하는 사유를 발견한 경우에는 인증을 취소할 수 있다. 다만, 제1호에 해당하는 경우에는 인증을 취소하여야 한다. 〈신설 2012. 2. 17., 2013. 3. 23., 2015. 12. 1., 2017. 7. 26.〉

1. 거짓이나 그 밖의 부정한 방법으로 정보보호 관리체계 인증을 받은 경우
2. 제4항에 따른 인증기준에 미달하게 된 경우
3. 제8항에 따른 사후관리를 거부 또는 방해한 경우

⑪ 제1항 및 제2항에 따른 인증의 방법·절차·범위·수수료, 제8항에 따른 사후관리의 방법·절차, 제10항에 따른 인증취소의 방법·절차, 그 밖에 필요한 사항은 대통령령으로 정한다. 〈개정 2012. 2. 17., 2015. 12. 1.〉

⑫ 정보보호 관리체계 인증기관 및 정보보호 관리체계 심사기관 지정의 기준·절차·유효기간 등에 필요한 사항은 대통령령으로 정한다. 〈개정 2012. 2. 17., 2015. 12. 1.〉

[전문개정 2008. 6. 13.]

[시행일 : 2019. 6. 25.] 제47조

제47조의2(정보보호 관리체계 인증기관 및 정보보호 관리체계 심사기관의 지정취소 등) ① 과학기술정보통신부장관은 제47조에 따라 정보보호 관리체계 인증기관 또는 정보보호 관리체계 심사기관으로 지정받은 법인 또는 단체가 다음 각 호의 어느 하나에 해당하면 그 지정을 취소하거나 1년 이내의 기간을 정하여 해당 업무의 전부 또는 일부의 정지를 명할 수 있다. 다만, 제1호나 제2호에 해당하는 경우에는 그 지정을 취소하여야 한다. 〈개정 2012. 2. 17., 2013. 3. 23., 2015. 12. 1., 2017. 7. 26.〉

1. 거짓이나 그 밖의 부정한 방법으로 정보보호 관리체계 인증기관 또는 정보보호 관리체계 심사기관의 지정을 받은 경우
2. 업무정지기간 중에 인증 또는 인증심사를 한 경우
3. 정당한 사유 없이 인증 또는 인증심사를 하지 아니한 경우
4. 제47조제11항을 위반하여 인증 또는 인증심사를 한 경우
5. 제47조제12항에 따른 지정기준에 적합하지 아니하게 된 경우

② 제1항에 따른 지정취소 및 업무정지 등에 필요한 사항은 대통령령으로 정한다.

[전문개정 2008. 6. 13.]

[제목개정 2015. 12. 1.]

제47조의3(개인정보보호 관리체계의 인증) ① 방송통신위원회는 정보통신망에서 개인정보보호 활동을 체계적이고 지속적으로 수행하기 위하여 필요한 관리적·기술적·물리적 보호조치를 포함한 종합적 관리체계(이하 "개인정보보호 관리체계"라 한다)를 수립·운영하고 있는 자에 대하여 제2항에 따른 기준에 적합한지에 관하여 인증을 할 수 있다.

② 방송통신위원회는 제1항에 따른 개인정보보호 관리체계 인증을 위하여 관리적·기술적·물리적 보호대책을 포함한 인증기준 등 그 밖에 필요한 사항을 정하여 고시할 수 있다.

③ 개인정보보호 관리체계의 수행기관, 사후관리 등에 대하여는 제47조제6항부터 제12항까지의 규정을 준용한다. 이 경우 "제1항 및 제2항"은 "제1항"으로 본다. 〈개정 2015. 12. 1.〉

④ 개인정보보호 관리체계 인증기관의 지정취소 등에 대하여는 제47조의2를 준용한다.

[본조신설 2012. 2. 17.]

[종전 제47조의3은 제47조의4로 이동 〈2012. 2. 17.〉]

제47조의4(이용자의 정보보호) ① 정부는 이용자의 정보보호에 필요한 기준을 정하여 이용자에게 권고하고, 침해사고의 예방 및 확산 방지를 위하여 취약점 점검, 기술 지원 등 필요한 조치를 할 수 있다.

② 주요정보통신서비스 제공자는 정보통신망에 중대한 침해사고가 발생하여 자신의 서비스를 이용하는 이용자의 정보시스템 또는 정보통신망 등에 심각한 장애가 발생할 가능성이 있으면 이용약관으로 정하는 바에 따라 그 이용자에게 보호조치를 취하도록 요청하고, 이를 이행하지 아니하는 경우에는 해당 정보통신망으로의 접속을 일시적으로 제한할 수 있다.

③ 「소프트웨어산업 진흥법」 제2조에 따른 소프트웨어사업자는 보안에 관한 취약점을 보완하는 프로그램을 제작하였을 때에는 한국인터넷진흥원에 알려야 하고, 그 소프트웨어 사용자에게는 제작한 날부터 1개월 이내에 2회 이상 알려야 한다. 〈개정 2009. 4. 22.〉

④ 제2항에 따른 보호조치의 요청 등에 관하여 이용약관으로 정하여야 하는 구체적인 사항은 대통령령으로 정한다.

[전문개정 2008. 6. 13.]

[제47조의3에서 이동 〈2012. 2. 17.〉]

제47조의5(정보보호 관리등급 부여) ① 제47조에 따라 정보보호 관리체계 인증을 받은 자는 기업의 통합적 정보보호 관리수준을 제고하고 이용자로부터 정보보호 서비스에 대한 신뢰를 확보하기 위하여 과학기술정보통신부장관으로부터 정보보호 관리등급을 받을 수 있다. 〈개정 2013. 3. 23., 2017. 7. 26.〉

② 과학기술정보통신부장관은 한국인터넷진흥원으로 하여금 제1항에 따른 등급 부여에 관한 업무를 수행하게 할 수 있다. 〈개정 2013. 3. 23., 2017. 7. 26.〉

③ 제1항에 따라 정보보호 관리등급을 받은 자는 대통령령으로 정하는 바에 따라 해당 등급의 내용을 표시하거나 홍보에 활용할 수 있다.

④ 과학기술정보통신부장관은 다음 각 호의 어느 하나에 해당하는 사유를 발

견한 경우에는 부여한 등급을 취소할 수 있다. 다만, 제1호에 해당하는 경우에는 부여한 등급을 취소하여야 한다. 〈개정 2013. 3. 23., 2015. 12. 1., 2017. 7. 26.〉

1. 거짓이나 그 밖의 부정한 방법으로 정보보호 관리등급을 받은 경우
2. 제5항에 따른 등급기준에 미달하게 된 경우

⑤ 제1항에 따른 등급 부여의 심사기준 및 등급 부여의 방법·절차·수수료, 등급의 유효기간, 제4항에 따른 등급취소의 방법·절차, 그 밖에 필요한 사항은 대통령령으로 정한다.

[본조신설 2012. 2. 17.]

제48조(정보통신망 침해행위 등의 금지) ① 누구든지 정당한 접근권한 없이 또는 허용된 접근권한을 넘어 정보통신망에 침입하여서는 아니 된다.

② 누구든지 정당한 사유 없이 정보통신시스템, 데이터 또는 프로그램 등을 훼손·멸실·변경·위조하거나 그 운용을 방해할 수 있는 프로그램(이하 "악성프로그램"이라 한다)을 전달 또는 유포하여서는 아니 된다.

③ 누구든지 정보통신망의 안정적 운영을 방해할 목적으로 대량의 신호 또는 데이터를 보내거나 부정한 명령을 처리하도록 하는 등의 방법으로 정보통신망에 장애가 발생하게 하여서는 아니 된다.

[전문개정 2008. 6. 13.]

제48조의2(침해사고의 대응 등) ① 과학기술정보통신부장관은 침해사고에 적절히 대응하기 위하여 다음 각 호의 업무를 수행하고, 필요하면 업무의 전부 또는 일부를 한국인터넷진흥원이 수행하도록 할 수 있다. 〈개정 2009. 4. 22., 2013. 3. 23., 2017. 7. 26.〉

1. 침해사고에 관한 정보의 수집·전파
2. 침해사고의 예보·경보
3. 침해사고에 대한 긴급조치
4. 그 밖에 대통령령으로 정하는 침해사고 대응조치

② 다음 각 호의 어느 하나에 해당하는 자는 대통령령으로 정하는 바에 따라 침해사고의 유형별 통계, 해당 정보통신망의 소통량 통계 및 접속경로별 이용 통계 등 침해사고 관련 정보를 과학기술정보통신부장관이나 한국인터넷진흥원에 제공하여야 한다. 〈개정 2009. 4. 22., 2013. 3. 23., 2017. 7. 26.〉

1. 주요정보통신서비스 제공자

2. 집적정보통신시설 사업자

3. 그 밖에 정보통신망을 운영하는 자로서 대통령령으로 정하는 자

③ 한국인터넷진흥원은 제2항에 따른 정보를 분석하여 과학기술정보통신부장관에게 보고하여야 한다. 〈개정 2009. 4. 22., 2013. 3. 23., 2017. 7. 26.〉

④ 과학기술정보통신부장관은 제2항에 따라 정보를 제공하여야 하는 사업자가 정당한 사유 없이 정보의 제공을 거부하거나 거짓 정보를 제공하면 상당한 기간을 정하여 그 사업자에게 시정을 명할 수 있다. 〈개정 2013. 3. 23., 2017. 7. 26.〉

⑤ 과학기술정보통신부장관이나 한국인터넷진흥원은 제2항에 따라 제공받은 정보를 침해사고의 대응을 위하여 필요한 범위에서만 정당하게 사용하여야 한다. 〈개정 2009. 4. 22., 2013. 3. 23., 2017. 7. 26.〉

⑥ 과학기술정보통신부장관이나 한국인터넷진흥원은 침해사고의 대응을 위하여 필요하면 제2항 각 호의 어느 하나에 해당하는 자에게 인력지원을 요청할 수 있다. 〈개정 2009. 4. 22., 2013. 3. 23., 2017. 7. 26.〉

[전문개정 2008. 6. 13.]

제48조의3(침해사고의 신고 등) ① 다음 각 호의 어느 하나에 해당하는 자는 침해사고가 발생하면 즉시 그 사실을 과학기술정보통신부장관이나 한국인터넷진흥원에 신고하여야 한다. 이 경우 「정보통신기반 보호법」 제13조제1항에 따른 통지가 있으면 전단에 따른 신고를 한 것으로 본다. 〈개정 2009. 4. 22., 2013. 3. 23., 2017. 7. 26.〉

1. 정보통신서비스 제공자

2. 집적정보통신시설 사업자

② 과학기술정보통신부장관이나 한국인터넷진흥원은 제1항에 따라 침해사고의 신고를 받거나 침해사고를 알게 되면 제48조의2제1항 각 호에 따른 필요한 조치를 하여야 한다. 〈개정 2009. 4. 22., 2013. 3. 23., 2017. 7. 26.〉

[전문개정 2008. 6. 13.]

제48조의4(침해사고의 원인 분석 등) ① 정보통신서비스 제공자 등 정보통신망을 운영하는 자는 침해사고가 발생하면 침해사고의 원인을 분석하고 피해의 확산을 방지하여야 한다.

② 과학기술정보통신부장관은 정보통신서비스 제공자의 정보통신망에 중대한 침해사고가 발생하면 피해 확산 방지, 사고대응, 복구 및 재발 방지를

위하여 정보보호에 전문성을 갖춘 민·관합동조사단을 구성하여 그 침해사고의 원인 분석을 할 수 있다. 〈개정 2013. 3. 23., 2017. 7. 26.〉

③ 과학기술정보통신부장관은 제2항에 따른 침해사고의 원인을 분석하기 위하여 필요하다고 인정하면 정보통신서비스 제공자와 집적정보통신시설 사업자에게 정보통신망의 접속기록 등 관련 자료의 보전을 명할 수 있다. 〈개정 2013. 3. 23., 2017. 7. 26.〉

④ 과학기술정보통신부장관은 침해사고의 원인을 분석하기 위하여 필요하면 정보통신서비스 제공자와 집적정보통신시설 사업자에게 침해사고 관련 자료의 제출을 요구할 수 있으며, 제2항에 따른 민·관합동조사단에게 관계인의 사업장에 출입하여 침해사고 원인을 조사하도록 할 수 있다. 다만, 「통신비밀보호법」 제2조제11호에 따른 통신사실확인자료에 해당하는 자료의 제출은 같은 법으로 정하는 바에 따른다. 〈개정 2013. 3. 23., 2017. 7. 26.〉

⑤ 과학기술정보통신부장관이나 민·관합동조사단은 제4항에 따라 제출받은 자료와 조사를 통하여 알게 된 정보를 침해사고의 원인 분석 및 대책 마련 외의 목적으로는 사용하지 못하며, 원인 분석이 끝난 후에는 즉시 파기하여야 한다. 〈개정 2013. 3. 23., 2017. 7. 26.〉

⑥ 제2항에 따른 민·관합동조사단의 구성과 제4항에 따라 제출된 침해사고 관련 자료의 보호 등에 필요한 사항은 대통령령으로 정한다.

[전문개정 2008. 6. 13.]

제49조(비밀 등의 보호) 누구든지 정보통신망에 의하여 처리·보관 또는 전송되는 타인의 정보를 훼손하거나 타인의 비밀을 침해·도용 또는 누설하여서는 아니 된다.

[전문개정 2008. 6. 13.]

제49조의2(속이는 행위에 의한 개인정보의 수집금지 등) ① 누구든지 정보통신망을 통하여 속이는 행위로 다른 사람의 정보를 수집하거나 다른 사람이 정보를 제공하도록 유인하여서는 아니 된다.

② 정보통신서비스 제공자는 제1항을 위반한 사실을 발견하면 즉시 과학기술정보통신부장관, 방송통신위원회 또는 한국인터넷진흥원에 신고하여야 한다. 〈개정 2009. 4. 22., 2016. 3. 22., 2017. 7. 26.〉

③ 과학기술정보통신부장관, 방송통신위원회 또는 한국인터넷진흥원은 제2

항에 따른 신고를 받거나 제1항을 위반한 사실을 알게 되면 다음 각 호의 필요한 조치를 하여야 한다. 〈개정 2009. 4. 22., 2016. 3. 22., 2017. 7. 26.〉

1. 위반 사실에 관한 정보의 수집 · 전파
2. 유사 피해에 대한 예보 · 경보
3. 정보통신서비스 제공자에게 접속경로의 차단을 요청하거나 이용자에게 제1항의 위반행위에 노출되었다는 사실을 알리도록 요청하는 등 피해 예방 및 피해 확산을 방지하기 위한 긴급조치

④ 과학기술정보통신부장관 또는 방송통신위원회는 제3항제3호의 조치를 취하기 위하여 정보통신서비스 제공자에게 정보통신서비스 제공자 간 정보통신망을 통하여 속이는 행위에 대한 정보 공유 등 필요한 조치를 취하도록 명할 수 있다. 〈신설 2016. 3. 22., 2017. 7. 26.〉

[전문개정 2008. 6. 13.]

제50조(영리목적의 광고성 정보 전송 제한) ① 누구든지 전자적 전송매체를 이용하여 영리목적의 광고성 정보를 전송하려면 그 수신자의 명시적인 사전 동의를 받아야 한다. 다만, 다음 각 호의 어느 하나에 해당하는 경우에는 사전 동의를 받지 아니한다. 〈개정 2016. 3. 22.〉

1. 재화등의 거래관계를 통하여 수신자로부터 직접 연락처를 수집한 자가 대통령령으로 정한 기간 이내에 자신이 처리하고 수신자와 거래한 것과 동종의 재화등에 대한 영리목적의 광고성 정보를 전송하려는 경우
2. 「방문판매 등에 관한 법률」에 따른 전화권유판매자가 육성으로 수신자에게 개인정보의 수집출처를 고지하고 전화권유를 하는 경우

② 전자적 전송매체를 이용하여 영리목적의 광고성 정보를 전송하려는 자는 제1항에도 불구하고 수신자가 수신거부의사를 표시하거나 사전 동의를 철회한 경우에는 영리목적의 광고성 정보를 전송하여서는 아니 된다.

③ 오후 9시부터 그 다음 날 오전 8시까지의 시간에 전자적 전송매체를 이용하여 영리목적의 광고성 정보를 전송하려는 자는 제1항에도 불구하고 그 수신자로부터 별도의 사전 동의를 받아야 한다. 다만, 대통령령으로 정하는 매체의 경우에는 그러하지 아니하다.

④ 전자적 전송매체를 이용하여 영리목적의 광고성 정보를 전송하는 자는 대통령령으로 정하는 바에 따라 다음 각 호의 사항 등을 광고성 정보에 구체적으로 밝혀야 한다.

1. 전송자의 명칭 및 연락처
2. 수신의 거부 또는 수신동의의 철회 의사표시를 쉽게 할 수 있는 조치 및 방법에 관한 사항

⑤ 전자적 전송매체를 이용하여 영리목적의 광고성 정보를 전송하는 자는 다음 각 호의 어느 하나에 해당하는 조치를 하여서는 아니 된다.

1. 광고성 정보 수신자의 수신거부 또는 수신동의의 철회를 회피·방해하는 조치
2. 숫자·부호 또는 문자를 조합하여 전화번호·전자우편주소 등 수신자의 연락처를 자동으로 만들어 내는 조치
3. 영리목적의 광고성 정보를 전송할 목적으로 전화번호 또는 전자우편주소를 자동으로 등록하는 조치
4. 광고성 정보 전송자의 신원이나 광고 전송 출처를 감추기 위한 각종 조치
5. 영리목적의 광고성 정보를 전송할 목적으로 수신자를 기망하여 회신을 유도하는 각종 조치

⑥ 전자적 전송매체를 이용하여 영리목적의 광고성 정보를 전송하는 자는 수신자가 수신거부나 수신동의의 철회를 할 때 발생하는 전화요금 등의 금전적 비용을 수신자가 부담하지 아니하도록 대통령령으로 정하는 바에 따라 필요한 조치를 하여야 한다.

⑦ 전자적 전송매체를 이용하여 영리목적의 광고성 정보를 전송하려는 자는 수신자가 제1항에 따른 사전 동의, 제2항에 따른 수신거부의사 또는 수신동의 철회 의사를 표시할 때에는 해당 수신자에게 대통령령으로 정하는 바에 따라 수신동의, 수신거부 또는 수신동의 철회에 대한 처리 결과를 알려야 한다.

⑧ 제1항 또는 제3항에 따라 수신동의를 받은 자는 대통령령으로 정하는 바에 따라 정기적으로 광고성 정보 수신자의 수신동의 여부를 확인하여야 한다.

[전문개정 2014. 5. 28.]

제50조의2 삭제 〈2014. 5. 28.〉

제50조의3(영리목적의 광고성 정보 전송의 위탁 등) ① 영리목적의 광고성 정보의 전송을 타인에게 위탁한 자는 그 업무를 위탁받은 자가 제50조를 위반하지 아니하도록 관리·감독하여야 한다. 〈개정 2014. 5. 28.〉

② 제1항에 따라 영리목적의 광고성 정보의 전송을 위탁받은 자는 그 업무와 관련한 법을 위반하여 발생한 손해의 배상책임에 있어 정보 전송을 위탁한 자의 소속 직원으로 본다.

[전문개정 2008. 6. 13.]

제50조의4(정보 전송 역무 제공 등의 제한) ① 정보통신서비스 제공자는 다음 각 호의 어느 하나에 해당하는 경우에 해당 역무의 제공을 거부하는 조치를 할 수 있다.

1. 광고성 정보의 전송 또는 수신으로 역무의 제공에 장애가 일어나거나 일어날 우려가 있는 경우
2. 이용자가 광고성 정보의 수신을 원하지 아니하는 경우
3. 삭제 〈2014. 5. 28.〉

② 정보통신서비스 제공자는 제1항 또는 제4항에 따른 거부조치를 하려면 해당 역무 제공의 거부에 관한 사항을 그 역무의 이용자와 체결하는 정보통신서비스 이용계약의 내용에 포함하여야 한다. 〈개정 2014. 5. 28.〉

③ 정보통신서비스 제공자는 제1항 또는 제4항에 따른 거부조치 사실을 그 역무를 제공받는 이용자 등 이해관계인에게 알려야 한다. 다만, 미리 알리는 것이 곤란한 경우에는 거부조치를 한 후 지체 없이 알려야 한다. 〈개정 2014. 5. 28.〉

④ 정보통신서비스 제공자는 이용계약을 통하여 해당 정보통신서비스 제공자가 이용자에게 제공하는 서비스가 제50조 또는 제50조의8을 위반하여 영리목적의 광고성 정보전송에 이용되고 있는 경우 해당 역무의 제공을 거부하거나 정보통신망이나 서비스의 취약점을 개선하는 등 필요한 조치를 강구하여야 한다. 〈신설 2014. 5. 28.〉

[전문개정 2008. 6. 13.]

제50조의5(영리목적의 광고성 프로그램 등의 설치) 정보통신서비스 제공자는 영리목적의 광고성 정보가 보이도록 하거나 개인정보를 수집하는 프로그램을 이용자의 컴퓨터나 그 밖에 대통령령으로 정하는 정보처리장치에 설치하려면 이용자의 동의를 받아야 한다. 이 경우 해당 프로그램의 용도와 삭제방법을 고지하여야 한다.

[전문개정 2008. 6. 13.]

제50조의6(영리목적의 광고성 정보 전송차단 소프트웨어의 보급 등) ① 방송

통신위원회는 수신자가 제50조를 위반하여 전송되는 영리목적의 광고성 정보를 편리하게 차단하거나 신고할 수 있는 소프트웨어나 컴퓨터프로그램을 개발하여 보급할 수 있다.

② 방송통신위원회는 제1항에 따른 전송차단, 신고 소프트웨어 또는 컴퓨터 프로그램의 개발과 보급을 촉진하기 위하여 관련 공공기관·법인·단체 등에 필요한 지원을 할 수 있다.

③ 방송통신위원회는 정보통신서비스 제공자의 전기통신역무가 제50조를 위반하여 발송되는 영리목적의 광고성 정보 전송에 이용되면 수신자 보호를 위하여 기술개발·교육·홍보 등 필요한 조치를 할 것을 정보통신서비스 제공자에게 권고할 수 있다.

④ 제1항에 따른 개발·보급의 방법과 제2항에 따른 지원에 필요한 사항은 대통령령으로 정한다.

[전문개정 2008. 6. 13.]

제50조의7(영리목적의 광고성 정보 게시의 제한) ① 누구든지 영리목적의 광고성 정보를 인터넷 홈페이지에 게시하려면 인터넷 홈페이지 운영자 또는 관리자의 사전 동의를 받아야 한다. 다만, 별도의 권한 없이 누구든지 쉽게 접근하여 글을 게시할 수 있는 게시판의 경우에는 사전 동의를 받지 아니한다.

② 영리목적의 광고성 정보를 게시하려는 자는 제1항에도 불구하고 인터넷 홈페이지 운영자 또는 관리자가 명시적으로 게시 거부의사를 표시하거나 사전 동의를 철회한 경우에는 영리목적의 광고성 정보를 게시하여서는 아니 된다.

③ 인터넷 홈페이지 운영자 또는 관리자는 제1항 또는 제2항을 위반하여 게시된 영리목적의 광고성 정보를 삭제하는 등의 조치를 할 수 있다.

[전문개정 2014. 5. 28.]

제50조의8(불법행위를 위한 광고성 정보 전송금지) 누구든지 정보통신망을 이용하여 이 법 또는 다른 법률에서 금지하는 재화 또는 서비스에 대한 광고성 정보를 전송하여서는 아니 된다.

[전문개정 2008. 6. 13.]

제51조(중요 정보의 국외유출 제한 등) ① 정부는 국내의 산업·경제 및 과학기술 등에 관한 중요 정보가 정보통신망을 통하여 국외로 유출되는 것을 방

지하기 위하여 정보통신서비스 제공자 또는 이용자에게 필요한 조치를 하도록 할 수 있다.

② 제1항에 따른 중요 정보의 범위는 다음 각 호와 같다.

1. 국가안전보장과 관련된 보안정보 및 주요 정책에 관한 정보
2. 국내에서 개발된 첨단과학 기술 또는 기기의 내용에 관한 정보

③ 정부는 제2항 각 호에 따른 정보를 처리하는 정보통신서비스 제공자에게 다음 각 호의 조치를 하도록 할 수 있다. 〈개정 2016. 3. 22.〉

1. 정보통신망의 부당한 이용을 방지할 수 있는 제도적·기술적 장치의 설정
2. 정보의 불법파괴 또는 불법조작을 방지할 수 있는 제도적·기술적 조치
3. 정보통신서비스 제공자가 처리 중 알게 된 중요 정보의 유출을 방지할 수 있는 조치

[전문개정 2008. 6. 13.]

제52조(한국인터넷진흥원) ① 정부는 정보통신망의 고도화(정보통신망의 구축·개선 및 관리에 관한 사항을 제외한다)와 안전한 이용 촉진 및 방송통신과 관련한 국제협력·국외진출 지원을 효율적으로 추진하기 위하여 한국인터넷진흥원(이하 "인터넷진흥원"이라 한다)을 설립한다. 〈개정 2009. 4. 22.〉

② 인터넷진흥원은 법인으로 한다. 〈개정 2009. 4. 22.〉

③ 인터넷진흥원은 다음 각 호의 사업을 한다. 〈개정 2009. 4. 22., 2012. 2. 17., 2013. 3. 23., 2014. 11. 19., 2015. 6. 22., 2017. 7. 26.〉

1. 정보통신망의 이용 및 보호, 방송통신과 관련한 국제협력·국외진출 등을 위한 법·정책 및 제도의 조사·연구
2. 정보통신망의 이용 및 보호와 관련한 통계의 조사·분석
3. 정보통신망의 이용에 따른 역기능 분석 및 대책 연구
4. 정보통신망의 이용 및 보호를 위한 홍보 및 교육·훈련
5. 정보통신망의 정보보호 및 인터넷주소자원 관련 기술 개발 및 표준화
6. 정보보호산업 정책 지원 및 관련 기술 개발과 인력양성
7. 정보보호 관리체계의 인증, 정보보호시스템 평가·인증 등 정보보호 인증·평가 등의 실시 및 지원
8. 개인정보보호를 위한 대책의 연구 및 보호기술의 개발·보급 지원

9. 분쟁조정위원회의 운영 지원과 개인정보침해 신고센터의 운영
10. 광고성 정보 전송 및 인터넷광고와 관련한 고충의 상담·처리
11. 정보통신망 침해사고의 처리·원인분석 및 대응체계 운영
12. 「전자서명법」 제25조제1항에 따른 전자서명인증관리
13. 인터넷의 효율적 운영과 이용활성화를 위한 지원
14. 인터넷 이용자의 저장 정보 보호 지원
15. 인터넷 관련 서비스정책 지원
16. 인터넷상에서의 이용자 보호 및 건전 정보 유통 확산 지원
17. 「인터넷주소자원에 관한 법률」 에 따른 인터넷주소자원의 관리에 관한 업무
18. 「인터넷주소자원에 관한 법률」 제16조에 따른 인터넷주소분쟁조정위원회의 운영 지원
19. 「정보보호산업의 진흥에 관한 법률」 제25조제7항에 따른 조정위원회의 운영지원
20. 방송통신과 관련한 국제협력·국외진출 및 국외홍보 지원
21. 제1호부터 제20호까지의 사업에 부수되는 사업
22. 그 밖에 이 법 또는 다른 법령에 따라 인터넷진흥원의 업무로 정하거나 위탁한 사업이나 과학기술정보통신부장관·행정안전부장관·방송통신위원회 또는 다른 행정기관의 장으로부터 위탁받은 사업

④ 인터넷진흥원이 사업을 수행하는 데 필요한 경비는 다음 각 호의 재원으로 충당한다. 〈개정 2016. 3. 22.〉

1. 정부의 출연금
2. 제3항 각 호의 사업수행에 따른 수입금
3. 그 밖에 인터넷진흥원의 운영에 따른 수입금

⑤ 인터넷진흥원에 관하여 이 법에서 정하지 아니한 사항에 대하여는 「민법」 의 재단법인에 관한 규정을 준용한다. 〈개정 2009. 4. 22.〉

⑥ 인터넷진흥원이 아닌 자는 한국인터넷진흥원의 명칭을 사용하지 못한다. 〈개정 2009. 4. 22.〉

⑦ 인터넷진흥원의 운영 및 업무수행에 필요한 사항은 대통령령으로 정한다. 〈개정 2009. 4. 22.〉

[전문개정 2008. 6. 13.]

[제목개정 2009. 4. 22.]

제7장 통신과금서비스 〈신설 2007. 12. 21.〉

제53조(통신과금서비스제공자의 등록 등) ① 통신과금서비스를 제공하려는 자는 대통령령으로 정하는 바에 따라 다음 각 호의 사항을 갖추어 과학기술정보통신부장관에게 등록하여야 한다. 〈개정 2008. 2. 29., 2013. 3. 23., 2017. 7. 26.〉

1. 재무건전성
2. 통신과금서비스이용자보호계획
3. 업무를 수행할 수 있는 인력과 물적 설비
4. 사업계획서

② 제1항에 따라 등록할 수 있는 자는 「상법」 제170조에 따른 회사 또는 「민법」 제32조에 따른 법인으로서 자본금·출자총액 또는 기본재산이 5억원 이상의 범위에서 대통령령으로 정하는 금액 이상이어야 한다.

③ 통신과금서비스제공자는 「전기통신사업법」 제22조에도 불구하고 부가통신사업자의 신고를 하지 아니할 수 있다. 〈개정 2010. 3. 22.〉

④ 「전기통신사업법」 제23조부터 제26조까지의 규정은 통신과금서비스제공자의 등록사항의 변경, 사업의 양도·양수 또는 합병·상속, 사업의 승계, 사업의 휴지·폐지·해산 등에 준용한다. 이 경우 "별정통신사업자"는 "통신과금서비스제공자"로 보고, "별정통신사업"은 "통신과금서비스제공업"으로 본다. 〈개정 2010. 3. 22.〉

⑤ 제1항에 따른 등록의 세부요건, 절차, 그 밖에 필요한 사항은 대통령령으로 정한다.

[본조신설 2007. 12. 21.]

[종전 제53조는 제62조로 이동 〈2007. 12. 21.〉]

제54조(등록의 결격사유) 다음 각 호의 어느 하나에 해당하는 자는 제53조에 따른 등록을 할 수 없다. 〈개정 2008. 2. 29., 2013. 3. 23., 2017. 7. 26.〉

1. 제53조제4항에 따라 사업을 폐지한 날부터 1년이 지나지 아니한 법인 및 그 사업이 폐지될 당시 그 법인의 대주주(대통령령으로 정하는 출자자를

말한다. 이하 같다)이었던 자로서 그 폐지일부터 1년이 지나지 아니한 자

2. 제55조제1항에 따라 등록이 취소된 날부터 3년이 지나지 아니한 법인 및 그 취소 당시 그 법인의 대주주이었던 자로서 그 취소가 된 날부터 3년이 지나지 아니한 자

3. 「채무자 회생 및 파산에 관한 법률」에 따른 회생절차 중에 있는 법인 및 그 법인의 대주주

4. 금융거래 등 상거래에 있어서 약정한 기일 내에 채무를 변제하지 아니한 자로서 과학기술정보통신부장관이 정하는 자

5. 제1호부터 제4호까지의 규정에 해당하는 자가 대주주인 법인

[본조신설 2007. 12. 21.]

[종전 제54조는 제63조로 이동 〈2007. 12. 21.〉]

제55조(등록의 취소명령) ① 과학기술정보통신부장관은 통신과금서비스제공자가 거짓이나 그 밖의 부정한 방법으로 등록을 한 때에는 등록을 취소하여야 한다. 〈개정 2015. 6. 22., 2017. 7. 26.〉

② 제1항에 따른 처분의 절차, 그 밖에 필요한 사항은 대통령령으로 정한다. 〈개정 2015. 6. 22.〉

[본조신설 2007. 12. 21.]

[제목개정 2015. 6. 22.]

[종전 제55조는 제64조로 이동 〈2007. 12. 21.〉]

제56조(약관의 신고 등) ① 통신과금서비스제공자는 통신과금서비스에 관한 약관을 정하여 과학기술정보통신부장관에게 신고(변경신고를 포함한다)하여야 한다. 〈개정 2008. 2. 29., 2013. 3. 23., 2017. 7. 26.〉

② 과학기술정보통신부장관은 제1항에 따른 약관이 통신과금서비스이용자의 이익을 침해할 우려가 있다고 판단되는 경우에는 통신과금서비스제공자에게 약관의 변경을 권고할 수 있다. 〈개정 2008. 2. 29., 2013. 3. 23., 2017. 7. 26.〉

[본조신설 2007. 12. 21.]

[종전 제56조는 제65조로 이동 〈2007. 12. 21.〉]

제57조(통신과금서비스의 안전성 확보 등) ① 통신과금서비스제공자는 통신과금서비스가 안전하게 제공될 수 있도록 선량한 관리자로서의 주의의무를

다하여야 한다. 〈개정 2014. 5. 28.〉

② 통신과금서비스제공자는 통신과금서비스를 통한 거래의 안전성과 신뢰성을 확보하기 위하여 대통령령으로 정하는 바에 따라 업무처리지침의 제정 및 회계처리 구분 등의 관리적 조치와 정보보호시스템 구축 등의 기술적 조치를 하여야 한다.

[본조신설 2007. 12. 21.]

[종전 제57조는 제66조로 이동 〈2007. 12. 21.〉]

제58조(통신과금서비스이용자의 권리 등) ① 통신과금서비스제공자는 재화등의 판매·제공의 대가가 발생한 때 및 대가를 청구할 때에 통신과금서비스이용자에게 다음 각 호의 사항을 고지하여야 한다. 〈개정 2011. 4. 5., 2014. 5. 28.〉

1. 통신과금서비스 이용일시
2. 통신과금서비스를 통한 구매·이용의 거래 상대방(통신과금서비스를 이용하여 그 대가를 받고 재화 또는 용역을 판매·제공하는 자를 말한다. 이하 "거래 상대방"이라 한다)의 상호와 연락처
3. 통신과금서비스를 통한 구매·이용 금액과 그 명세
4. 이의신청 방법 및 연락처

② 통신과금서비스제공자는 통신과금서비스이용자가 구매·이용 내역을 확인할 수 있는 방법을 제공하여야 하며, 통신과금서비스이용자가 구매·이용 내역에 관한 서면(전자문서를 포함한다. 이하 같다)을 요청하는 경우에는 그 요청을 받은 날부터 2주 이내에 이를 제공하여야 한다.

③ 통신과금서비스이용자는 통신과금서비스가 자신의 의사에 반하여 제공되었음을 안 때에는 통신과금서비스제공자에게 이에 대한 정정을 요구할 수 있으며(통신과금서비스이용자의 고의 또는 중과실이 있는 경우는 제외한다), 통신과금서비스제공자는 이용자의 정정요구가 이유 있을 경우 판매자에 대한 이용 대금의 지급을 유보하고 그 정정 요구를 받은 날부터 2주 이내에 처리 결과를 알려 주어야 한다. 〈개정 2014. 5. 28.〉

④ 통신과금서비스제공자는 통신과금서비스에 관한 기록을 5년 이내의 범위에서 대통령령으로 정하는 기간 동안 보존하여야 한다.

⑤ 통신과금서비스제공자(제2조제1항제10호가목의 업무를 제공하는 자)는 통신과금서비스를 제공하거나 이용한도액을 증액할 경우에는 미리 해당 통

신과금서비스이용자의 동의를 받아야 한다. 〈신설 2014. 5. 28.〉

⑥ 통신과금서비스제공자(제2조제1항제10호가목의 업무를 제공하는 자)는 약관을 변경하는 때에는 변경되는 약관의 시행일 1개월 전에 이용자에게 통지하여야 한다. 이 경우 변경되는 약관에 대하여 이의가 있는 이용자는 통신과금서비스에 관한 계약을 해지할 수 있다. 〈신설 2014. 5. 28.〉

⑦ 제2항에 따라 통신과금서비스제공자가 제공하여야 하는 구매·이용내역의 대상기간, 종류 및 범위, 제4항에 따라 통신과금서비스제공자가 보존하여야 하는 기록의 종류 및 보존방법, 제6항에 따른 약관변경에 관한 통지의 방법 및 이의기간·절차 등 계약해지에 필요한 사항은 대통령령으로 정한다. 〈개정 2014. 5. 28.〉

⑧ 제5항에 따른 동의의 방법 등에 필요한 사항은 과학기술정보통신부장관이 정하여 고시한다. 〈신설 2014. 5. 28., 2017. 7. 26.〉

⑨ 과학기술정보통신부장관은 통신과금서비스가 통신과금서비스이용자의 의사에 반하여 제공되지 아니하도록 결제방식 등에 관한 세부적인 사항을 정하여 고시할 수 있다. 〈신설 2014. 5. 28., 2017. 7. 26.〉

[본조신설 2007. 12. 21.]

[종전 제58조는 제67조로 이동 〈2007. 12. 21.〉]

제58조의2(구매자정보 제공 요청 등) ① 통신과금서비스이용자는 자신의 의사에 따라 통신과금서비스가 제공되었는지 여부를 확인하기 위하여 필요한 경우에는 거래 상대방에게 재화등을 구매·이용한 자의 이름과 생년월일에 대한 정보(이하 "구매자정보"라 한다)의 제공을 요청할 수 있다. 이 경우 구매자정보 제공 요청을 받은 거래 상대방은 정당한 사유가 없으면 그 요청을 받은 날부터 3일 이내에 이를 제공하여야 한다.

② 제1항에 따라 구매자정보를 제공받은 통신과금서비스이용자는 해당 정보를 본인 여부를 확인하거나 고소·고발을 위하여 수사기관에 제출하기 위한 목적으로만 사용하여야 한다.

③ 그 밖에 구매자정보 제공 요청의 내용과 절차 등에 필요한 사항은 대통령령으로 정한다.

[본조신설 2018. 6. 12.]

제59조(분쟁 조정 및 해결 등) ① 통신과금서비스제공자는 통신과금서비스에 있어서 이용자의 권익을 보호하기 위하여 자율적인 분쟁 조정 및 해결 등

을 시행하는 기관 또는 단체를 설치·운영할 수 있다. 〈개정 2018. 6. 12.〉

② 제1항에 따른 분쟁 조정 및 해결 등을 시행하는 기관 또는 단체는 분쟁 조정 및 해결 등을 위하여 필요하다고 인정하는 경우 통신과금서비스이용자의 동의를 받아 구매자정보 제공 요청을 대행할 수 있다. 이 경우 구매자정보 제공 요청 등에 대하여는 제58조의2를 준용한다. 〈신설 2018. 6. 12.〉

③ 통신과금서비스제공자는 대통령령으로 정하는 바에 따라 통신과금서비스와 관련한 통신과금서비스이용자의 이의신청 및 권리구제를 위한 절차를 마련하여야 하고, 통신과금서비스 계약을 체결하는 경우 이를 이용약관에 명시하여야 한다. 〈개정 2014. 5. 28., 2018. 6. 12.〉

[본조신설 2007. 12. 21.]

[제목개정 2018. 6. 12.]

[종전 제59조는 제68조로 이동 〈2007. 12. 21.〉]

제60조(손해배상 등) ① 통신과금서비스제공자는 통신과금서비스를 제공함에 있어서 통신과금서비스이용자에게 손해가 발생한 경우에 그 손해를 배상하여야 한다. 다만, 그 손해의 발생이 통신과금서비스이용자의 고의 또는 중과실로 인한 경우에는 그러하지 아니하다.

② 제1항에 따른 손해배상을 함에 있어서는 손해배상을 받을 자와 협의하여야 한다.

③ 제2항에 따른 손해배상에 관한 협의가 성립되지 아니하거나 협의를 할 수 없는 경우에는 당사자는 방송통신위원회에 재정을 신청할 수 있다. 〈개정 2008. 2. 29.〉

[본조신설 2007. 12. 21.]

[종전 제60조는 제69조로 이동 〈2007. 12. 21.〉]

제61조(통신과금서비스의 이용제한) 과학기술정보통신부장관은 통신과금서비스제공자에게 다음 각 호의 어느 하나에 해당하는 자에 대한 서비스의 제공을 거부, 정지 또는 제한하도록 명할 수 있다. 〈개정 2008. 2. 29., 2011. 9. 15., 2013. 3. 23., 2017. 7. 26.〉

1. 「청소년 보호법」 제16조를 위반하여 청소년유해매체물을 청소년에게 판매·대여·제공하는 자
2. 다음 각 목의 어느 하나에 해당하는 수단을 이용하여 통신과금서비스이용자로 하여금 재화등을 구매·이용하게 함으로써 통신과금서비스이용자의

이익을 현저하게 저해하는 자

가. 제50조를 위반한 영리목적의 광고성 정보 전송

나. 통신과금서비스이용자에 대한 기망 또는 부당한 유인

3. 이 법 또는 다른 법률에서 금지하는 재화등을 판매·제공하는 자

[본조신설 2007. 12. 21.]

[종전 제61조는 제70조로 이동 〈2007. 12. 21.〉]

제8장 국제협력 〈신설 2007. 12. 21.〉

제62조(국제협력) 정부는 다음 각 호의 사항을 추진할 때 다른 국가 또는 국제기구와 상호 협력하여야 한다.

1. 개인정보의 국가간 이전 및 개인정보의 보호에 관련된 업무
2. 정보통신망에서의 청소년 보호를 위한 업무
3. 정보통신망의 안전성을 침해하는 행위를 방지하기 위한 업무
4. 그 밖에 정보통신서비스의 건전하고 안전한 이용에 관한 업무

[전문개정 2008. 6. 13.]

제63조(국외 이전 개인정보의 보호) ① 정보통신서비스 제공자등은 이용자의 개인정보에 관하여 이 법을 위반하는 사항을 내용으로 하는 국제계약을 체결하여서는 아니 된다.

② 정보통신서비스 제공자등은 이용자의 개인정보를 국외에 제공(조회되는 경우를 포함한다)·처리위탁·보관(이하 이 조에서 “이전”이라 한다)하려면 이용자의 동의를 받아야 한다. 다만, 정보통신서비스의 제공에 관한 계약을 이행하고 이용자 편의 증진 등을 위하여 필요한 경우로서 제3항 각 호의 사항 모두를 제27조의2제1항에 따라 공개하거나 전자우편 등 대통령령으로 정하는 방법에 따라 이용자에게 알린 경우에는 개인정보 처리위탁·보관에 따른 동의절차를 거치지 아니할 수 있다. 〈개정 2016. 3. 22.〉

③ 정보통신서비스 제공자등은 제2항에 따른 동의를 받으려면 미리 다음 각 호의 사항 모두를 이용자에게 고지하여야 한다.

1. 이전되는 개인정보 항목
2. 개인정보가 이전되는 국가, 이전일시 및 이전방법
3. 개인정보를 이전받는 자의 성명(법인인 경우에는 그 명칭 및 정보관리책

임자의 연락처를 말한다)

4. 개인정보를 이전받는 자의 개인정보 이용목적 및 보유·이용 기간

④ 정보통신서비스 제공자등은 제2항에 따른 동의를 받아 개인정보를 국외로 이전하는 경우 대통령령으로 정하는 바에 따라 보호조치를 하여야 한다.

[전문개정 2008. 6. 13.]

제63조(국외 이전 개인정보의 보호) ① 정보통신서비스 제공자등은 이용자의 개인정보에 관하여 이 법을 위반하는 사항을 내용으로 하는 국제계약을 체결하여서는 아니 된다.

② 정보통신서비스 제공자등은 이용자의 개인정보를 국외에 제공(조회되는 경우를 포함한다)·처리위탁·보관(이하 이 조에서 "이전"이라 한다)하려면 이용자의 동의를 받아야 한다. 다만, 정보통신서비스의 제공에 관한 계약을 이행하고 이용자 편의 증진 등을 위하여 필요한 경우로서 제3항 각 호의 사항 모두를 제27조의2제1항에 따라 공개하거나 전자우편 등 대통령령으로 정하는 방법에 따라 이용자에게 알린 경우에는 개인정보 처리위탁·보관에 따른 동의절차를 거치지 아니할 수 있다. 〈개정 2016. 3. 22.〉

③ 정보통신서비스 제공자등은 제2항에 따른 동의를 받으려면 미리 다음 각 호의 사항 모두를 이용자에게 고지하여야 한다.

1. 이전되는 개인정보 항목
2. 개인정보가 이전되는 국가, 이전일시 및 이전방법
3. 개인정보를 이전받는 자의 성명(법인인 경우에는 그 명칭 및 정보관리책임자의 연락처를 말한다)
4. 개인정보를 이전받는 자의 개인정보 이용목적 및 보유·이용 기간

④ 정보통신서비스 제공자등은 제2항에 따른 동의를 받아 개인정보를 국외로 이전하는 경우 대통령령으로 정하는 바에 따라 보호조치를 하여야 한다.

⑤ 이용자의 개인정보를 이전받는 자가 해당 개인정보를 제3국으로 이전하는 경우에 관하여는 제1항부터 제4항까지의 규정을 준용한다. 이 경우 "정보통신서비스 제공자등"은 "개인정보를 이전받는 자"로, "개인정보를 이전받는 자"는 "제3국에서 개인정보를 이전받는 자"로 본다. 〈신설 2018. 9. 18.〉

[전문개정 2008. 6. 13.]

[시행일 : 2019.3.19.] 제63조

제63조의2(상호주의) 제63조에도 불구하고 개인정보의 국외 이전을 제한하는

국가의 정보통신서비스 제공자등에 대하여는 해당 국가의 수준에 상응하는 제한을 할 수 있다. 다만, 조약 또는 그 밖의 국제협정의 이행에 필요한 경우에는 그러하지 아니하다.

[본조신설 2018. 9. 18.]

[시행일 : 2019. 3. 19.] 제63조의2

제9장 보칙 〈신설 2007. 12. 21.〉

제64조(자료의 제출 등) ① 과학기술정보통신부장관 또는 방송통신위원회는 다음 각 호의 어느 하나에 해당하는 경우에는 정보통신서비스 제공자등(제67조에 따라 준용되는 자를 포함한다. 이하 이 조에서 같다)에게 관계 물품·서류 등을 제출하게 할 수 있다. 〈개정 2011. 3. 29., 2012. 2. 17., 2013. 3. 23., 2017. 7. 26.〉

1. 이 법에 위반되는 사항을 발견하거나 혐의가 있음을 알게 된 경우
2. 이 법의 위반에 대한 신고를 받거나 민원이 접수된 경우

2의2. 이용자 정보의 안전성과 신뢰성 확보를 현저히 해치는 사건·사고 등이 발생하였거나 발생할 가능성이 있는 경우

3. 그 밖에 이용자 보호를 위하여 필요한 경우로서 대통령령으로 정하는 경우

② 방송통신위원회는 이 법을 위반하여 영리목적 광고성 정보를 전송한 자에게 다음 각 호의 조치를 하기 위하여 정보통신서비스 제공자등에게 해당 광고성 정보 전송자의 성명·주소·주민등록번호·이용기간 등에 대한 자료의 열람이나 제출을 요청할 수 있다.

1. 제4항에 따른 시정조치
2. 제76조에 따른 과태료 부과
3. 그 밖에 이에 준하는 조치

③ 과학기술정보통신부장관 또는 방송통신위원회는 정보통신서비스 제공자등이 제1항 및 제2항에 따른 자료를 제출하지 아니하거나 이 법을 위반한 사실이 있다고 인정되면 소속 공무원에게 정보통신서비스 제공자등, 해당 법 위반 사실과 관련한 관계인의 사업장에 출입하여 업무상황, 장부 또는 서류 등을 검사하도록 할 수 있다. 〈개정 2011. 3. 29., 2013. 3. 23., 2016. 3.

22., 2017. 7. 26.〉

④ 과학기술정보통신부장관 또는 방송통신위원회는 이 법을 위반한 정보통신서비스 제공자등에게 해당 위반행위의 중지나 시정을 위하여 필요한 시정조치를 명할 수 있고, 시정조치의 명령을 받은 정보통신서비스 제공자등에게 시정조치의 명령을 받은 사실을 공표하도록 할 수 있다. 이 경우 공표의 방법·기준 및 절차 등에 필요한 사항은 대통령령으로 정한다. 〈개정 2011. 3. 29., 2013. 3. 23., 2017. 7. 26.〉

⑤ 과학기술정보통신부장관 또는 방송통신위원회는 제4항에 따라 필요한 시정조치를 명한 경우에는 시정조치를 명한 사실을 공개할 수 있다. 이 경우 공개의 방법·기준 및 절차 등에 필요한 사항은 대통령령으로 정한다. 〈개정 2011. 3. 29., 2013. 3. 23., 2017. 7. 26.〉

⑥ 과학기술정보통신부장관 또는 방송통신위원회가 제1항 및 제2항에 따라 자료 등의 제출 또는 열람을 요구할 때에는 요구사유, 법적 근거, 제출시한 또는 열람일시, 제출·열람할 자료의 내용 등을 구체적으로 밝혀 서면(전자문서를 포함한다)으로 알려야 한다. 〈개정 2011. 3. 29., 2013. 3. 23., 2017. 7. 26.〉

⑦ 제3항에 따른 검사를 하는 경우에는 검사 시작 7일 전까지 검사일시, 검사이유 및 검사내용 등에 대한 검사계획을 해당 정보통신서비스 제공자등에게 알려야 한다. 다만, 긴급한 경우나 사전통지를 하면 증거인멸 등으로 검사목적을 달성할 수 없다고 인정하는 경우에는 그 검사계획을 알리지 아니한다.

⑧ 제3항에 따라 검사를 하는 공무원은 그 권한을 표시하는 증표를 지니고 이를 관계인에게 내보여야 하며, 출입할 때 성명·출입시간·출입목적 등이 표시된 문서를 관계인에게 내주어야 한다.

⑨ 과학기술정보통신부장관 또는 방송통신위원회는 제1항부터 제3항까지의 규정에 따라 자료 등을 제출받거나 열람 또는 검사한 경우에는 그 결과(조사 결과 시정조치명령 등의 처분을 하려는 경우에는 그 처분의 내용을 포함한다)를 해당 정보통신서비스 제공자등에게 서면으로 알려야 한다. 〈개정 2011. 3. 29., 2013. 3. 23., 2017. 7. 26.〉

⑩ 과학기술정보통신부장관 또는 방송통신위원회는 제1항부터 제4항까지의 규정에 따른 자료의 제출 요구 및 검사 등을 위하여 인터넷진흥원의 장에

게 기술적 자문을 하거나 그 밖에 필요한 지원을 요청할 수 있다. 〈개정 2009. 4. 22., 2011. 3. 29., 2013. 3. 23., 2017. 7. 26.〉

⑪ 제1항부터 제3항까지의 규정에 따른 자료 등의 제출 요구, 열람 및 검사 등은 이 법의 시행을 위하여 필요한 최소한의 범위에서 하여야 하며 다른 목적을 위하여 남용하여서는 아니 된다.

[전문개정 2008. 6. 13.]

제64조(자료의 제출 등) ① 과학기술정보통신부장관 또는 방송통신위원회는 다음 각 호의 어느 하나에 해당하는 경우에는 정보통신서비스 제공자등(국내대리인과 제67조에 따라 준용되는 자를 포함한다. 이하 이 조에서 같다)에게 관계 물품·서류 등을 제출하게 할 수 있다. 〈개정 2011. 3. 29., 2012. 2. 17., 2013. 3. 23., 2017. 7. 26., 2018. 9. 18.〉

1. 이 법에 위반되는 사항을 발견하거나 혐의가 있음을 알게 된 경우
2. 이 법의 위반에 대한 신고를 받거나 민원이 접수된 경우

2의2. 이용자 정보의 안전성과 신뢰성 확보를 현저히 해치는 사건·사고 등이 발생하였거나 발생할 가능성이 있는 경우

3. 그 밖에 이용자 보호를 위하여 필요한 경우로서 대통령령으로 정하는 경우

② 방송통신위원회는 이 법을 위반하여 영리목적 광고성 정보를 전송한 자에게 다음 각 호의 조치를 하기 위하여 정보통신서비스 제공자등에게 해당 광고성 정보 전송자의 성명·주소·주민등록번호·이용기간 등에 대한 자료의 열람이나 제출을 요청할 수 있다.

1. 제4항에 따른 시정조치
2. 제76조에 따른 과태료 부과
3. 그 밖에 이에 준하는 조치

③ 과학기술정보통신부장관 또는 방송통신위원회는 정보통신서비스 제공자등이 제1항 및 제2항에 따른 자료를 제출하지 아니하거나 이 법을 위반한 사실이 있다고 인정되면 소속 공무원에게 정보통신서비스 제공자등, 해당 법 위반 사실과 관련한 관계인의 사업장에 출입하여 업무상황, 장부 또는 서류 등을 검사하도록 할 수 있다. 〈개정 2011. 3. 29., 2013. 3. 23., 2016. 3. 22., 2017. 7. 26.〉

④ 과학기술정보통신부장관 또는 방송통신위원회는 이 법을 위반한 정보통신

서비스 제공자등에게 해당 위반행위의 중지나 시정을 위하여 필요한 시정조치를 명할 수 있고, 시정조치의 명령을 받은 정보통신서비스 제공자등에게 시정조치의 명령을 받은 사실을 공표하도록 할 수 있다. 이 경우 공표의 방법·기준 및 절차 등에 필요한 사항은 대통령령으로 정한다. 〈개정 2011. 3. 29., 2013. 3. 23., 2017. 7. 26.〉

⑤ 과학기술정보통신부장관 또는 방송통신위원회는 제4항에 따라 필요한 시정조치를 명한 경우에는 시정조치를 명한 사실을 공개할 수 있다. 이 경우 공개의 방법·기준 및 절차 등에 필요한 사항은 대통령령으로 정한다. 〈개정 2011. 3. 29., 2013. 3. 23., 2017. 7. 26.〉

⑥ 과학기술정보통신부장관 또는 방송통신위원회가 제1항 및 제2항에 따라 자료 등의 제출 또는 열람을 요구할 때에는 요구사유, 법적 근거, 제출시한 또는 열람일시, 제출·열람할 자료의 내용 등을 구체적으로 밝혀 서면(전자문서를 포함한다)으로 알려야 한다. 〈개정 2011. 3. 29., 2013. 3. 23., 2017. 7. 26.〉

⑦ 제3항에 따른 검사를 하는 경우에는 검사 시작 7일 전까지 검사일시, 검사이유 및 검사내용 등에 대한 검사계획을 해당 정보통신서비스 제공자등에게 알려야 한다. 다만, 긴급한 경우나 사전통지를 하면 증거인멸 등으로 검사목적을 달성할 수 없다고 인정하는 경우에는 그 검사계획을 알리지 아니한다.

⑧ 제3항에 따라 검사를 하는 공무원은 그 권한을 표시하는 증표를 지니고 이를 관계인에게 내보여야 하며, 출입할 때 성명·출입시간·출입목적 등이 표시된 문서를 관계인에게 내주어야 한다.

⑨ 과학기술정보통신부장관 또는 방송통신위원회는 제1항부터 제3항까지의 규정에 따라 자료 등을 제출받거나 열람 또는 검사한 경우에는 그 결과(조사 결과 시정조치명령 등의 처분을 하려는 경우에는 그 처분의 내용을 포함한다)를 해당 정보통신서비스 제공자등에게 서면으로 알려야 한다. 〈개정 2011. 3. 29., 2013. 3. 23., 2017. 7. 26.〉

⑩ 과학기술정보통신부장관 또는 방송통신위원회는 제1항부터 제4항까지의 규정에 따른 자료의 제출 요구 및 검사 등을 위하여 인터넷진흥원의 장에게 기술적 자문을 하거나 그 밖에 필요한 지원을 요청할 수 있다. 〈개정 2009. 4. 22., 2011. 3. 29., 2013. 3. 23., 2017. 7. 26.〉

⑪ 제1항부터 제3항까지의 규정에 따른 자료 등의 제출 요구, 열람 및 검사 등은 이 법의 시행을 위하여 필요한 최소한의 범위에서 하여야 하며 다른 목적을 위하여 남용하여서는 아니 된다.

[전문개정 2008. 6. 13.]

[시행일 : 2019.3.19.] 제64조

제64조의2(자료 등의 보호 및 폐기) ① 과학기술정보통신부장관 또는 방송통신위원회는 정보통신서비스 제공자등으로부터 제64조에 따라 제출되거나 수집된 서류·자료 등에 대한 보호 요구를 받으면 이를 제3자에게 제공하거나 일반에게 공개하여서는 아니 된다. 〈개정 2011. 3. 29., 2013. 3. 23., 2017. 7. 26.〉

② 과학기술정보통신부장관 또는 방송통신위원회는 정보통신망을 통하여 자료의 제출 등을 받은 경우나 수집한 자료 등을 전자화한 경우에는 개인정보·영업비밀 등이 유출되지 아니하도록 제도적·기술적 보안조치를 하여야 한다. 〈개정 2011. 3. 29., 2013. 3. 23., 2017. 7. 26.〉

③ 과학기술정보통신부장관 또는 방송통신위원회는 다른 법률에 특별한 규정이 있는 경우 외에 다음 각 호의 어느 하나에 해당하는 사유가 발생하면 제64조에 따라 제출되거나 수집된 서류·자료 등을 즉시 폐기하여야 한다. 제65조에 따라 과학기술정보통신부장관 또는 방송통신위원회의 권한의 전부 또는 일부를 위임 또는 위탁받은 자도 또한 같다. 〈개정 2011. 3. 29., 2013. 3. 23., 2017. 7. 26.〉

1. 제64조에 따른 자료제출 요구, 출입검사, 시정명령 등의 목적이 달성된 경우
2. 제64조제4항에 따른 시정조치명령에 불복하여 행정심판이 청구되거나 행정소송이 제기된 경우에는 해당 행정쟁송절차가 끝난 경우
3. 제76조제4항에 따른 과태료 처분이 있고 이에 대한 이의제기가 없는 경우에는 같은 조 제5항에 따른 이의제기기간이 끝난 경우
4. 제76조제4항에 따른 과태료 처분에 대하여 이의제기가 있는 경우에는 해당 관할 법원에 의한 비송사건절차가 끝난 경우

[전문개정 2008. 6. 13.]

제64조의3(과징금의 부과 등) ① 방송통신위원회는 다음 각 호의 어느 하나에 해당하는 행위가 있는 경우에는 해당 정보통신서비스 제공자등에게 위반

행위와 관련한 매출액의 100분의 3 이하에 해당하는 금액을 과징금으로 부과할 수 있다. 〈개정 2012. 2. 17., 2014. 5. 28., 2016. 3. 22.〉

1. 제22조제1항(제67조에 따라 준용되는 경우를 포함한다)을 위반하여 이용자의 동의를 받지 아니하고 개인정보를 수집한 경우
2. 제23조제1항(제67조에 따라 준용되는 경우를 포함한다)을 위반하여 이용자의 동의를 받지 아니하고 개인의 권리·이익이나 사생활을 뚜렷하게 침해할 우려가 있는 개인정보를 수집한 경우
3. 제24조(제67조에 따라 준용되는 경우를 포함한다)를 위반하여 개인정보를 이용한 경우
4. 제24조의2(제67조에 따라 준용되는 경우를 포함한다)를 위반하여 개인정보를 제3자에게 제공한 경우
5. 제25조제1항(제67조에 따라 준용되는 경우를 포함한다)을 위반하여 이용자의 동의를 받지 아니하고 개인정보 처리위탁을 한 경우

5의2. 제25조제4항(제67조에 따라 준용되는 경우를 포함한다)에 따른 관리·감독 또는 교육을 소홀히 하여 수탁자가 제4장의 규정을 위반한 경우

6. 이용자의 개인정보를 분실·도난·유출·위조·변조 또는 훼손한 경우로서 제28조제1항제2호부터 제5호까지(제67조에 따라 준용되는 경우를 포함한다)의 조치를 하지 아니한 경우
7. 제31조제1항(제67조에 따라 준용되는 경우를 포함한다)을 위반하여 법정대리인의 동의를 받지 아니하고 만 14세 미만인 아동의 개인정보를 수집한 경우
8. 제63조제2항 본문을 위반하여 이용자의 동의를 받지 아니하고 이용자의 개인정보를 국외에 제공한 경우

② 제1항에 따른 과징금을 부과하는 경우 정보통신서비스 제공자등이 매출액 산정자료의 제출을 거부하거나 거짓의 자료를 제출한 경우에는 해당 정보통신서비스 제공자등과 비슷한 규모의 정보통신서비스 제공자등의 재무제표 등 회계자료와 가입자 수 및 이용요금 등 영업현황 자료에 근거하여 매출액을 추정할 수 있다. 다만, 매출액이 없거나 매출액의 산정이 곤란한 경우로서 대통령령으로 정하는 경우에는 4억원 이하의 과징금을 부과할 수 있다. 〈개정 2012. 2. 17.〉

③ 방송통신위원회는 제1항에 따른 과징금을 부과하려면 다음 각 호의 사항

을 고려하여야 한다.

1. 위반행위의 내용 및 정도
2. 위반행위의 기간 및 횟수
3. 위반행위로 인하여 취득한 이익의 규모

④ 제1항에 따른 과징금은 제3항을 고려하여 산정하되, 구체적인 산정기준과 산정절차는 대통령령으로 정한다.

⑤ 방송통신위원회는 제1항에 따른 과징금을 내야 할 자가 납부기한까지 이를 내지 아니하면 납부기한의 다음 날부터 내지 아니한 과징금의 연 100분의 6에 해당하는 가산금을 징수한다.

⑥ 방송통신위원회는 제1항에 따른 과징금을 내야 할 자가 납부기한까지 이를 내지 아니한 경우에는 기간을 정하여 독촉을 하고, 그 지정된 기간에 과징금과 제5항에 따른 가산금을 내지 아니하면 국세 체납처분의 예에 따라 징수한다.

⑦ 법원의 판결 등의 사유로 제1항에 따라 부과된 과징금을 환급하는 경우에는 과징금을 낸 날부터 환급하는 날까지 연 100분의 6에 해당하는 환급가산금을 지급하여야 한다.

[본조신설 2008. 6. 13.]

제64조의3(과징금의 부과 등) ① 방송통신위원회는 다음 각 호의 어느 하나에 해당하는 행위가 있는 경우에는 해당 정보통신서비스 제공자등에게 위반행위와 관련한 매출액의 100분의 3 이하에 해당하는 금액을 과징금으로 부과할 수 있다. 〈개정 2012. 2. 17., 2014. 5. 28., 2016. 3. 22., 2018. 9. 18.〉

1. 제22조제1항(제67조에 따라 준용되는 경우를 포함한다)을 위반하여 이용자의 동의를 받지 아니하고 개인정보를 수집한 경우
2. 제23조제1항(제67조에 따라 준용되는 경우를 포함한다)을 위반하여 이용자의 동의를 받지 아니하고 개인의 권리·이익이나 사생활을 뚜렷하게 침해할 우려가 있는 개인정보를 수집한 경우
3. 제24조(제67조에 따라 준용되는 경우를 포함한다)를 위반하여 개인정보를 이용한 경우
4. 제24조의2(제67조에 따라 준용되는 경우를 포함한다)를 위반하여 개인정보를 제3자에게 제공한 경우
5. 제25조제1항(제67조에 따라 준용되는 경우를 포함한다)을 위반하여 이용

자의 동의를 받지 아니하고 개인정보 처리위탁을 한 경우

5의2. 제25조제4항(제67조에 따라 준용되는 경우를 포함한다)에 따른 관리 · 감독 또는 교육을 소홀히 하여 수탁자가 제4장의 규정을 위반한 경우

6. 이용자의 개인정보를 분실 · 도난 · 유출 · 위조 · 변조 또는 훼손한 경우로서 제28조제1항제2호부터 제5호까지(제67조에 따라 준용되는 경우를 포함한다)의 조치를 하지 아니한 경우

7. 제31조제1항(제67조에 따라 준용되는 경우를 포함한다)을 위반하여 법정대리인의 동의를 받지 아니하고 만 14세 미만인 아동의 개인정보를 수집한 경우

8. 제63조제2항 본문(같은 조 제5항에 따라 준용되는 경우를 포함한다)을 위반하여 이용자의 동의를 받지 아니하고 이용자의 개인정보를 국외에 제공한 경우

② 제1항에 따른 과징금을 부과하는 경우 정보통신서비스 제공자등이 매출액 산정자료의 제출을 거부하거나 거짓의 자료를 제출한 경우에는 해당 정보통신서비스 제공자등과 비슷한 규모의 정보통신서비스 제공자등의 재무제표 등 회계자료와 가입자 수 및 이용요금 등 영업현황 자료에 근거하여 매출액을 추정할 수 있다. 다만, 매출액이 없거나 매출액의 산정이 곤란한 경우로서 대통령령으로 정하는 경우에는 4억원 이하의 과징금을 부과할 수 있다. 〈개정 2012. 2. 17.〉

③ 방송통신위원회는 제1항에 따른 과징금을 부과하려면 다음 각 호의 사항을 고려하여야 한다.

1. 위반행위의 내용 및 정도
2. 위반행위의 기간 및 횟수
3. 위반행위로 인하여 취득한 이익의 규모

④ 제1항에 따른 과징금은 제3항을 고려하여 산정하되, 구체적인 산정기준과 산정절차는 대통령령으로 정한다.

⑤ 방송통신위원회는 제1항에 따른 과징금을 내야 할 자가 납부기한까지 이를 내지 아니하면 납부기한의 다음 날부터 내지 아니한 과징금의 연 100분의 6에 해당하는 가산금을 징수한다.

⑥ 방송통신위원회는 제1항에 따른 과징금을 내야 할 자가 납부기한까지 이를 내지 아니한 경우에는 기간을 정하여 독촉을 하고, 그 지정된 기간에

과징금과 제5항에 따른 가산금을 내지 아니하면 국세 체납처분의 예에 따라 징수한다.

⑦ 법원의 판결 등의 사유로 제1항에 따라 부과된 과징금을 환급하는 경우에는 과징금을 낸 날부터 환급하는 날까지 연 100분의 6에 해당하는 환급가산금을 지급하여야 한다.

[본조신설 2008. 6. 13.]

[시행일 : 2019.3.19.] 제64조의3

제64조의4(청문) 과학기술정보통신부장관 또는 방송통신위원회는 다음 각 호의 어느 하나에 해당하는 경우에는 청문을 하여야 한다. 〈개정 2017. 7. 26.〉

1. 제9조제2항에 따라 인증기관의 지정을 취소하려는 경우
2. 제23조의4제1항에 따라 본인확인기관의 지정을 취소하려는 경우
3. 제47조제10항(제47조의3제3항에서 준용하는 경우를 포함한다)에 따라 정보보호 관리체계 인증을 취소하려는 경우
4. 제47조의2제1항(제47조의3제4항에서 준용하는 경우를 포함한다)에 따라 정보보호 관리체계 인증기관의 지정을 취소하려는 경우
5. 제47조의5제4항에 따라 정보보호 관리등급을 취소하려는 경우
6. 제55조제1항에 따라 등록을 취소하려는 경우

[본조신설 2015. 12. 1.]

제65조(권한의 위임·위탁) ① 이 법에 따른 과학기술정보통신부장관 또는 방송통신위원회의 권한은 대통령령으로 정하는 바에 따라 그 일부를 과학기술정보통신부 소속 기관의 장 또는 지방우정청장에게 위임·위탁할 수 있다. 〈개정 2011. 3. 29., 2013. 3. 23., 2017. 7. 26.〉

② 과학기술정보통신부장관은 제13조에 따른 정보통신망의 이용촉진 등에 관한 사업을 대통령령으로 정하는 바에 따라 「국가정보화 기본법」 제14조에 따른 한국정보화진흥원에 위탁할 수 있다. 〈개정 2013. 3. 23., 2017. 7. 26.〉

③ 과학기술정보통신부장관 또는 방송통신위원회는 제64조제1항 및 제2항에 따른 자료의 제출 요구 및 검사에 관한 업무를 대통령령으로 정하는 바에 따라 인터넷진흥원에 위탁할 수 있다. 〈개정 2009. 4. 22., 2011. 3. 29., 2013. 3. 23., 2017. 7. 26.〉

④ 제3항에 따른 인터넷진흥원의 직원에게는 제64조제8항을 준용한다. 〈개정

2009. 4. 22.〉

[전문개정 2008. 6. 13.]

제65조의2 삭제 〈2005. 12. 30.〉

제66조(비밀유지 등) 다음 각 호의 어느 하나에 해당하는 업무에 종사하는 자 또는 종사하였던 자는 그 직무상 알게 된 비밀을 타인에게 누설하거나 직무 외의 목적으로 사용하여서는 아니 된다. 다만, 다른 법률에 특별한 규정이 있는 경우에는 그러하지 아니하다. 〈개정 2012. 2. 17.〉

1. 삭제 〈2011. 3. 29.〉
2. 제47조에 따른 정보보호 관리체계 인증 업무

2의2. 제47조의3에 따른 개인정보보호 관리체계 인증 업무

3. 제52조제3항제4호에 따른 정보보호시스템의 평가 업무
4. 삭제 〈2012. 2. 17.〉
5. 제44조의10에 따른 명예훼손 분쟁조정부의 분쟁조정 업무

[전문개정 2008. 6. 13.]

제67조(방송사업자에 대한 준용) ① 「방송법」 제2조제3호가목부터 마목까지와 같은 조 제6호·제9호·제12호 및 제14호에 해당하는 자가 시청자의 개인정보를 수집·이용 또는 제공하는 경우에는 제4장을 준용한다. 이 경우 "정보통신서비스 제공자" 또는 "정보통신서비스 제공자등"은 " 「방송법」 제2조제3호가목부터 마목까지와 같은 조 제6호·제9호·제12호 및 제14호에 해당하는 자"로, "이용자"는 "시청자"로 본다.

② 제25조제1항에 따른 수탁자에 관하여는 제22조, 제23조, 제23조의2부터 제23조의4까지, 제24조, 제24조의2, 제26조, 제26조의2, 제27조, 제27조의2, 제27조의3, 제28조, 제28조의2, 제29조, 제30조, 제30조의2 및 제31조를 준용한다.

[본조신설 2012. 2. 17.]

제67조(방송사업자에 대한 준용) ① 「방송법」 제2조제3호가목부터 마목까지와 같은 조 제6호 · 제9호 · 제12호 및 제14호에 해당하는 자가 시청자의 개인정보를 수집 · 이용 또는 제공하는 경우에는 제4장을 준용한다. 이 경우 "정보통신서비스 제공자" 또는 "정보통신서비스 제공자등"은 " 「방송법」 제2조제3호가목부터 마목까지와 같은 조 제6호 · 제9호 · 제12호 및 제14호에 해당하는 자"로, "이용자"는 "시청자"로 본다.

② 제25조제1항에 따른 수탁자에 관하여는 제22조, 제23조, 제23조의2부터 제23조의4까지, 제24조, 제24조의2, 제26조, 제26조의2, 제27조, 제27조의2, 제27조의3, 제28조, 제28조의2, 제29조, 제29조의2, 제30조, 제30조의2 및 제31조를 준용한다. 〈개정 2018. 12. 24.〉

[본조신설 2012. 2. 17.]

[시행일 : 2019. 6. 25.] 제67조

제68조 삭제 〈2010. 3. 22.〉

제68조의2 삭제 〈2015. 6. 22.〉

제69조(벌칙 적용 시의 공무원 의제) 과학기술정보통신부장관 또는 방송통신위원회가 제65조제2항 및 제3항에 따라 위탁한 업무에 종사하는 한국정보화진흥원과 인터넷진흥원의 임직원은 「형법」 제129조부터 제132조까지의 규정에 따른 벌칙을 적용할 때에는 공무원으로 본다. 〈개정 2009. 4. 22., 2011. 3. 29., 2013. 3. 23., 2017. 7. 26.〉

[전문개정 2008. 6. 13.]

제69조의2(고발) ①방송통신위원회는 제64조의3제1항 각 호의 어느 하나에 해당하는 행위가 있다고 인정하는 경우에는 해당 정보통신서비스 제공자등을 검찰 등 수사기관에 고발할 수 있다. 〈개정 2016. 3. 22.〉

② 방송통신위원회는 개인정보 보호와 관련하여 이 법을 위반한 정보통신서비스 제공자등에게 책임이 있는 자(대표자 및 책임있는 임원을 포함한다)를 징계할 것을 권고할 수 있다. 이 경우 권고를 받은 사람은 이를 존중하여야 하며 그 결과를 방송통신위원회에 통보하여야 한다. 〈신설 2016. 3. 22.〉

[본조신설 2012. 2. 17.]

제10장 벌칙 〈신설 2007. 12. 21.〉

제70조(벌칙) ① 사람을 비방할 목적으로 정보통신망을 통하여 공공연하게 사실을 드러내어 다른 사람의 명예를 훼손한 자는 3년 이하의 징역 또는 3천만원 이하의 벌금에 처한다. 〈개정 2014. 5. 28.〉

② 사람을 비방할 목적으로 정보통신망을 통하여 공공연하게 거짓의 사실을 드러내어 다른 사람의 명예를 훼손한 자는 7년 이하의 징역, 10년 이하의

자격정지 또는 5천만원 이하의 벌금에 처한다.

③ 제1항과 제2항의 죄는 피해자가 구체적으로 밝힌 의사에 반하여 공소를 제기할 수 없다.

[전문개정 2008. 6. 13.]

제70조의2(벌칙) 제48조제2항을 위반하여 악성프로그램을 전달 또는 유포하는 자는 7년 이하의 징역 또는 7천만원 이하의 벌금에 처한다.

[본조신설 2016. 3. 22.]

제71조(벌칙) ①다음 각 호의 어느 하나에 해당하는 자는 5년 이하의 징역 또는 5천만원 이하의 벌금에 처한다. 〈개정 2016. 3. 22.〉

1. 제22조제1항(제67조에 따라 준용되는 경우를 포함한다)을 위반하여 이용자의 동의를 받지 아니하고 개인정보를 수집한 자
2. 제23조제1항(제67조에 따라 준용되는 경우를 포함한다)을 위반하여 이용자의 동의를 받지 아니하고 개인의 권리·이익이나 사생활을 뚜렷하게 침해할 우려가 있는 개인정보를 수집한 자
3. 제24조, 제24조의2제1항 및 제2항 또는 제26조제3항(제67조에 따라 준용되는 경우를 포함한다)을 위반하여 개인정보를 이용하거나 제3자에게 제공한 자 및 그 사정을 알면서도 영리 또는 부정한 목적으로 개인정보를 제공받은 자
4. 제25조제1항(제67조에 따라 준용되는 경우를 포함한다)을 위반하여 이용자의 동의를 받지 아니하고 개인정보 처리위탁을 한 자
5. 제28조의2제1항(제67조에 따라 준용되는 경우를 포함한다)을 위반하여 이용자의 개인정보를 훼손·침해 또는 누설한 자
6. 제28조의2제2항을 위반하여 그 개인정보가 누설된 사정을 알면서도 영리 또는 부정한 목적으로 개인정보를 제공받은 자
7. 제30조제5항(제30조제7항, 제31조제3항 및 제67조에 따라 준용되는 경우를 포함한다)을 위반하여 필요한 조치를 하지 아니하고 개인정보를 제공하거나 이용한 자
8. 제31조제1항(제67조에 따라 준용되는 경우를 포함한다)을 위반하여 법정대리인의 동의를 받지 아니하고 만 14세 미만인 아동의 개인정보를 수집한 자
9. 제48조제1항을 위반하여 정보통신망에 침입한 자

10. 제48조제3항을 위반하여 정보통신망에 장애가 발생하게 한 자

11. 제49조를 위반하여 타인의 정보를 훼손하거나 타인의 비밀을 침해·도용 또는 누설한 자

② 제1항제9호의 미수범은 처벌한다. 〈신설 2016. 3. 22.〉

[전문개정 2008. 6. 13.]

제71조(벌칙) ①다음 각 호의 어느 하나에 해당하는 자는 5년 이하의 징역 또는 5천만원 이하의 벌금에 처한다. 〈개정 2016. 3. 22., 2018. 12. 24.〉

1. 제22조제1항(제67조에 따라 준용되는 경우를 포함한다)을 위반하여 이용자의 동의를 받지 아니하고 개인정보를 수집한 자
2. 제23조제1항(제67조에 따라 준용되는 경우를 포함한다)을 위반하여 이용자의 동의를 받지 아니하고 개인의 권리·이익이나 사생활을 뚜렷하게 침해할 우려가 있는 개인정보를 수집한 자
3. 제24조, 제24조의2제1항 및 제2항 또는 제26조제3항(제67조에 따라 준용되는 경우를 포함한다)을 위반하여 개인정보를 이용하거나 제3자에게 제공한 자 및 그 사정을 알면서도 영리 또는 부정한 목적으로 개인정보를 제공받은 자
4. 제25조제1항(제67조에 따라 준용되는 경우를 포함한다)을 위반하여 이용자의 동의를 받지 아니하고 개인정보 처리위탁을 한 자
5. 제28조의2제1항(제67조에 따라 준용되는 경우를 포함한다)을 위반하여 이용자의 개인정보를 훼손·침해 또는 누설한 자
6. 제28조의2제2항을 위반하여 그 개인정보가 누설된 사정을 알면서도 영리 또는 부정한 목적으로 개인정보를 제공받은 자
7. 제30조제5항(제30조제7항, 제31조제3항 및 제67조에 따라 준용되는 경우를 포함한다)을 위반하여 필요한 조치를 하지 아니하고 개인정보를 제공하거나 이용한 자
8. 제31조제1항(제67조에 따라 준용되는 경우를 포함한다)을 위반하여 법정대리인의 동의를 받지 아니하거나 법정대리인이 동의하였는지를 확인하지 아니하고 만 14세 미만인 아동의 개인정보를 수집한 자
9. 제48조제1항을 위반하여 정보통신망에 침입한 자
10. 제48조제3항을 위반하여 정보통신망에 장애가 발생하게 한 자

11. 제49조를 위반하여 타인의 정보를 훼손하거나 타인의 비밀을 침해·도용 또는 누설한 자

② 제1항제9호의 미수범은 처벌한다. 〈신설 2016. 3. 22.〉

[전문개정 2008. 6. 13.]

[시행일 : 2019. 6. 25.] 제71조

제72조(벌칙) ① 다음 각 호의 어느 하나에 해당하는 자는 3년 이하의 징역 또는 3천만원 이하의 벌금에 처한다. 〈개정 2015. 1. 20., 2015. 3. 27.〉

1. 삭제 〈2016. 3. 22.〉

2. 제49조의2제1항을 위반하여 다른 사람의 개인정보를 수집한 자

2의2. 「재난 및 안전관리 기본법」 제14조제1항에 따른 대규모 재난 상황을 이용하여 제50조의8을 위반하여 광고성 정보를 전송한 자

3. 제53조제1항에 따른 등록을 하지 아니하고 그 업무를 수행한 자

4. 다음 각 목의 어느 하나에 해당하는 행위를 통하여 자금을 융통하여 준 자 또는 이를 알선·중개·권유·광고한 자

가. 재화등의 판매·제공을 가장하거나 실제 매출금액을 초과하여 통신과금서비스에 의한 거래를 하거나 이를 대행하게 하는 행위

나. 통신과금서비스이용자로 하여금 통신과금서비스에 의하여 재화등을 구매·이용하도록 한 후 통신과금서비스이용자가 구매·이용한 재화등을 할인하여 매입하는 행위

5. 제66조를 위반하여 직무상 알게 된 비밀을 타인에게 누설하거나 직무 외의 목적으로 사용한 자

② 삭제 〈2016. 3. 22.〉

[전문개정 2008. 6. 13.]

제73조(벌칙) 다음 각 호의 어느 하나에 해당하는 자는 2년 이하의 징역 또는 2천만원 이하의 벌금에 처한다. 〈개정 2014. 5. 28., 2016. 3. 22., 2018. 6. 12.〉

1. 제28조제1항제2호부터 제5호까지(제67조에 따라 준용되는 경우를 포함한다)의 규정에 따른 기술적·관리적 조치를 하지 아니하여 이용자의 개인정보를 분실·도난·유출·위조·변조 또는 훼손한 자

1의2. 제29조제1항을 위반하여 개인정보를 파기하지 아니한 자(제67조에 따

라 준용되는 경우를 포함한다)

2. 제42조를 위반하여 청소년유해매체물임을 표시하지 아니하고 영리를 목적으로 제공한 자
3. 제42조의2를 위반하여 청소년유해매체물을 광고하는 내용의 정보를 청소년에게 전송하거나 청소년 접근을 제한하는 조치 없이 공개적으로 전시한 자
4. 제44조의6제3항을 위반하여 이용자의 정보를 민·형사상의 소를 제기하는 것 외의 목적으로 사용한 자
5. 제44조의7제2항 및 제3항에 따른 방송통신위원회의 명령을 이행하지 아니한 자
6. 제48조의4제3항에 따른 명령을 위반하여 관련 자료를 보전하지 아니한 자
7. 제49조의2제1항을 위반하여 개인정보의 제공을 유인한 자

7의2. 제58조의2(제59조제2항에 따라 준용되는 경우를 포함한다)를 위반하여 제공받은 정보를 본인 여부를 확인하거나 고소·고발을 위하여 수사기관에 제출하기 위한 목적 외의 용도로 사용한 자

8. 제61조에 따른 명령을 이행하지 아니한 자

[전문개정 2008. 6. 13.]

제74조(벌칙) ① 다음 각 호의 어느 하나에 해당하는 자는 1년 이하의 징역 또는 1천만원 이하의 벌금에 처한다. 〈개정 2012. 2. 17., 2014. 5. 28.〉

1. 제8조제4항을 위반하여 비슷한 표시를 한 제품을 표시·판매 또는 판매할 목적으로 진열한 자
2. 제44조의7제1항제1호를 위반하여 음란한 부호·문언·음향·화상 또는 영상을 배포·판매·임대하거나 공공연하게 전시한 자
3. 제44조의7제1항제3호를 위반하여 공포심이나 불안감을 유발하는 부호·문언·음향·화상 또는 영상을 반복적으로 상대방에게 도달하게 한 자
4. 제50조제5항을 위반하여 조치를 한 자
5. 삭제 〈2014. 5. 28.〉
6. 제50조의8을 위반하여 광고성 정보를 전송한 자
7. 제53조제4항을 위반하여 등록사항의 변경등록 또는 사업의 양도·양수 또

는 합병·상속의 신고를 하지 아니한 자

② 제1항제3호의 죄는 피해자가 구체적으로 밝힌 의사에 반하여 공소를 제기할 수 없다.

[전문개정 2008. 6. 13.]

제75조(양벌규정) 법인의 대표자나 법인 또는 개인의 대리인, 사용인, 그 밖의 종업원이 그 법인 또는 개인의 업무에 관하여 제71조부터 제73조까지 또는 제74조제1항의 어느 하나에 해당하는 위반행위를 하면 그 행위자를 벌하는 외에 그 법인 또는 개인에게도 해당 조문의 벌금형을 과(科)한다. 다만, 법인 또는 개인이 그 위반행위를 방지하기 위하여 해당 업무에 관하여 상당한 주의와 감독을 게을리하지 아니한 경우에는 그러하지 아니하다.

[전문개정 2010. 3. 17.]

제75조의2(몰수·추징) 제71조제1항제1호부터 제8호까지, 제72조제1항제2호 및 제73조제1호·제1호의2·제7호의 어느 하나에 해당하는 죄를 지은 자가 해당 위반행위와 관련하여 취득한 금품이나 그 밖의 이익은 몰수할 수 있으며, 이를 몰수할 수 없을 때에는 그 가액을 추징할 수 있다. 이 경우 몰수 또는 추징은 다른 벌칙에 부가하여 과할 수 있다.

[본조신설 2016. 3. 22.]

제76조(과태료) ① 다음 각 호의 어느 하나에 해당하는 자와 제7호부터 제11호까지의 경우에 해당하는 행위를 하도록 한 자에게는 3천만원 이하의 과태료를 부과한다. 〈개정 2011. 3. 29., 2012. 2. 17., 2013. 3. 23., 2014. 5. 28., 2015. 6. 22., 2015. 12. 1., 2016. 3. 22., 2017. 7. 26.〉

1. 제22조의2제2항 또는 제23조제3항(제67조에 따라 준용되는 경우를 포함한다)을 위반하여 서비스의 제공을 거부한 자

1의2. 제22조의2제3항(제67조에 따라 준용되는 경우를 포함한다)을 위반하여 접근권한에 대한 이용자의 동의 및 철회방법을 마련하는 등 이용자 정보 보호를 위하여 필요한 조치를 하지 아니한 자

2. 제23조의2제1항을 위반하여 주민등록번호를 수집·이용하거나 같은 조 제2항에 따른 필요한 조치를 하지 아니한 자(제67조에 따라 준용되는 경우를 포함한다)

2의2. 제24조의2제3항(제67조에 따라 준용되는 경우를 포함한다)을 위반하

여 제공 또는 처리위탁에 대한 동의를 받을 때 개인정보의 수집·이용에 대한 동의와 구분하여 받지 아니하거나 이에 동의하지 아니한 이유로 서비스 제공을 거부한 자

2의3. 제27조의3제1항(제67조에 따라 준용되는 경우를 포함한다)을 위반하여 이용자·방송통신위원회 및 한국인터넷진흥원에 통지 또는 신고하지 아니하거나 정당한 사유 없이 24시간을 경과하여 통지 또는 신고한 자

2의4. 제27조의3제3항에 따른 소명을 하지 아니하거나 거짓으로 한 자

3. 제28조제1항(제67조에 따라 준용되는 경우를 포함한다)에 따른 기술적·관리적 조치를 하지 아니한 자

4. 제29조제2항(제67조에 따라 준용되는 경우를 포함한다)을 위반하여 개인정보 파기 등의 조치를 취하지 아니한 자

5. 제30조제3항·제4항 및 제6항(제30조제7항, 제31조제3항 및 제67조에 따라 준용되는 경우를 포함한다)을 위반하여 필요한 조치를 하지 아니한 자

5의2. 제30조의2제1항 본문을 위반하여 개인정보의 이용내역을 통지하지 아니한 자(제67조에 따라 준용되는 경우를 포함한다)

6. 삭제 〈2014. 5. 28.〉

6의2. 제45조의3제1항을 위반하여 정보보호 최고책임자의 지정을 신고하지 아니한 자

6의3. 제47조제2항을 위반하여 정보보호 관리체계 인증을 받지 아니한 자

7. 제50조제1항부터 제3항까지의 규정을 위반하여 영리 목적의 광고성 정보를 전송한 자

8. 제50조제4항을 위반하여 광고성 정보를 전송할 때 밝혀야 하는 사항을 밝히지 아니하거나 거짓으로 밝힌 자

9. 제50조제6항을 위반하여 비용을 수신자에게 부담하도록 한 자

9의2. 제50조제8항을 위반하여 수신동의 여부를 확인하지 아니한 자

10. 제50조의5를 위반하여 이용자의 동의를 받지 아니하고 프로그램을 설치한 자

11. 제50조의7제1항 또는 제2항을 위반하여 인터넷 홈페이지에 영리목적의 광고성 정보를 게시한 자

12. 이 법을 위반하여 제64조제4항에 따라 과학기술정보통신부장관 또는 방

송통신위원회로부터 받은 시정조치 명령을 이행하지 아니한 자

② 다음 각 호의 어느 하나에 해당하는 자에게는 2천만원 이하의 과태료를 부과한다. 〈개정 2016. 3. 22., 2018. 6. 12.〉

1. 제25조제2항(제67조에 따라 준용되는 경우를 포함한다)을 위반하여 이용자에게 개인정보 처리위탁에 관한 사항을 공개하지 아니하거나 알리지 아니한 자

1의2. 제25조제7항(제67조에 따라 준용되는 경우를 포함한다)을 위반하여 개인정보 처리위탁을 한 정보통신서비스 제공자등의 동의를 받지 아니하고 제3자에게 재위탁한 자

2. 제26조제1항 및 제2항(제67조에 따라 준용되는 경우를 포함한다)을 위반하여 이용자에게 개인정보의 이전사실을 알리지 아니한 자

3. 제27조제1항(제67조에 따라 준용되는 경우를 포함한다)을 위반하여 개인정보 보호책임자를 지정하지 아니한 자

4. 제27조의2제1항(제67조에 따라 준용되는 경우를 포함한다)을 위반하여 개인정보 처리방침을 공개하지 아니한 자

4의2. 제32조의3제1항을 위반하여 보험 또는 공제 가입, 준비금 적립 등 필요한 조치를 하지 아니하거나 제46조제2항을 위반하여 보험에 가입하지 아니한 자

5. 제63조제2항 단서를 위반하여 제63조제3항 각 호의 사항 모두를 공개하거나 이용자에게 알리지 아니하고 이용자의 개인정보를 국외에 처리위탁·보관한 자

③ 다음 각 호의 어느 하나에 해당하는 자에게는 1천만원 이하의 과태료를 부과한다. 〈개정 2009. 4. 22., 2011. 4. 5., 2012. 2. 17., 2014. 5. 28., 2015. 6. 22., 2015. 12. 1., 2016. 3. 22., 2017. 7. 26., 2018. 6. 12.〉

1. 삭제 〈2015. 6. 22.〉

2. 삭제 〈2015. 6. 22.〉

2의2. 제23조의3제1항을 위반하여 본인확인기관의 지정을 받지 아니하고 본인확인업무를 한 자

2의3. 제23조의3제2항에 따른 본인확인업무의 휴지 또는 같은 조 제3항에 따른 본인확인업무의 폐지 사실을 이용자에게 통보하지 아니하거나 방송통신위원회에 신고하지 아니한 자

2의4. 제23조의4제1항에 따른 본인확인업무의 정지 및 지정취소 처분에도 불구하고 본인확인업무를 계속한 자
2의5. 제25조제6항(제67조에 따라 준용되는 경우를 포함한다)을 위반하여 개인정보 처리위탁을 할 때에 문서에 의하지 아니한 자
3. 제42조의3제1항을 위반하여 청소년 보호 책임자를 지정하지 아니한 자
4. 제43조를 위반하여 정보를 보관하지 아니한 자
5. 삭제 〈2018. 6. 12.〉
6. 삭제 〈2015. 12. 1.〉
7. 제47조제9항 및 제47조의3제3항을 위반하여 인증받은 내용을 거짓으로 홍보한 자
8. 삭제 〈2012. 2. 17.〉
9. 삭제 〈2012. 2. 17.〉
10. 제47조의4제3항을 위반하여 소프트웨어 사용자에게 알리지 아니한 자
11. 제48조의2제4항에 따른 시정명령을 이행하지 아니한 자
11의2. 제48조의3제1항을 위반하여 침해사고의 신고를 하지 아니한 자
12. 제48조의4제4항에 따른 사업장 출입 및 조사를 방해하거나 거부 또는 기피한 자
12의2. 제49조의2제4항을 위반하여 과학기술정보통신부장관 또는 방송통신위원회의 명령을 이행하지 아니한 자
12의3. 제50조제7항을 위반하여 수신동의, 수신거부 또는 수신동의 철회에 대한 처리 결과를 알리지 아니한 자
12의4. 제50조의4제4항을 위반하여 필요한 조치를 하지 아니한 자
13. 제52조제6항을 위반하여 한국인터넷진흥원의 명칭을 사용한 자
14. 제53조제4항을 위반하여 사업의 휴지·폐지·해산의 신고를 아니한 자
15. 제56조제1항을 위반하여 약관을 신고하지 아니한 자
16. 제57조제2항을 위반하여 관리적 조치 또는 기술적 조치를 하지 아니한 자
17. 제58조제1항을 위반하여 통신과금서비스 이용일시 등을 통신과금서비스 이용자에게 고지하지 아니한 자
18. 제58조제2항을 위반하여 통신과금서비스이용자가 구매·이용 내역을 확

인할 수 있는 방법을 제공하지 아니하거나 통신과금서비스이용자의 제공 요청에 응하지 아니한 자

19. 제58조제3항을 위반하여 통신과금서비스이용자로부터 받은 통신과금에 대한 정정요구가 이유 있음에도 결제대금의 지급을 유보하지 아니하거나 통신과금서비스이용자의 요청에 대한 처리 결과를 통신과금서비스이용자에게 알려 주지 아니한 자

20. 제58조제4항을 위반하여 통신과금서비스에 관한 기록을 보존하지 아니한 자

20의2. 제58조제5항을 위반하여 통신과금서비스이용자의 동의를 받지 아니하고 통신과금서비스를 제공하거나 이용한도액을 증액한 자

20의3. 제58조제6항을 위반하여 통신과금서비스 약관의 변경에 관한 통지를 하지 아니한 자

20의4. 제58조의2(제59조제2항에 따라 준용되는 경우를 포함한다)를 위반하여 통신과금서비스이용자의 정보 제공 요청에 따르지 아니한 자

21. 제59조제3항을 위반하여 통신과금서비스이용자의 이의신청 및 권리구제를 위한 절차를 마련하지 아니하거나 통신과금서비스 계약 시 이를 명시하지 아니한 자

22. 제64조제1항에 따른 관계 물품·서류 등을 제출하지 아니하거나 거짓으로 제출한 자

23. 제64조제2항에 따른 자료의 열람·제출요청에 따르지 아니한 자

24. 제64조제3항에 따른 출입·검사를 거부·방해 또는 기피한 자

④ 제1항부터 제3항까지의 과태료는 대통령령으로 정하는 바에 따라 과학기술정보통신부장관 또는 방송통신위원회가 부과·징수한다. 〈개정 2011. 3. 29., 2013. 3. 23., 2017. 7. 26.〉

⑤ 삭제 〈2017. 3. 14.〉

⑥ 삭제 〈2017. 3. 14.〉

⑦ 삭제 〈2017. 3. 14.〉

[전문개정 2008. 6. 13.]

[시행일:2019. 6. 13.] 제76조제2항제4호의2(제32조의3의 개정규정과 관련된 부분에 한정한다)

제76조(과태료) ① 다음 각 호의 어느 하나에 해당하는 자와 제7호부터 제11호까지의 경우에 해당하는 행위를 하도록 한 자에게는 3천만원 이하의 과태료를 부과한다. 〈개정 2011. 3. 29., 2012. 2. 17., 2013. 3. 23., 2014. 5. 28., 2015. 6. 22., 2015. 12. 1., 2016. 3. 22., 2017. 7. 26., 2018. 9. 18.〉

1. 제22조의2제2항 또는 제23조제3항(제67조에 따라 준용되는 경우를 포함한다)을 위반하여 서비스의 제공을 거부한 자

1의2. 제22조의2제3항(제67조에 따라 준용되는 경우를 포함한다)을 위반하여 접근권한에 대한 이용자의 동의 및 철회방법을 마련하는 등 이용자 정보 보호를 위하여 필요한 조치를 하지 아니한 자

2. 제23조의2제1항을 위반하여 주민등록번호를 수집·이용하거나 같은 조 제2항에 따른 필요한 조치를 하지 아니한 자(제67조에 따라 준용되는 경우를 포함한다)

2의2. 제24조의2제3항(제67조에 따라 준용되는 경우를 포함한다)을 위반하여 제공 또는 처리위탁에 대한 동의를 받을 때 개인정보의 수집·이용에 대한 동의와 구분하여 받지 아니하거나 이에 동의하지 아니한 이유로 서비스 제공을 거부한 자

2의3. 제27조의3제1항(제67조에 따라 준용되는 경우를 포함한다)을 위반하여 이용자·방송통신위원회 및 한국인터넷진흥원에 통지 또는 신고하지 아니하거나 정당한 사유 없이 24시간을 경과하여 통지 또는 신고한 자

2의4. 제27조의3제3항에 따른 소명을 하지 아니하거나 거짓으로 한 자

3. 제28조제1항(제67조에 따라 준용되는 경우를 포함한다)에 따른 기술적·관리적 조치를 하지 아니한 자

4. 제29조제2항(제67조에 따라 준용되는 경우를 포함한다)을 위반하여 개인정보 파기 등의 조치를 취하지 아니한 자

5. 제30조제3항·제4항 및 제6항(제30조제7항, 제31조제3항 및 제67조에 따라 준용되는 경우를 포함한다)을 위반하여 필요한 조치를 하지 아니한 자

5의2. 제30조의2제1항 본문을 위반하여 개인정보의 이용내역을 통지하지 아니한 자(제67조에 따라 준용되는 경우를 포함한다)

6. 삭제 〈2014. 5. 28.〉

6의2. 제45조의3제1항을 위반하여 정보보호 최고책임자의 지정을 신고하지 아니한 자

6의3. 제47조제2항을 위반하여 정보보호 관리체계 인증을 받지 아니한 자

7. 제50조제1항부터 제3항까지의 규정을 위반하여 영리 목적의 광고성 정보를 전송한 자

8. 제50조제4항을 위반하여 광고성 정보를 전송할 때 밝혀야 하는 사항을 밝히지 아니하거나 거짓으로 밝힌 자

9. 제50조제6항을 위반하여 비용을 수신자에게 부담하도록 한 자

9의2. 제50조제8항을 위반하여 수신동의 여부를 확인하지 아니한 자

10. 제50조의5를 위반하여 이용자의 동의를 받지 아니하고 프로그램을 설치한 자

11. 제50조의7제1항 또는 제2항을 위반하여 인터넷 홈페이지에 영리목적의 광고성 정보를 게시한 자

11의2. 제63조제4항(같은 조 제5항에 따라 준용되는 경우를 포함한다)을 위반하여 보호조치를 하지 아니한 자

12. 이 법을 위반하여 제64조제4항에 따라 과학기술정보통신부장관 또는 방송통신위원회로부터 받은 시정조치 명령을 이행하지 아니한 자

② 다음 각 호의 어느 하나에 해당하는 자에게는 2천만원 이하의 과태료를 부과한다. 〈개정 2016. 3. 22., 2018. 6. 12., 2018. 9. 18.〉

1. 제25조제2항(제67조에 따라 준용되는 경우를 포함한다)을 위반하여 이용자에게 개인정보 처리위탁에 관한 사항을 공개하지 아니하거나 알리지 아니한 자

1의2. 제25조제7항(제67조에 따라 준용되는 경우를 포함한다)을 위반하여 개인정보 처리위탁을 한 정보통신서비스 제공자등의 동의를 받지 아니하고 제3자에게 재위탁한 자

2. 제26조제1항 및 제2항(제67조에 따라 준용되는 경우를 포함한다)을 위반하여 이용자에게 개인정보의 이전사실을 알리지 아니한 자

3. 제27조제1항(제67조에 따라 준용되는 경우를 포함한다)을 위반하여 개인정보 보호책임자를 지정하지 아니한 자

4. 제27조의2제1항(제67조에 따라 준용되는 경우를 포함한다)을 위반하여 개인정보 처리방침을 공개하지 아니한 자

4의2. 제32조의3제1항을 위반하여 보험 또는 공제 가입, 준비금 적립 등 필

요한 조치를 하지 아니하거나 제46조제2항을 위반하여 보험에 가입하지 아니한 자

4의3. 제32조의5제1항을 위반하여 국내대리인을 지정하지 아니한 자

5. 제63조제2항 단서를 위반하여 제63조제3항 각 호의 사항 모두를 공개하거나 이용자에게 알리지 아니하고 이용자의 개인정보를 국외에 처리위탁·보관한 자

③ 다음 각 호의 어느 하나에 해당하는 자에게는 1천만원 이하의 과태료를 부과한다. 〈개정 2009. 4. 22., 2011. 4. 5., 2012. 2. 17., 2014. 5. 28., 2015. 6. 22., 2015. 12. 1., 2016. 3. 22., 2017. 7. 26., 2018. 6. 12.〉

1. 삭제 〈2015. 6. 22.〉

2. 삭제 〈2015. 6. 22.〉

2의2. 제23조의3제1항을 위반하여 본인확인기관의 지정을 받지 아니하고 본인확인업무를 한 자

2의3. 제23조의3제2항에 따른 본인확인업무의 휴지 또는 같은 조 제3항에 따른 본인확인업무의 폐지 사실을 이용자에게 통보하지 아니하거나 방송통신위원회에 신고하지 아니한 자

2의4. 제23조의4제1항에 따른 본인확인업무의 정지 및 지정취소 처분에도 불구하고 본인확인업무를 계속한 자

2의5. 제25조제6항(제67조에 따라 준용되는 경우를 포함한다)을 위반하여 개인정보 처리위탁을 할 때에 문서에 의하지 아니한 자

3. 제42조의3제1항을 위반하여 청소년 보호 책임자를 지정하지 아니한 자

4. 제43조를 위반하여 정보를 보관하지 아니한 자

5. 삭제 〈2018. 6. 12.〉

6. 삭제 〈2015. 12. 1.〉

7. 제47조제9항 및 제47조의3제3항을 위반하여 인증받은 내용을 거짓으로 홍보한 자

8. 삭제 〈2012. 2. 17.〉

9. 삭제 〈2012. 2. 17.〉

10. 제47조의4제3항을 위반하여 소프트웨어 사용자에게 알리지 아니한 자

11. 제48조의2제4항에 따른 시정명령을 이행하지 아니한 자

11의2. 제48조의3제1항을 위반하여 침해사고의 신고를 하지 아니한 자
12. 제48조의4제4항에 따른 사업장 출입 및 조사를 방해하거나 거부 또는 기피한 자
12의2. 제49조의2제4항을 위반하여 과학기술정보통신부장관 또는 방송통신위원회의 명령을 이행하지 아니한 자
12의3. 제50조제7항을 위반하여 수신동의, 수신거부 또는 수신동의 철회에 대한 처리 결과를 알리지 아니한 자
12의4. 제50조의4제4항을 위반하여 필요한 조치를 하지 아니한 자
13. 제52조제6항을 위반하여 한국인터넷진흥원의 명칭을 사용한 자
14. 제53조제4항을 위반하여 사업의 휴지·폐지·해산의 신고를 아니한 자
15. 제56조제1항을 위반하여 약관을 신고하지 아니한 자
16. 제57조제2항을 위반하여 관리적 조치 또는 기술적 조치를 하지 아니한 자
17. 제58조제1항을 위반하여 통신과금서비스 이용일시 등을 통신과금서비스 이용자에게 고지하지 아니한 자
18. 제58조제2항을 위반하여 통신과금서비스이용자가 구매·이용 내역을 확인할 수 있는 방법을 제공하지 아니하거나 통신과금서비스이용자의 제공 요청에 응하지 아니한 자
19. 제58조제3항을 위반하여 통신과금서비스이용자로부터 받은 통신과금에 대한 정정요구가 이유 있음에도 결제대금의 지급을 유보하지 아니하거나 통신과금서비스이용자의 요청에 대한 처리 결과를 통신과금서비스이용자에게 알려 주지 아니한 자
20. 제58조제4항을 위반하여 통신과금서비스에 관한 기록을 보존하지 아니한 자
20의2. 제58조제5항을 위반하여 통신과금서비스이용자의 동의를 받지 아니하고 통신과금서비스를 제공하거나 이용한도액을 증액한 자
20의3. 제58조제6항을 위반하여 통신과금서비스 약관의 변경에 관한 통지를 하지 아니한 자
20의4. 제58조의2(제59조제2항에 따라 준용되는 경우를 포함한다)를 위반하여 통신과금서비스이용자의 정보 제공 요청에 따르지 아니한 자

21. 제59조제3항을 위반하여 통신과금서비스이용자의 이의신청 및 권리구제를 위한 절차를 마련하지 아니하거나 통신과금서비스 계약 시 이를 명시하지 아니한 자
22. 제64조제1항에 따른 관계 물품·서류 등을 제출하지 아니하거나 거짓으로 제출한 자
23. 제64조제2항에 따른 자료의 열람·제출요청에 따르지 아니한 자
24. 제64조제3항에 따른 출입·검사를 거부·방해 또는 기피한 자

④ 제1항부터 제3항까지의 과태료는 대통령령으로 정하는 바에 따라 과학기술정보통신부장관 또는 방송통신위원회가 부과·징수한다. 〈개정 2011. 3. 29., 2013. 3. 23., 2017. 7. 26.〉

⑤ 삭제 〈2017. 3. 14.〉

⑥ 삭제 〈2017. 3. 14.〉

⑦ 삭제 〈2017. 3. 14.〉

[전문개정 2008. 6. 13.]

[시행일 : 2019. 6. 13.] 제76조제2항제4호의2(제32조의3의 개정규정과 관련된 부분에 한정한다)

[시행일 : 2019.3.19.] 제76조

부칙 〈제15628호, 2018. 6. 12.〉

이 법은 공포 후 6개월이 경과한 날부터 시행한다. 다만, 제32조의3, 제45조의3 및 제76조제2항제4호의2(제32조의3의 개정규정과 관련된 부분에 한정한다)의 개정규정은 공포 후 1년이 경과한 날부터 시행한다.

INDEX

(ㄱ)

가상공간 17
가상사회 16
가상현실 17
가상화폐공개 20
간접정범 104
간접증거 69
감염 경로 57
개인정보 84
개인정보보호제도 92
경찰청 음란물 추적시스템 108
고유정보 92
공갈죄 132
공동정범 104
공범 104
공범독립성설 105
공범종속성설 105
교사범 104
국제무선통신자문위원회 14
국제전기통신연합 14
국제전신전화자문위원회 14
국제주파수등록위원회 14
국제형사경찰기구 20
국제형사경찰위원회 20
그루밍 성폭력 108
글로벌 사이버보안 협력 네트워크 15
기수범 104

(ㄴ)

네트워크 분석 58
노드 18
누크 46
누킹 46
님다 바이러스 50

(ㄷ)

다형성 바이러스 11
대량성 134
대향범 105
데이터베이스 포렌식 134
도박개장죄 121
도박죄 120
독스웨어 66
동조형 123
둠주스 54
드라이브 바이 다운로드 63
디자인권 97
디지털 증거 133
디지털 포렌식 133, 134

(ㄹ)

랜섬웨어 49, 66
레터피싱 12
로그 분석 58
리벤지포르노 113
링크 18

(ㅁ)

매크로 바이러스 11
멀웨어 48
메모리해킹 79
명예훼손 124
모리스 웜 55
모바일 포렌식 135
모욕죄 126

미라이 봇넷 63
미수범 103

(ㅂ)

바이러스 48
반증 68
보복형 123
보이스피싱 12
복제권 96
복표발매 중개 취득죄 121
본증 68
봇 63
봇넷 63, 65
부다페스트 협약 21
부정명령은닉 27
부정접속 27
분산화된 거래장부 19
불가시성 133
불능범 103
불법 컨텐츠 범죄 10
불법복제물 146
브릭커봇 64
블래스터 웜 57
블랙마켓 50
블록체인 19
블록체인인포 19
비동기침범 27
비싱 80
비트코인 18

(ㅅ)

사물인터넷 16
사이버 괴롭힘 68
사이버 범죄 9
사이버 스토킹 67, 129
사이버 테러형 범죄 9
사이버 폭력 122
사이버공간 16
사이버금융범죄 79
사이버네틱스 16
사이버도박 118
사이버모욕 122
사이버불링 123
사이버성희롱 112
사이버성희롱 및 폭력 122
사토리 봇넷 64
사회공학적 공격 67
산업재산권 96
산출물 조작 12, 26
살라미 기법 14, 26
상표권 98
서비스거부 공격 41, 67
서아프리카경제연합 16
세계무선주관청회의 14
세계전기통신개발회의 15
세계전기통신자문위원회 15
세계전기통신표준화회의 14
슈타헬드라트 42
슈퍼 재핑 14, 26
스머프 공격 44
스미싱 81
스카벤징 27
스케어웨어 49
스턱스넷 51
스파이웨어 48
스팸메일 60, 65
슬래머 50
시뮬레이션과 모델링 27
신지식재산권 99
실용신안권 97
심술궂은 가해자형 123

(ㅇ)

아나키 64
아동온라인보호시스템 109
악성코드 48
악성코드 분석 58
악성코드분석시스템 58
악성프로그램 46
암호형 바이러스 11
애드웨어 49
업무방해죄 81
영국 인터넷감시재단 107
영업비밀보호 99
온라인 가해형 123
원시형 바이러스 11
웜 48, 53, 66
웹루트 사이버시큐리티 48
위법수집증거배제법칙 94

유럽평의회 22
유로폴 21
은폐형 바이러스 11
인터넷 사기 68, 73
인터넷 성매매 109
인터넷 제어 메시지 프로토콜 44
인터폴 20
일반 사이버 범죄 9

(ㅈ)

자기 과시형 123
자기 분노형 123
자료변조 26
자백배제법칙 94
저작권 98
저작인격권 98
저작인접권 98
저작재산권 98
전기통신개방국 14
전문법칙 95
전송시 은닉과 위장 27
전자증거 133
전파관리위원회 14
정보공개제도 86
정보통신망 이용 범죄 10
정보통신망 침해 범죄 9
제우스 50
제우스 봇넷 64
좀비PC 42
종범 104
중남미ICT교육센터 16
중지범 103
증거 68
증거능력 69
증거능력 인정요건 69
증거방법 68
증거자료 68
지적재산권 96
직접정범 104
직접증거 69

(ㅊ)

채굴자 19
초국경성 134
취급상의 취약성 133

(ㅋ)

컨피커 50
컴퓨터 등 장애업무방해죄 83
컴퓨터 바이러스 24
컴퓨터 통신수사 146
컴퓨터 포렌식 134
컴퓨터사용사기죄 76
컴퓨터프로그램 98
코드레드 52
콘솔 조작 12
콥스 109
크래커 34
크립토락커 51
크립토재킹 49
키로거 48

(ㅌ)

테레일러 17
투입조작 11, 26
트랩도아 14, 26
트로이 목마 13, 26, 48
트리누 42
트리벌 플러드 42
특허권 97

(ㅍ)

파로스프록시 86
파밍 80
파통신총회 14
패킷 17
페트야 49
프레임 17
프로그램조작 11, 26
피싱 80
피싱사이트 자동탐지 시스템 58
핑 43

(ㅎ)

하이브넷 65
하이퍼텍스트 18

해시값 109
해크 33
해킹 23, 33
헤더 17
협박죄 131
형법상 신분 131
환경조사 분석 수사기법 147

(A)

ACK 45
Adware 49
Anarchy 64

(B)

BDT 14
Bitcoin 18
Black Market 50
Blaster Worm 57
Bot 63
botnet 65

(C)

C&C 50
CAMP 15
CCIR 14
CCITT 14
CEABAD 16
COE 22
computer worm 53
Conficker 50
Console 조작 25
Convention on Cybercrime 21
copyright 98
cracker 34
Cyber Bullying 68
Cyber Stalking 67
cybernetics 16
Cyberspace 16

(D)

Data Didding 26
DD4BC 64
DDOS 42
DDoS for Bit Coin 64
Denial of Service attack 25, 42
Digital Evidenve 133
Doomjuice 54
DOS공격 25, 42
drive-by download 63

(E)

ECOWAS 16
EDU 21
Electronic Evidence 133
Europol 21

(F)

Fragile and easily altered destroyed 133

(H)

hack 33
hivenet 65
Hypertext 18

(I)

ICMP Flood 44
ICO 20
ICPC 20
ICPO 20
IFRB 14
Internet Fraud 68
Internet of Things 16
Interpol 20
ITU 14
IWF 107

(K)

keylogger 48

(L)

Latent, invisible and unreadable 133
link 18

(M)

Massive 134
Morris worm 55

(N)

node 18
Nuke 46

(P)

Packet 17
Packet INternet Groper 43
Parosproxy 86
Peer 2 Peer(P2P) 공격 45
Personal Information 84
Petya 49
Pharming 80
Phishing 80
ping 43
Ping Flood 43

(R)

RA 14
Ransomware 49
RICO 64
RRB 14

(S)

Salami Techmiques 26
scareware 49
Scavenging 27
signature 45
Smishing 81
Smurf attack 44
Social Engineering Attack 67
Spyware 48
Stacheldraht 42
Stuxnet 51
Super Zapping 26
SYN 45
SYN Flood 45

(T)

tear drop 공격 45
TradeSecretLaw 99
Trans−border 134
Trap Door 26
Tribal Flood 42
Trinoo 42
Trojan Horse 26

(V)

Vishing 80

(W)

WARC 14
Webroot Cybersecurity 48
WST 14
WTAC 15
WTDC 15

(Z)

Zeus 50

저자소개

• 이건수

◉ 학력사항

- 고려대학교 경찰법학과 졸업(경찰법 석사, 수석졸업)
- 동국대학교 경찰행정학과 졸업(범죄학 박사)

◉ 경력사항

- 경찰청 실종수사지도팀장 (경정으로 퇴직, 20년 7월 경찰근무)
- 경찰교육원, 수사연수원, 중앙경찰학교 강사
- 경찰청 182센터장,장기실종추적팀장
- 실종자 등 이산가족 5,600명 상봉 등 사건처리
- KBS, MBC, SBS, MBN, OBS 등 10년간 매주 생방송 TV 출연, 방송인
- 03년도 모범공무원수상
- 10년도 청룡봉사상 수상
- 12년도 KBS 감동대상 수상

  ※ KBS-1TV 매주 금요일 생방송 "그 사람이 보고싶다" 프로 고정출연 (07년도부터 ~), 현재 KBS2 TV 제보자들 MC, 법률방송 고정출연 중
- 13년도 미국월드레코드아카데미 실종자찾기 세계공식기록등재
- 13년도 "참나눔 실천인"으로 선발되어 청와대 방문(복지부 추천)
- 14년도 "올해의 경찰관"으로 선정
- 現 이건수csi탐정센터 대표
- 現 백석대학교 경찰학부 범죄학과 전임교수

◉ 연구실적

- 한국경찰의 실종사건 수사활동의 개선방안
- 실종자문제에 관한 법적고찰
- 실종추적팀을 활용한 실종자 수사에 관한 연구
- 프로파일링 시스템을 활용한 국제인신매매 수사에 관한 연구
- 실종치매환자 수사에 대한 개선방안

◉ 출판서적

- 수사학, 행정법, 눈부신희망 등

도서출판
그린

사이버범죄수사

1판1쇄 인쇄 ▶	2019년 2월 28일
1판1쇄 발행 ▶	2019년 3월 4일
저 자 ▶	이건수
발행처 ▶	도서출판 **그린**
발행인 ▶	윤 덕 우
출판등록 ▶	제8-161호(1995. 5. 3.)
주소 ▶	서울특별시 서대문구 연희로5길 50(연희동) (우) 03716
전화 ▶	02)333-2574, 2575
Fax ▶	02)333-2561
E-mail ▶	greenpress@greenpress.co.kr
Homepage ▶	http://www.greenpress.co.kr

정가 : 15,000원

ISBN : 978-89-5727-290-9 (93350)